길 위에서 인생을 묻다

길 위에서 인생을 묻다

김상근
엮고 쓰다

Lord
Chesterfield's
Letters

차례

들어가며 그랜드 투어의 시작   9

제1장 **독일로 보낸 편지**

1번째 편지	매사에 주의를 기울여라	47
7번째 편지	진정한 쾌락에 대하여	55
9번째 편지	지금 하는 일에 최선을 다하라	61
12번째 편지	배운 것을 내 것으로 만들어라	65
14번째 편지	진실한 마음에 대하여	69
16번째 편지	친구를 사귀는 일에 대하여	75
17번째 편지	상대방의 마음을 사로잡는 법	81
18번째 편지	현명한 사람으로 살아가는 법	87
20번째 편지	자녀를 향한 부모의 깊은 마음	92
21번째 편지	시간을 효율적으로 관리하라	98
27번째 편지	노력이 보장하는 휴식에 대하여	102
29번째 편지	후회 없이 인생을 살아가는 법	106
30번째 편지	과시를 경계하고 겸손을 중시하라	112
35번째 편지	품격을 갖추고 말하는 법	120

38번째 편지 지식과 품행을 연결하라	124
39번째 편지 상황에 맞춰 사람을 대하라	131
42번째 편지 상대방을 배려하며 말하라	134
44번째 편지 사람과 적절한 관계를 맺는 법	140
45번째 편지 나태함을 경계하고 용감하게 나아가라	144
53번째 편지 좋은 사람들과 어울리는 일에 대하여	149
54번째 편지 허영심을 경계하고 우아함을 겸비하는 법	158
58번째 편지 책을 깊이 있게 읽는 법	168
61번째 편지 세상이라는 무대에서 품격 있게 살아가는 법	172
62번째 편지 현명한 소비 습관을 가져라	178
64번째 편지 편견을 버려야 하는 이유	183

제2장 이탈리아로 보낸 편지

65번째 편지	르네상스 예술과의 조우	195
66번째 편지	게으름과 악덕을 멀리하고 성장에 집중하라	201
68번째 편지	젠틀맨이 가져야 할 품성에 대하여	207
70번째 편지	상대방을 기쁘게 만드는 법	213
71번째 편지	협상의 기술에 대하여	220
73번째 편지	예술을 다양하게 감상하는 법	229
77번째 편지	삶의 기쁨을 누리며 세상을 배워라	234
78번째 편지	철저한 자기 단련으로 예의를 갖춰라	240
82번째 편지	다방면으로 뛰어난 사람이 되어라	245
83번째 편지	고귀한 사람의 태도에 대하여	254
84번째 편지	건강한 신체와 건강한 정신을 지켜라	261
85번째 편지	가톨릭교회의 역사를 공부하라	266
86번째 편지	예술 작품을 깊이 있게 감상하는 법	272
88번째 편지	탁월하고 명예롭게 예의범절을 지키는 법	277
89번째 편지	호감을 얻어야 하는 이유에 대하여	286
90번째 편지	외면의 우아함을 갖춰라	292
96번째 편지	성공의 비결에 대하여	300
97번째 편지	복잡한 인간의 유형과 우정에 대하여	306
98번째 편지	모든 사람의 사랑과 애정을 얻는 법	314
102번째 편지	단단한 내면과 우아한 외면의 조화에 대하여	319
103번째 편지	삶과 사랑 앞에서의 희생과 보답에 대하여	325
113번째 편지	올바른 도덕 기준을 확고히 세워라	332

제3장 프랑스로 보낸 편지

120번째 편지	프랑스에서 배워야 할 처세술	341
121번째 편지	재정 관리를 잘하는 법	347
125번째 편지	중도를 지키며 유쾌하게 대화하라	354
133번째 편지	부드러운 방식으로 확고하게 대응하라	358
143번째 편지	미묘한 매력에 대하여	365
147번째 편지	자연스럽고 품격 있는 예의에 대하여	370

나가는 글 열 가지 인생 조언	379
주석	394

들어가며
그랜드 투어의 시작

베네치아의 좁은 미로를 달리다

묵고 있던 호텔에서 리알토다리까지 달려야만 했다. 뛰고 싶어서 뛴 게 아니라, 그래야만 했기에 뛰었다. 숨을 헐떡이며 베네치아의 새벽 골목을 달린 이유는 당시 내가 그랜드 투어Grand Tour의 동행교사였기 때문이다. 함께 골목을 달렸던 아이들은 유력 기업 가문의 3대로, 나이는 각각 열일곱 살과 열다섯 살이었다. 아이들의 부모와 친분이 있던 나는 아이들과 함께 이탈리아의 여러 도시를 방문했고, 아침 운동도 함께했다. 그랜드 투어에 동행하는 지도교사는 학생과 모든 것을 함께해야 한다. 약골 체질인 탓에 리알토다리까지는 겨우 닿긴 했지만 돌아갈 생각을 하니 난감했다. 두 아이 중 하나는 워낙 달리기 실력이 수준급이라 혼자서 호텔 쪽으로 뛰기 시작했다. 남은 아이는 숨을 헐떡거리던 날 보고 함께 걸어가자고 제안했다. 내가 비틀거리는 모습이 재미있었던지 아이가 말을 걸어왔다.

"교수님, 저는 회사 경영은 하기 싫어요. 어디 조용한 곳에서 편히 살고 싶어요."

약골 체질의 선생을 위로하려 엉뚱한 대화를 시작한 것 같았다. 농담인지 진담인지 잘 몰랐지만, 나는 아이에게 왜 그렇게 생각하는지 물었다. 모름지기 매사에 질문을 던지는 것이 그랜드 투어 동행교사의 책무다. 아이는 이렇게 답했다.

"저는 아버지가 고용하신 전문 경영인들을 보면 겁이 납니다. 그분들은 자신의 전문 분야에서 수십 년간 경험을 쌓으신 분들이시지요. 아버지가 제게 경영권을 물려주시면 그분들을 이끌어야 할 텐데, 제가 아는 게 뭐가 있습니까? 그분들이 제게 '그건 이렇게 해야 합니다'라고 말한다면, 저는 아무런 반박이나 결정을 내리지 못할 겁니다. 제가 뭘 안다고 그분들에게 지시를 내리겠습니까?"

나는 서서히 여명이 밝아 오던 베네치아 골목길을 아이와 함께 천천히 걸으며 말해주었다.

"그건 걱정할 필요 없단다. 내가 보기에는 네가 아버지보다 훨씬 더

리알토다리는 베네치아의 상업과 번영을 상징하는 건축물이자 인기 있는 관광 명소다. 셰익스피어의 희곡 《베니스의 상인》에도 등장해 유명세를 얻었다.

잘할 것 같은데? 경영은 말로 하는 게 아니라 행동으로 하는 거라고 하잖니? 이렇게 하면 어떨까? 전문 경영인이 무슨 말을 하면, 즉각적으로 반응하는 것이 아니라 침묵을 지키며 그 사람을 뚫어지게 쳐다보는 거야. 고개를 끄떡이거나, 머리를 좌우로 흔들지도 말고 그냥 그 사람을 뚫어지게 바라보는 거지. 네가 마땅히 해야 할 말이 중요한 게 아니라, 네가 앉아 있는 자리의 무게가 더 중요한 게 아닐까?"

지금 생각하면 부끄럽기 짝이 없는 수준의 대화였다. 유능한 그랜드 투어 동행교사라면 더 신중하게 대화를 이어갔어야 했는데 그렇지 못했다.

이 책은 그때 내가 갖추지 못했던 그랜드 투어 동행교사의 자질을 만회하려는 노력이다. 그랜드 투어를 함께 떠났던 그 아이에게, 미래에 중책을 맡게 될 청년에게, 내가 마땅히 해주어야 했던 말을 기록으로 남기려는 것이다.

그랜드 투어 동행교사의 끝나지 않는 여정

나는 그랜드 투어 동행교사로 세계 이곳저곳을 돌아다녔다. '루첼라이 정원Orti Oricellari'의 도반들과 함께했던 여행이 기억에 남는다. 2016년부터 출범한 루첼라이 정원은 고전古典을 공부하기 위해 만든 모임이었다. 그리스 고전 공부를 마치면 그리스를, 로마 고전 공부를 마치면 이탈리아를 방문하는 식으로 운영했다. 호메로스, 헤로도토스, 투키디데스, 아이스킬로스, 플라톤, 크세노폰, 이소크라테스 등이 쓴 그리스 고전을 읽고 그리스 아테네, 델피, 미케네, 올림피아, 크레타 등을 함께 여행했다. 또 리비우스의 《역사》, 베르길리우스의 《아이네이스》, 키케로의 《의무론》, 타키투스의 《연대기》, 마르쿠스 아우렐리우스의 《명상록》 등을 읽고 이탈리아를 여행했다.

그랜드 투어 동행교사의 역할을 더 잘 수행하기 위해 학술 연구도 추진했다. 나는 화가 카라바조Caravaggio, 1571~1610와 엘 그레코El Greco, 1541~1614의 전기, 메디치 가문과 마키아벨리의 생애를 다룬 책을 출간했고, 《군주론》의 번역과 감수를 했다. 또, 르네상스 예술사, 동서양 문명 교섭사, 이탈리아 주요 도시와 지역(로마, 피렌체, 베네치아, 시칠리아)을 다룬 책을 차례로 출간하며 생생한 현장 강의에 깊이 있는 이론적 고찰을 더하고자 했다. 모두 그랜드 투어를 위한 작업이었다고 해도 지나치지 않다. 내가 가장 심혈을 기울인 그랜드 투어는 하나뿐인 아들을 위한 여행이었다. 그리스와 이탈리아는 물론, 이집트, 인도, 모로코, 이스라엘 등 사막과 오지를 찾아다니며 아들과 함께 많은 것을 보고 긴 대화를 나눴다. 여행을 하면서 역사, 철학, 문학, 예술, 사회에 대한 전반적인 설명을 곁들였으니 그랜드 투어의 요소는 충분히 갖추었다. 그동안 100여 회에 걸쳐 그랜드 투어를 진행해왔다. 이제는 유럽의 어느 미술관이나 박물관에서 현장 강의를 할 수 있고, 유럽과 인도 문화사에 등장하는 작품들을 설명할 수 있는 수준에 이르렀다.

진정한 '그랜드 투어'란 무엇일까

2024년, 나는 연세대학교 교수직에서 사임하고 이른 은퇴를 결정했다. 2005년에 교수로 부임하고 2025년 1학기를 마지막으로 정든 캠퍼스를 떠나기로 했으니 총 21년 6개월 동안 재직했다. 내가 자리를 비워줘야 후배들이 학교를 새롭게 이끌어갈 수 있겠다고 판단했다. 어렵사리 박사 학위를 얻었는데 교수 자리를 찾지 못해 시간 강사로 떠돌고 있는 제자들을 보니 마음이 무거웠다. 마침 내가 속해 있던 연세대학교 신과대학이 QS세계대학랭킹에서 세계 17위, 아시아 1위, 한국 1위에 올라 더 아쉬움도 없었다. 무엇보다 인공지능의 등장으로 지식 체계가 급격히 재편되고 있는데, 20세기에 공부한 내가 계속 자리를 차지하고 있는 것은 잘못이라는 생각이 들었다.

은퇴하고 나면 무엇을 하면서 지낼까 고민하던 차에, 한 유력한 기업 가문에서 요청이 왔다. 자녀들의 그랜드 투어를 내게 부탁한 것이다. 이 가문은 경제적 규모나 사회적 영향력 면에서 한국 경제에 중요한 축을 이루고 있었다. 이런 가문의 자제들을 위해 그랜드 투어 동행 교사가 된다는 것은 영광스러운 일이지만, 그 자제들이 책임지고 펼쳐 가야 할 미래를 생각하면 내가 맡게 될 소임이 막대했다.

이 책은 그 준비 과정에서 탄생했다. 그동안 100여 회에 걸쳐 다녀왔던 그랜드 투어는 문화사 중심의 현장 강의였다. 역사, 철학, 사상, 예술을 공부하고, 역사적 현장과 미술관에서 인류가 걸어간 길을 추적하고, 아름다움의 궁극적 표현을 설명하는 과정에서 '인격의 고매함'을 갖춘 인물로 성장시키기 위한 노력이었다. 이 책은 그러한 그랜드 투어의 '교과서'라고 할 수 있다. 그랜드 투어를 통해 갖추어야 할 인간다움의 덕목을 구체적으로 파헤치는 것이 이 책의 목적이다.

그랜드 투어의 역사에 대하여

'인생여정 人生旅程'이란 말처럼 인생 자체가 여행이다. 우리는 태어나면서부터 여행을 시작하고 죽음에 이르러 여행을 마친다. 어떤 사람은 '공수래공수거 空手來空手去'라 한다. 미술사학자 유홍준은 '인생도처유상 수人生到處有上手'라는 시적인 표현으로 인생을 논하기도 했다.

삶의 의미와 비밀을 풀려고 했던 수많은 종교 경전과 고전 문학 작품 역시 대부분 여행으로 시작해서 여행으로 끝난다. 아브라함은 메소포타미아에서 가나안으로 향하는 여행을 통해 '믿음의 조상'이 되었다. 자기 아비와 친척이 사는 친숙한 땅을 떠나 여행의 불확실성을 향해 자신의 운명을 던졌을 때, 비로소 유대 민족이 탄생한 것이다. 예수의 삶은 시골 갈릴리에서 수도 예루살렘으로 향한 길이었고, 사도 바울의 삶은 네 번에 걸친 지중해 여행으로 요약될 수 있다. 우리와 더욱 가까운 곳에 있던 석가모니 부처 역시 여행자였다. 룸비니 꽃동산에서 태어난 세존世尊은 니르바나(깨달음)에 이른 후에도 한곳에 머물지 않고 제자들을 찾아 최초의 설법지 사르나트Sarnath로 발걸음을 옮겼다. 그곳에서 '고집멸도苦集滅道'라는 사성제四聖諦를 선포하며 첫 가르침을 폈다. 모두 여행길에서 일어난 일이었다. 또 춘추전국시대를 주유周遊했던 공자도 '나그네' 인생을 살았다. 또, 선지자 무함마드의 편력은 서기 622년, 메디나로 여정을 떠나면서 시작되었다. 이제 곧 세계 최다 신자를 자랑하게 될 이슬람교는 성지순례 하즈Hajj를 필생의 염원으로 삼고 있다.

호메로스의 책 《일리아스》와 《오디세이아》는 각각 트로이 전쟁에서 싸우기 위해 떠났던 그리스 용사들의 여정과 10년에 걸친 전쟁을 마치고 10년간 귀향길에 오른 사나이들의 이야기다. 그리스에 호메로스가 있었다면 로마에는 베르길리우스가 있었으니, 그의 책 《아이네이스》 역시 여행에 관한 기록이다. 연로하신 아버지를 어깨로 짊어지고, 한 손으로는 아들의 손을 잡고 먼 길을 떠났던 로마의 창건자 아이네이아스 역시 지중해의 여행자였다.

고대 그리스에서 뮈토스(신화)의 시대가 지나가고 로고스(이성)의 시대가 시작되었지만 여행을 떠나는 사람들의 발걸음을 막을 수 없었다. 플라톤은 여행하는 철학자였으며, 시칠리아로 떠났던 세 번의 여행 때문에 여러 차례 목숨이 위태로웠지만, 여행을 멈추지 않았다. 로마제국이 무너지고 그 자리를 로마 교황청과 신성로마제국이 채운 이후에도 이 둘이 힘을 합해 먼 여행길에 나섰으니, 그것이 바로 팔레스타인과 이집트로 향해 떠났던 십자군 여정이었다. 또, 중세 유럽의

로마의 건국 신화를 다루는 베르길리우스의 《아이네이스》도 여행 이야기를 담고 있다. 트로이가 멸망한 후 아이네아스는 아버지와 가족을 이끌고 지금의 로마를 향해 고난의 여정에 나선다.

쇠락은 백년전쟁1337~1453과 흑사병의 창궐(14세기)을 빼고 설명할 수 없다. 두 사건 모두 자유로운 여행을 방해했고, 사람의 이동이 멈추자 문명도 동력을 잃었다. 그래서 중세는 '암흑의 시대'로 불렸다. 불과 빛이 없고 깜깜하니, 사람들은 여행을 중단했고 중세의 암흑은 더 짙어만 갔다.

1321년경 완성된 단테의 《신곡》은 '중세의 장송곡'으로 불린다. 《신곡》과 더불어 새 시대의 여명이 밝아왔으니, 이 책은 처음부터 끝까지 여행이 주제다. 희망이 없는 지옥에서는 별이 빛나지 않지만, 천국에는

헤아릴 수 없는 수많은 별이 반짝인다. 평생에 걸쳐 단테는 희망을 찾아 여행을 떠났다. 사랑을 갈구했던 그의 여행은 사랑하는 여인 베아트리체가 천국의 입구에서 기다릴 때까지 계속되었다. 그러나 진정한 의미에서 인류 최초의 '여행자'는 르네상스의 시대 정신이었던 페트라르카1304~1374였다. 1336년 4월 26일, 그는 프랑스 남부의 방투산Mont Ventoux 정상에 올라 고전을 읽으며 새로운 시대의 도래와 인간 본성의 중요성을 깨달았다. 페트라르카의 여행을 통해 르네상스와 인문학이 탄생한 것이다. 평생 독신으로 살았던 그는 자식을 낳지 않고 살았지만, '시대정신'을 낳아 새로운 시대의 아버지가 되었다. 그는 내면을 들여다보는 삶을 살고자 마음 깊은 곳을 여행했고, 이로써 성찰의 인문학이 탄생했다.

1492년, 15세기가 마감되기 직전 인류는 거대한 여행의 성공담을 듣고 열광했다. 크리스토퍼 콜럼버스의 '신대륙 항해'였다. 물론 이것은 여행보다는 탐험에 가까웠다. 무엇인가 새로운 것을 찾아 떠나는 탐험과 여행의 결합은 세르반테스의 《돈키호테》 1, 2부작으로 스페인 문학의 꽃을 만개하게 된다. 르네상스가 활발히 전개되던 16세기부터 여행은 '젠틀맨이 되기 위한 필수 코스'로 서서히 변모해간다. 여기에 특히 관심을 가졌던 것이 영국 귀족 자제들이었다.[1]

16세기 영국에서 시작된 그랜드 투어

16세기 영국 귀족 자제들이 유럽 대륙으로 여행을 떠난 것은 당시 영국이 직면했던 국가적 정체성과 연관이 있다. 1534년, 헨리 8세가 수장령Acts of Supremacy을 발표하면서 국가적 고립을 자초했다. 헨리 8세는 로마 교황청과의 관계를 모두 단절하고 영국의 교회 운영에 대한 권리를 자신에게 귀속시켰다. 여기서 탄생한 것이 영국 국교회인 성공회Episcopal Church다. 첫 번째 부인과 이혼하기 위해 내린 결정이 발단이었지만, 이로 인해 영국은 유럽과 헤어지게 되었다. 가뜩이나 유럽 문명의 후발주자였던 영국은 이 고립 정책으로 인해 극심한 정체성의 위기를 겪게 된다. 유럽과 단절된 섬나라 주민들은 '영국의 정체성Englandness'을 찾기 위해 고민을 거듭했고, 정답이 떠오르지 않자 그들은 유럽의 포도주가 아닌 펍Pub에서 파는 맥주를 들이키며 이혼과 결혼을 반복하는 국왕에 대해 불만을 터트리기도 했다.

취하지 않은 사람들은 런던의 극장으로 몰려들었다. 템스강 건너편은 런던에 펼쳐진 세계의 무대였다. 글로브극장Globe Theatre을 비롯한 영국의 극장들은 밤마다 불을 밝히며 무대 위에 열연을 펼치는 배우들을 올렸다. 사랑 때문에 터무니없이 죽어가는 짜릿한 남녀상열지사(로미오와 줄리엣), 이상적인 국민통합의 모습을 '우리는 형제 같은 전우Band of Brothers'라는 대사에 투사시킨 역사극(헨리 4세, 헨리 5세), 질투와 권력욕이 인간을 얼마나 처참하게 무너트리는지에 대한 모색(오셀로, 맥베스) 등이 무대 위에 올려졌다. 셰익스피어의 무대는 모두 "영국은 무엇이며, 영국인은 누구인가?"란 질문에 대한 답변이었다. 분명, 셰익스피어의 문학은 상상의 그랜드 투어였다. 이탈리아를 한 번도 여행해본 적이 없었던 셰익스피어는 로마극《코리올라누스》,《줄리어스 시저》,《안토니와 클레오파트라》 등과 이탈리아를 무대로 하는 연극 《로미오와 줄리엣》, 《오셀로》, 《베니스의 상인》, 그리고 여행 낭만극 《템페스트》를 통해 상상의 그랜드 투어를 떠난 것이다.

영국인이 유럽, 특히 이탈리아에 관심을 둔 이유는 유럽 문명의 출발점인 그리스와 로마에 대한 지적 호기심 때문이었다. 그러나 '수장령'으로 유럽 대륙의 가톨릭 문명과 단절된 영국인의 종교적 호기심도 그랜드 투어의 강력한 동기를 유발했다. 당시 영국인과 유럽인의 세계관은 종교적 정체성에 의해 지배되었다고 해도 무리가 아니다. 이탈리아를 최종 목적지로 삼았던 영국인들의 그랜드 투어는 점차 독일과 스위스 등지로 확대되었다. 왜냐하면 자신의 종교적 정체성(개신교 중 성공회)과 닮은꼴인 독일과 스위스의 개신교(루터교, 칼뱅주의)에 대해서 더 알고 싶은 욕구가 있었기 때문이다. 헨리 8세는 이혼을 위해 수장령을 발표했지만, 1517년 독일에서 종교개혁을 일으킨 마틴 루터는 이후 수녀와 결혼했다. 수녀와 결혼했던 마틴 루터에 의해 시작된 1517년의 종교개혁과 조강지처와 이혼하기 위해 헨리 8세가 1534년 반포했던 수장령은 영국의 종교적(성공회) 세계관을 비교 검토하려는 영국 지식인의 지적 갈망을 불러일으켰다. 이 책의 주인공이 되는 체스터필드의 아들이 스위스와 독일을 방문하는 이유이기도 하다. 또한 체스터필드는 이탈리아에서 그랜드 투어 중이던 아들에게 가톨릭교회의 체제와 각종 수도회에 대한 정보를 수집하라고 여러 차례 강조한다.

17~18세기 영국 그랜드 투어의 진화

17세기에 접어들면서 그랜드 투어는 새로운 국면을 맞이했다. 일단 영국의 내전이었던 '청교도 혁명1642~1651'으로 인해 전체 여행자들의 숫자는 줄어들었으나, 일부 귀족들은 오히려 전쟁의 참화를 피해 이탈리아로 떠났다. 헨리 코간Henry Cogan이 1654년에 출간한 《로마 여행을 위한 지침서A Direction for Such as Shall Travel unto Rome》가 이 시기에 등장했는데, 5일 일정으로 로마를 돌아보는 가이드북이었다. 당시 로마는 매너리즘이 끝나고 바로크의 시대로 접어들고 있었다. 그러나 영국 그랜드 투어리스트들의 관심은 여전히 고대의 로마와 르네상스의 고전주의였다. 건축은 고대 로마의 비트루비우스Vitruvius와 르네상스 시대의 팔라디오Palladio가 선호되었다. 스페인과의 갈등으로 빚어진 외교관계 때문에 영국인들의 밀라노와 로마 출입은 제한되었다. 그러나 베네치아와 인근 도시 국가들은 외국인에게 여전히 개방적이었고, 해당 지역에 많은 건축물을 남긴 팔라디오가 계속 영국인의 관심을 끌게 된 것도 이런 이유 때문이었다. 최초로 '그랜드 투어'란 단어가 책자에 등장한 것도 17세기 후반의 일이었다. 유명한 그랜드 투어 동행교사였던 리처드 라셀스의 《이탈리아 여행 혹은 이탈리아 전 국토 답사》에서 처음 사용된 것으로 추정된다.[2]

그랜드 투어의 역사에서 18세기는 또 하나의 전환점이었다. 계몽주의 시대를 맞이한 유럽에서는 고대의 찬란한 문명에 대한 오마주가 유행처럼 번져갔다. 대학에서 카이사르와 리비우스를 공부하는 것만으로는 충분하지 않다는 자각이 퍼져 나간 것도 이 시대의 변화였다. 또

폼페오 바토니, 〈프랜시스 바셋의 초상화〉, 1778년, 프라도미술관 소장. 프랜시스 바셋은 광산업을 통해 큰 부를 얻었던 영국의 귀족이었고, 1777년에 로마에 도착해 약 1년간 체류했다. 그랜드 투어를 떠난 영국 여행자의 전형적인 모습을 담고 있다.

대학 교육의 부족한 부분을 보충하려는 목적의 그랜드 투어가 18세기에 유행하면서, 여행자들의 연령대도 10대 후반으로 내려갔다. 아버지 체스터필드의 줄기찬 편지를 받게 될 아들 필립 스탠호프Philip Stanhope처럼 많은 청년들이 10대 후반에 그랜드 투어를 시작해 이탈리아를 최종 목적지로 삼았다. 평균 4년 정도 걸리는 그랜드 투어는 상류층 사이에서 하나의 유행으로 자리 잡았다. 여행자들은 동행교사의 지도를 받으며 4년 동안 로마 고전, 르네상스 예술(특히 건축), 승마, 펜싱, 사교술, 대화법, 춤, 연설 등을 배웠다. 여행이 교육과 겹치면서, 그랜드 투어 일정에 프랑스, 그리고 독일과 스위스가 포함되고 전 유럽으로 확장된 것도 18세기의 현상이었다. 정치적 격변기를 맞이하고 있는 프랑스에서 첫 번째 공직 생활에 진출하게 된 체스터필드의 아들이 독일을 먼저 방문하고, 이탈리아에서 그랜드 투어의 핵심 내용을 공부한 다음 프랑스 남부에서 파리로 진출한 것도 이러한 루트가 18세기 그랜드 투어의 전형적인 방식이었기 때문이다.

그랜드 투어의 가능성과 한계

그랜드 투어는 누구나 쉽게 떠날 수 있는 여행이 아니었다. 막대한 시간과 경비를 투자해야 하고, 노상강도를 당하거나 각종 사기 범죄에 연루되기도 하고, 동행교사의 체재비와 수고비까지 부담해야 했으므로, 부유한 중산층 이상만이 누릴 수 있는 특별한 기회였다. 그래서 영국의 그랜드 투어리스트들은 스스로 "행복을 누릴 수 있는 소수A happy few"라고 여겼다. 그랜드 투어는 엘리트들의 전유물이었고, 스스로 "선택받은 자Chosen one"로 보았다.3)

소수 엘리트에게 주어진 소중한 기회였지만, 일부 여행자들은 시간과 돈을 낭비하여 비난을 받기도 했다. 영국의 지성인들은 이런 여행자들을 "거위 떼"라고 묘사했다. 이들은 여행Travel이 아니라 관광Tour을 다닌다고 비난받았다. 그랜드 투어에는 막대한 시간과 노력, 경비가 소요되었고, 소기의 목적을 달성하는 데에 많은 장애가 따랐다. 가장 심각한 폐해는 여행 중 피상적인 관찰만 하고 현지에서 자국 사람과 어울리면서 성과 없는 시간을 보내는 방종한 젊은이들이었다. 다른 귀족들이 모두 떠난다기에 덩달아 그랜드 투어를 떠나고, "나도 가봤고, 나도 해봤다Been there, done that"라는 식의 과시욕에 젖어 돌아오는 청년들도 많았다.

이탈리아 현지의 고대 문화에 대한 철저한 사전 조사와 준비, 그리고 효율적인 시간 관리를 통한 교육의 기회 등이 무시되면서 표면적인 이해에만 머무르는 경향도 많았다. 그랜드 투어를 마치고 돌아온 청년들이 현실에 적응하지 못하고 이국적인 환상에 젖어 사는 부작용도 상당한 사회문제가 되었다. 시간이 지나면서 그랜드 투어를 마치고 돌아온 청년들이 현실 사회에 적응하는 방법에 관한 책이 출간된 것도 이런 부작용 때문이었다.

그랜드 투어의 원래 목적은 그리스와 이탈리아의 뛰어난 조형 예술을 경험하는 것이었다. 18세기 당시 그리스는 오스만제국의 지배를 받고 있었기 때문에 이탈리아가 대체지로 각광을 받았다. 그리스를 직접 방문하지 못할 상황이었기 때문에 그리스 건축 문명의 흔적이 오롯이 보존되어 있던 나폴리 지역(파에스툼)과 시칠리아(아그리젠토)가 인기 있는 목적지였다. 그리스와 로마의 원형적 아름다움에 대한 선호 때문에, 피렌체보다 시칠리아에 더 많은 여행자가 몰렸다. 18세기 후반에 이탈리아를 여행했던 괴테도 피렌체보다 시칠리아에서 더 깊은 인상을 받았다.

고대 예술의 진품과 원형을 보고자 하는 열망이 그랜드 투어의 일차적 목적이었던 것은 분명하다. 예술에 대한 식견을 갖춘다는 것은 영국의 엘리트들을 '취향Taste을 가진 사람'으로 만들어주었다. 무미건조한 '기능인'보다 교양을 갖춘 귀족적 인물을 선호했던 영국인들에게 '취향을 가진 사람'은 그랜드 투어의 가시적인 결과물로 간주되었다. 그랜드 투어의 최종 목적은 품성Virtue을 갖추는 것이었다. 예술에 대한 식견이 취향을 만들고, 취향을 가진 사람이 탁월한 품성을 갖춘 사람이다. 영국의 엘리트들은 자식을 이런 사람으로 만들기 위해 그랜드 투어를 위한 막대한 돈과 시간을 투자했다.

18세기 후반에 들어서면서 그랜드 투어는 문명을 역사적 관점에서 성찰하는 역할과 기능까지 담당하게 되었다. 당시 영국 사회는 산업혁명 등으로 급변하고 있었고, 이에 따라 고대 문명을 기준으로 삼아 자신들의 문명을 비교·검토하려는 영국인들의 열망이 커졌다. 변화 속에서 무엇을 지키고 무엇을 버려야 할지 선택하고자 한 것이다. 18세기 후반 에드워드 기번이 출간한 《로마제국 쇠망사》와 19세기 중엽 존 러스킨이 출간한 《베네치아의 돌》 모두 이런 그랜드 투어의 문명사적 관심을 반영했다.

그랜드 투어 동행교사는 어떤 자질과 임무를 갖는가

그랜드 투어의 성공적인 목적 달성을 위해 동행교사의 자질과 역할이 중요했다. 많은 학자, 철학자, 사상가, 경제학자가 일명 '곰 인도자Bear Leader'라고 불렸던 그랜드 투어 동행교사로 활동했다. 천방지축인 어린 소년이 조련되지 않는 '곰'과 닮았다는 의미에서 이런 별명이 붙었다. 고대 건축과 미술의 역사, 그리스와 로마의 역사와 문학에 정통한 전문가들을 '시세로니Ciceroni'로 부르기도 했다.[4] 로마 공화국 말기의 사상가였던 키케로Cicero가 박식다식한 명연설가였기 때문에 그랜드 투어 동행교사를 키케로를 닮은 인물이라는 뜻의 시세로니라고 불렀던 것이다. 《리바이어던》의 저자로 유명한 토머스 홉스는 1610년부터 윌리엄 캐번디시의 그랜드 투어 동행교사를 역임했으며[5] 그의 아들이었던 제3대 데본셔 백작의 그랜드 투어에도 동행했다. 영국의 정치사상가 존 로크는 1677년부터 런던의 부유한 직물 사업가였던 존 뱅크스 경의 아들 케일럽Caleb의 그랜드 투어 동행교사로 활동했고, 《국부론》을 쓴 경제학자 애덤 스미스는 1764년부터 1766년까지 제3대 버클루Buccleuch 공작 헨리 스콧의 그랜드 투어 동행교사로 활동했다. 1728년부터 옥스퍼드대학교에서 시문학을 가르치던 조지프 스펜스Joseph Spence교수는 영국 귀족 자제를 이끌고 세 번이나 이탈리아 그랜드 투어를 직접 다녀오기도 했다.[6]

설혜심 교수가 분석한 대로 일단의 사상가들과 유명 대학 교수들이 사직을 하거나 휴직계를 낸 다음 그랜드 투어 동행교사로 활동한 이유는 18세기 대학의 학문적 쇠퇴와 이와 연관된 재정적인 이유 때문이었다.[7] 일부 유명 동행교수에게는 대학의 봉급을 능가하는 급여와 성공적인 그랜드 투어 이후에는 연금까지 지급되었다. 그랜드 투어 동행교사에게는 궁중의 세련된 품성뿐만 아니라 다양한 언어 능력도 요구되었

피에르 레오네 게치, 〈곰을 인도하는 모습으로 묘사된 그랜드 투어 동행교사 제임스 헤이 박사〉, 1725년경, 영국박물관 소장.

다. 외교 무대에서 사용되던 프랑스어는 기본이었고, 라틴어와 이탈리아어 능력도 갖출 것을 요구했다.[8]

이 책의 주인공 체스터필드 역시 아들의 성공적인 그랜드 투어를 위해 월터 하트Walter Harte, 1709~1774를 고용하고 무한한 신뢰를 보낸다. 1745년에 고용된 월터 하트는 작가, 성직자이면서 옥스퍼드대학교 교수를 지낸 지식인으로, 1746년에서 1750년까지 체스터필드의 아들을 위한 그랜드 투어 동행교사로 활동했다. 그는 그리스어와 라틴어에 익숙했고, 독일법과 고딕 건축에 대한 일가견을 갖춘 인물이었다. 대학에서 보낸 시간이 길었기 때문에 체스터필드의 아들을 가르치는 일에 무리가 있었다는 평가도 있지만, 아버지는 여러 편지에서 하트에 대한 칭송을 아끼지 않았다.

자녀를 향한 체스터필드의 간절함

필립 체스터필드의 원래 이름은 필립 도머 스탠호프Philip Dormer Stanhope이다. 이 책에서는 귀족 가문이 통치했던 영지의 이름을 성으로 표기하는 관례에 따라 '필립 체스터필드'라 부르기로 한다. 정식 관직의 칭호는 '제4대 체스터필드 백작'이지만 이 책에서는 독자의 이해를 돕기 위해 '체스터필드'와 때로는 '아버지'란 호칭을 섞어서 사용하기로 한다.

아버지 체스터필드는 1694년에 태어났지만, 열네 살이었던 1708년에 어머니가 사망했고, 그 이후부터는 외할머니에 손에 자랐다. 외할머

앨런 램지, 〈필립 체스터필드의 초상화〉, 1765년, 런던국립초상화미술관 소장.

니 역시 상당한 귀족 가문 출신이자 핼리팩스 후작의 미망인으로, 지역 사회로부터 존경을 받았던 인물이었다. 체스터필드는 귀족 할머니에 의해 가정교사의 교육을 받고 열여덟 살 때 옥스퍼드의 트리니티칼리지에 입학했으나 첫해를 마친 후 학업을 중단하고 당시 관례에 따라 귀족 청년들의 그랜드 투어를 위해 영국을 떠났다. '젠틀맨'과 귀족의 완성은 그랜드 투어의 결과에 달려 있다는 당시 사회적 통념에 따라 10대 후반의 체스터필드는 찬란했던 고대 문화와 르네상스 시대의 창조성을 배우고, 진정한 품격을 습득하기 위해 도버 해협을 건넜다.

체스터필드는 이탈리아를 최종 목적지로 삼았던 그랜드 투어 도중에 영국 여왕 앤이 서거하고 조지 1세가 취임했다는 소식을 듣고 영국으로 급히 귀국했다. 스무 살 청년이 된 그를 정치의 무대로 끌어들이고 후견인 역할을 했던 인물은 친척인 제임스 스탠호프James Stanhope였다. 그는 왕세자였던 웨일스 왕자(이후 조지 2세 국왕)의 침전시랑Lord of Bedchamber으로 당시 국왕의 최측근 신하 중 한 사람이었다. 제임스 스탠호프는 자신의 직책을 이제 막 스무 살이 된 체스터필드에게 물려주었다.

대대로 스탠호프 가문은 휘그당Whig Party에 속했다. 휘그당은 17세기

그랜드 투어의 시작　　27

후반부터 19세기 중반까지 영국 의회에서 '보수파'인 토리당Tory Party과 경쟁하면서 정치적으로는 입헌 군주제를, 종교적으로는 개신교(성공회) 중심 노선을 취했던 일종의 '개혁파' 정치 집단이었다. 그들은 절대왕정과 가톨릭 체제로 복귀를 꾀하는 보수파인 토리당과 충돌하면서 1688년의 '명예혁명'을 주도했다. 세계사의 흐름을 바꾼 미국의 독립혁명 및 프랑스 혁명과 더불어 명예혁명은 의회가 주도하여 국왕의 전제 정치를 종결시키고 입헌 군주제를 확립한 사건이었다.

하노버 왕가 출신이었던 조지 1세의 취임1714과 더불어 휘그당은 약 50년간 최고의 정치적 황금기를 보냈는데, 이 시기는 체스터필드의 정치 역정과 겹친다. 절대왕정으로의 복귀를 꾀하던 토리당의 반란Jacobite Rising, 1715을 진압하고 휘그당의 당수가 된 인물이 바로 로버트 월폴Robert Walpole이었다. 체스터필드의 정치 역정은 이 사람과의 깊은 관계 속에서 시작된다.

스물한 살이 되기 직전 하원 의원이 된 체스터필드는 옥스퍼드 교육과 그랜드 투어 기간에 연마했던 뛰어난 연설로 첫 의회 연설을 했지만, 미성년자의 의회 발언을 금지하는 법률을 위반했다는 혐의로 500파운드 벌금형을 선고받는 황당한 사건의 주인공이 되었다. 성년의 나이에 도달하기 불과 6주 전의 연설로 인해 체스터필드는 의원직을 사임하고 다시 유럽 대륙으로 그랜드 투어를 떠나야만 했다. 그러나 파리에 체류하는 사이 토리당의 반란이 발생했다는 소식과 함께 다시 영국으로 돌아온 체스터필드는 왕세자와 어울리면서 정치적 역량을 키워나갔다. 그의 뛰어난 연설 실력과 문장력이 왕실 사람들을 매료시켰지만, 국왕과 왕세자의 불화로 인해 체스터필드는 중간에 곤욕을 치르기도 했고, 의회를 장악하고 있던 휘그당의 당수 로버트 월폴과 불화를 겪기도 했다.

사이가 좋지 않았던 아버지가 1726년 사망하면서, 서른두 살인 체스터필드가 작위를 물려받았고 이때부터 제4대 체스터필드 백작으로 불리면서 상원 의원으로 임명되었다. 이듬해 1727년, 웨일스 왕자가 아버지 조지 1세를 이어 조지 2세로 취임하면서 이전부터 가깝게 지내던 체스터필드를 측근으로 중용하기에 이른다. 체스터필드는 선대 왕 조지 1세의 서거를 애도하는 뛰어난 연설로 영국 왕실의 찬사를 받았고, 이에 새로 취임한 조지 2세는 그를 침전시랑 겸 추밀원 자문관privy councillor으로 임명했다. 국왕의 최측근 참모가 되었다는 뜻이다. 그러나 체스터필드 앞에 언제나 꽃길이 펼쳐진 것이 아니다. 의회를 장악하고 있던 로버트 월폴의 필사적인 반대에 부딪혀 결국 체스터필드는 다시 영국 땅을 떠나야만 했다.

1728년 5월, 서른네 살이 된 체스터필드는 국왕의 명을 받고 네덜란드 대사로 임명되었다. 뛰어난 외교술과 특출난 외국어 능력을 갖추었던 체스터필드 대사는 영국 왕실의 든든한 신임을 받았고, 당시 수상으로 휘그당을 이끌고 있던 로버트 월폴과도 다시금 친밀한 관계를 이어갔다. 당시 영국 외교는 프랑스 중심에서 오스트리아(합스부르크 왕가) 중심으로 옮겨가던 중이었는데, 이를 주도한 인물이 바로 30대의 네덜란드 대사 체스터필드였다. 체스터필드는 헤이그에 머무는 동안 만난 프랑스어 가정교사 마델리나와 함께 런던으로 돌아와 아들을 낳았다(1732년 5월 2일). 당시 체스터필드는 서른여덟 살이었다. 이때 태어난 사생아가 바로 체스터필드가 448통의 편지를 보내게 될 필립 스탠호프Philip Stanhope, 1732~1768이다.

나빠진 건강과 재정난 때문에 네덜란드 대사직을 사임하고 1732년 2월 26일, 영국으로 귀국한 체스터필드는 사생아 필립 스탠호프가 태어난 다음 해인 1733년 영국 왕실 여성 페트로닐라와 정식 결혼했다. 체스터필드와 결혼한 페트로닐라는 전 국왕 조지 1세의 정부情婦였던 켄달 공작부인Duchess of Kendal의 딸이었다. 페트로닐라는 비록 국왕 조지 1세의 사생아였지만 막대한 부를 가진 왕실 가문이었고, 체스터필드는 왕실의 사위가 된 셈이었다. 정치적 목적과 경제적 이해가 맞물린 결혼이었기 때문에 결혼 후에도 부부는 각자의 영지에 거주했다.9) 체스터필드와 페트로닐라 두 사람 사이에서는 아이가 태어나지 않았다.

고국으로 돌아와 건강을 회복하고 상원 의원으로 복귀한 체스터필드는 실세였던 로버트 월폴과 우호적인 관계를 맺으며 정계의 주요 인물로 성장했다. 그러나 수상이자 휘그당의 지도자였던 월폴이 물품세 Excise Tax 부과를 입법화하자, 이를 반대하면서 두 사람은 정치적으로 갈등을 빚는다.10) 영국의 극장 무대에서 정부 정책에 대한 비난과 풍자가 계속되자 월폴은 모든 대본의 사전 검열을 의무화하는 법률을 통과시키려 해, 다시 체스터필드와 충돌했다. 이미 당대 최고의 연설가이자 작가로 명성이 높았던 체스터필드는 의회에서 신랄한 연설을 통해 월폴의 법안을 비난했다. 체스터필드의 연설은 의회뿐 아니라 영국 사회에 큰 반향을 불러일으킬 만큼 뛰어난 전달력을 가진 명문이었다.11) 체스터필드는 이 명연설을 통해 문학은 풍자의 자유를 가지며 공화정의 전통에서 작가는 공권력에 의해 통제되지 않는 것이 '일반 상식

Common sense'이라고 주장하며 청중의 열렬한 반응을 이끌어냈다.

두 정치 거물의 충돌은 1741년까지 이어졌다. 월폴의 사임을 촉구하는 문서에 서명했지만 뜻을 이루지 못한 체스터필드는 짧은 세 번째 그랜드 투어에 나선다. 비록 7개월간 이어진 체류였지만 체스터필드는 당시 유럽의 지성을 대표하던 볼테르와 몽테스키외 등을 만나 교류했다. 영국으로 돌아온 체스터필드는 월폴에 대한 탄핵을 멈추지 않았다. 월폴에 대한 체스터필드의 줄기찬 공격은 국왕 조지 2세와의 관계까지 악화시켰다. 체스터필드의 정치적 입장은 초당적인 협력을 강조하는 것이었지만 휘그당을 지지 기반으로 삼고 있던 국왕 조지 2세는 체스터필드의 월폴 공격을 탐탁지 않게 여겼던 것이다. 체스터필드는 뛰어난 문필 실력을 동원하여 초당적 협력을 강조하는 작은 책자를 발행하여 국왕과 수상의 반격에 대응했다. 결국 1742년 월폴 내각이 총사퇴했고, 국왕은 휘그당이 주도하던 내각을 해산하고 체스터필드가 이끌던 초당적인 정치 연합과 손을 잡게 된다.

1743년, 체스터필드와 국왕과 사이가 다시 틀어진다. 비록 사생아였으나 왕실에 속했던 아내 페트로닐라의 어머니, 즉 체스터필드의 장모가 사망하자 국왕 조지 2세는 페트로닐라에게 재산이 상속되는 것을 금지했다. 장모의 재산은 선대 국왕이었던 조지 1세가 모두 하사한 것이므로 왕실로 귀속되어야 한다는 논리였다. 체스터필드는 재산권을 침해하는 국왕을 고소하겠다며 왕실과 대립했다. 결국 전체 재산을 양분해서 왕실과 페트로닐라가 각각 반씩을 상속받는 것으로 최종적인 타협이 이루어졌다.

월폴 내각을 사퇴시킨 것은 체스터필드의 공헌이었으나, 그 정치적 성공의 열매는 취하지 못했다. 새로 들어선 정부의 시책에 반대하면서 다시 내각과 대립했기 때문이다. 체스터필드는 영국 내각을 '탕평 행정부Broad-bottom administration'로 구성하기 위해 노력했고, 이 시기의 의회는 그에 의해 주도되었다. 이미 뛰어난 외교 역량을 가진 것으로 유명했던 체스터필드는 두 번째 네덜란드 대사로 파견되어, '오스트리아 왕위 계승 전쟁1740~1748' 중에 네덜란드를 영국의 동맹국으로 묶어두는 외교적 성과를 올렸다. 영국 왕실은 체스터필드와의 재산권을 분쟁을 최종 마무리하고 네덜란드에서 세운 공적을 인정하며 1745년 60세의 나이의 그를 아일랜드 총독으로 임명했다. 총독으로 임명된다는 것은 정식으로 내각의 일원이 된다는 뜻이기 때문에 조지 2세와는 완전히 화해한 것을 만방에 알린 셈이 된다.

당시 아일랜드는 절대 군주정을 지지하던 가톨릭교도와 네덜란드계 개신교를 지지하는 집단으로 양분되어 있었지만, 체스터필드는 양쪽 진영을 화해시키는 중립 정책을 펼쳤다. 아일랜드에서 선정을 베풀었던 체스터필드는 불과 8개월 만인 1746년 10월 29일 영국의 외무장관으로 임명되어, 다시 런던으로 돌아왔다.

체스터필드가 그랜드 투어를 떠난 아들에게 편지를 썼던 시기는 그가 영국의 외무장관 재임 시절1746~1747과 사임을 선언한 이후1748~1751로 나누어진다. 당시 영국의 외무장관은 두 명이 임명되었는데 체스터필드와 동료인 뉴캐슬 공작 사이에는 정치적 갈등이 끊이지 않았다. 결국 체스터필드는 1748년에 은퇴를 선언하고 공직에서 물러났다. 나빠진 건강을 돌보기 위해 온천 휴양도시 바스Bath에 거처를 구한 체스터필드는 그랜드 투어 중이었던 아들에게 본격적으로 편지를 쓰기 시작했다. 유력한 정치인이었던 체스터필드를 찾아오는 사람들이 많았고, 1748년경에 그려진 그림을 보면 응접실에서 방문객들이 차례를 기다리고 있는 모습을 볼 수 있다. 1748년에 그는 동생으로부터 런던의 레인저스하우스Ranger's House를 유산으로 물려받는데, 이곳에서 아들에게 200여 통 가까운 편지를 썼다.12) 이후 체스터필드는 은퇴를 전후하여 그랜드 투어 중이었던 아들 필립에게 총 448통의 편지를 썼다.

외무장관에서 은퇴한 후, 상원 의원으로 활동하던 체스터필드는 국왕 조지 2세의 공작 서훈을 사양하였지만, 1752년 9월부터 영국에서 적용되었던 '그레고리력'으로 전환하는 정책에 주도적인 역할을 했다.13) 그래서 1750년에 발표된 이 정책은 '체스터필드 법'으로 불렸다. 이것은 체스터필드가 공직에서 수행했던 마지막 공적 임무였다.

체스터필드의 생애 마지막을 장식했던 사건은 새뮤얼 존슨Samuel Johnson, 1799~1784과의 갈등이었다. 《영국 영어의 표준이 되는 사전 A Dictionary of the English Language》을 편찬했던 존슨 박사는 당대 최고의 지성인으로 여겨졌던 체스터필드의 지원을 받고 싶어 했다. 귀족 집단의 후원을 받는 것이 사전의 출간에 도움이 되었기 때문이다. 실제로 체스터필드는 이전부터 출중한 영어 사전을 필요성을 늘 강조해 왔기 때문에 전폭적인 지지와 재정적인 후원을 기대했다. 그러나 체스터필드는 자신의 저택을 찾아온 존슨 박사를 홀대했고, 심드렁하게 면담했으며, 이후 10파운드만 지원해서 존슨 박사를 실망시켰다. 존슨 박사는 1755년에 《체스터필드에게 쓴 편지》를 공개해 체스터필드를 공격했다. 그러나 오히려 체스터필드는 존슨 박사의 공격을 받고도 그를 칭찬했고, 정교한 영어 사전의 필요성을 다시 한번 강조했다. 이에 두 사람은 극적으로 화해했다.

1753년, 악화되어 가는 청력을 치료하려는 모든 시도가 무위로 돌아가자 그의 공직 생활은 서서히 마감되었다. 1765년에 상원에서의 한 마지막 연설이 그의 마지막 정치 활동이었다. 그는 1773년에 런던의 체스터필드 저택에서 임종했다. 78년에 걸친 격동의 삶을 살았던 체스터필드의 유해는 설포드 교회 묘지에 묻혔지만, 후대 영국인들이 그를 기억하는 것은 그가 아들에게 쓴 448통의 편지였다.

아들에게 보낸 사적인 편지가 후대의 명문장으로 남다

아버지가 아들에게 보내는 편지 형식의 글은 옛부터 자주 활용되던 논의 전개 방식이었다. 중세 시대에 성서 다음으로 널리 읽혔다는 키케로의 《의무론》이 이런 방식의 글쓰기를 대표한다. 아들에게 보내는 아버지의 간절한 편지는 읽는 사람에게 감동을 불러일으키기 마련이다. 근대의 대표적 사례는 벤저민 프랭클린의 《자서전》이다. 이 책에서도 저자인 벤저민 프랭클린은 아들에게 쓴 편지 형식으로 자신의 삶을 회고하고 있다.

체스터필드의 '아들' 필립 스탠호프는 사생아로 태어났다. 앞에서 설명한 대로 아버지 체스터필드는 아들이 태어난 해에 영국으로 돌아갔

런던의 레인저스하우스. 2002년부터 베르너 컬렉션Wernher Collection을 소장한 미술관으로 활용되고 있다.

고, 이듬해 왕실 가족이었던 여성과 정식 결혼을 했다. 아버지 체스터필드는 필립 스탠호프를 친아들로 간주했던 것 같지만, 아들은 네덜란드에서 어머니와 함께 어린 시절을 보내야만 했고 의례적인 방문 기간을 제외하면 아버지와 함께 살았던 적도 없다. 하지만 아무리 귀족 집안이라고 해도, 또 아버지가 아일랜드 총독과 영국의 외무장관을 역임했다고 해도, 사생아가 감당해야 할 사회적 부담은 상당했을 것이다. 아버지 체스터필드는 사생아로 태어난 아들에 대한 양심의 가책을 느꼈다. 아들에 대한 아버지의 부담감과 미안한 감정은 당시 기준으로도 이례적인 448통의 편지에 구구절절 반영되었다. 아버지는 아들이 다섯 살이었던 1738년부터 아들이 갑자기 사망했던 1768년까지 편지를 보냈다. 그렇게 간절한 마음을 담아 조언을 아끼지 않았던 아버지의 정성에도 불구하고 아들은 아버지보다 먼저 세상을 떠났다. 유교문화권에서는 자식이 아버지보다 먼저 죽는 것을 참척慘慽이라고 한다. 비록 진자리 마른자리는 갈아 눕히지 않았지만, 손가락이 다 닳도록 편지를 썼던 아버지의 망연자실한 마음이 느껴진다.

때로는 따뜻한 훈계를, 때로는 엄중한 경고를 아끼지 않았던 아버지의 편지는 아들에게 어떤 영향을 미쳤을까? 그러나 아버지의 지극한 훈계와 준엄한 경고에도 아들은 기대했던 품격을 보여주지 못했던 것 같다. 앞으로 이 책에서 소개되겠지만, 아들 필립 스탠호프는 로마에서 그랜드 투어 중 유지나 피터스Eugenia Peters를 만나 1750년 결혼했다. 당시 신랑은 열여덟 살, 신부는 스무 살이었다. 유지나 피터스는 한때 아일랜드 출신 귀족의 사생아였다는 가설이 제기된 적이 있으나, 최근 연구에 따르면 잉글랜드 출신의 평범한 여성이었다고 한다. 더구나 아버지 체스터필드는 아들의 비밀 결혼에 대해 알지 못했고, 둘 사이에서 아들이 두 명 태어났다는 사실도 전혀 모르고 있었다.

비록 사생아로 태어났지만, 아들 필립 스탠호프는 가문의 위상과 아버지의 영향력에 따라 1745년 영국의 하원 의원으로 선출되었다. 영국의 하원 의원은 연설하는 능력에 따라 정치적 대우를 받았는데, 아쉽게도 아들은 아버지가 의회에서 보여주었던 탁월한 연설 능력을 물려받지 못했던 모양이다. 결국 아들은 하원 의원 자리에서 물러나, 아버지의 일생이 그랬던 것처럼 외교관이 되었다. 아들은 독일의 함부르크, 신성로마제국의 제국의회가 있던 라티스보나Ratisbona(지금의 레겐스부르크), 그리고 드레스덴에서 영국의 하급 외교관으로 일했다. 마지막 외교 업무를 수행했던 드레스덴에서 유지나 피터스와 정식 결혼식을 올린 것이 기록으로 남은 그의 마지막 동향이었다.

아들은 1768년 프랑스 아비뇽에서 사망했다. 불과 36세의 나이에 수종水腫으로 사망했는데, 아버지보다 5년 먼저 임종한 것이다. 아들이 객지에서 사망했다는 참척의 비보를 듣게 된 아버지 체스터필드는 아들에게 이미 10년 전에 결혼했던 아내와 두 사람 사이에서 태어난 두 명의 아들이 있다는 사실을 처음으로 알게 되었다. 448통의 편지를 보내며 아들의 품행에 대해 가르쳤으나, 아들의 비밀 결혼 사실을 알게 된 체스터필드는 망연자실했다고 한다. 결국 체스터필드는 두 명의 손자를 친자로 인정하고 고액의 교육비를 지불하는 등, 가족의 일원으로 받아들였다. 아들에게 편지를 썼듯이, 두 명의 손자들에게도 교훈적인 편지를 썼지만, 며느리 유지나 피터스는 가족의 일원으로 받아들이지 않았다.

아버지 필립 체스터필드는 1773년에 임종하면서, 두 손자에게 각각 1만 파운드의 유산과 매년 100파운드의 연금을 지급한다는 유언을 남겼다. 그러나 며느리에게는 아무런 재산을 남기지 않았다. 유지나 페터스의 가슴을 가장 아프게 한 것은, 자기 아들이 시아버지 체스터필드의 귀족 작위를 이어받지 못한 사실이었다. 아버지 체스터필드는 자신의 혈육이 아닌 동명이인의 먼 친척 필립 스탠호프1755~1815에게 '제5대 체스터필드 백작'의 작위를 물려주었다. 아버지 체스터필드는 손자뻘인 필립 스탠호프에게도 편지를 썼다. 손자 필립 스탠호프는 신체가 건강했는지 '튼튼하다'는 뜻의 '스터디Sturdy'라는 별명으로 불렀고, 1761년 7월 28일부터 1770년 6월 19일까지 총 236통의 편지를 썼다. 먼저 간 아들에게 쓴 편지보다 훨씬 더 부드러운 어조를 사용했다. 다만 1773년 임종하면서 남긴 유언장에는 제5대 체스터필드 백작으로 임명될 손자뻘 되는 필립 스탠호프에게 "참담한 품행과 악이 가득한 소굴인 이탈리아에는 절대로 가지 마라"는 구절이 포함되어 있었다.14) 에딘버러대학교와 라이프치히 대학교에서 수학한 제5대 체스터필드

존 러셀, 〈필립 스탠호프〉, 1769년, 레인저스하우스 소장. 아들의 예상치 못한 사망으로 입양된 필립 스탠호프, 일명 '스터디'에게 체스터필드의 작위가 넘어갔다.

'스터디'는 체스터필드처럼 영국 대사와 고위 공직을 차례로 맡아 할아버지의 기대에 부응했다.

한편 생활고에 시달리던 며느리는 시아버지가 자기 남편에게 보낸 448통의 편지를 제임스 도슬리의 출판사에 1,500기니라는 헐값에 매각했고,15) 이 편지가 《체스터필드가 아들에게 쓴 편지들Chesterfield's Letters to His Son》이라는 제목으로 출간되었다. 1774년에 런던과 더블린에서 출간된 이 책은 유럽 독자들의 선풍적인 인기를 끌었고, 1800년에는 에든버러, 보스턴, 파리, 필라델피아, 빈 등에서 번역 출간되어 세계적 명성을 얻었다.16)

비로소 체스터필드를 이해하며

이 책의 출간을 위해서 먼저 필립 체스터필드가 평생 아들에게 보낸 편지 448통 가운데 그랜드 투어 기간에 보낸 153통의 편지를 모두 분석했다. 1746년 10월 9일에 보낸 첫 번째 편지부터 1751년 12월 19일에 발송된 마지막 편지까지 읽고 그 내용을 검토했다. 약 5년 동안 아버지 체스터필드가 아들에게 보낸 편지 중에서 중요한 교훈을 담고 있는 편지 52통을 엄선하여 전문적으로 번역하고 참고 정보를 달았다. 내용이 중복되는 극히 적은 부분을 제외하면 편지의 내용을 가감 없이 그대로 옮기고자 했다. 그동안 한국에서 발간된 체스터필드의 책은 모두 발췌 번역이었다. 다수의 오역이 발견되고, 심지어 저자의 의도가 억지로 왜곡된 경향도 보이고 있어, 새로운 전문 번역에 심혈을 기울였다.

필립 체스터필드의 18세기 영어는 번역하기에 여간 까다롭지 않다. 특히 아들에게 보낸 사적인 편지이기 때문에 구어체가 빈번하게 사용되고, 가족만이 이해할 수 있는 친밀한 표현이나 일가친척에 대한 묘사가 자주 등장해 독자들의 원활한 이해를 방해한다. 번역에 사용된 저본은 저작권이 해결된 구텐베르크 판본을 사용하되, 올리버 리Oliver Leigh가 1939년 단권 단행본으로 편집·출간한 《아들에게 쓴 편지Letters to His Son》를 비교 검토하면서 번역을 최종 감수했다.[17]

한국에서 그랜드 투어 역사의 전문가는 연세대학교 사학과 교수 설혜심이다. 설혜심 교수는 《그랜드 투어: 엘리트 교육의 최종 단계》와 《매너의 역사》 일부분을 통해 그랜드 투어의 역사와 목적, 구체적 여정, 문화 및 학문의 교류 의미를 분석했다.

앞서 밝힌 것처럼 이 책은 우리나라를 대표하는 명문가의 그랜드 투어 교과서로 집필했다. 장차 가문과 기업과 나라의 장래를 이끌고 갈 젊은 세대에게 18세기의 그랜드 투어가 달성하고자 했던 덕목을 설명하는 것이다. 나를 포함한 모든 부모의 소원은 같을 것이다. 자기 자식이 훌륭한 사람으로 성장하는 것이다. 그래서 이 책의 독자는 자녀의 미래를 염려하는 이 땅의 모든 부모에게로 확장된다. 특정 가문을 위한 책이 아니라, 자녀에게 꼭 들려주고 싶은 내용을 정리하고 싶은 이 땅의 모든 부모의 간절한 소원을 담고 있다.

이 책에 담긴 체스터필드 편지의 1차 번역은 책임 저자인 내가 직접 주도했고, 앞 50퍼센트를 먼저 원문 번역했다. 그리고 나머지 초고 번역의 50퍼센트를 영어에 능통한 후속 세대에게 각각 맡겼다. 편지의 마지막 25퍼센트를 맡은 박성준은 미국의 명문 보딩스쿨인 필립스 아카데미 앤도버Phillips Academy Andover의 졸업반이었다. 성준은 미국 대학 입시로 바쁜 시간을 쪼개 체스터필드 편지의 마지막 25퍼센트를 멋지게 번역했다. 내가 고등학교 졸업생인 성준에게 번역을 맡긴 이유는 체스터필드의 아들과 나이와 거의 같기 때문이다. 모르긴 해도 아버지(혹은 어머니)의 조언을 많이 들었을 것이고, 체스터필드 아들의 마음을 이해하기에 최적이라고 판단했다. 성준은 이 책의 부분 번역을 마친 후 명문 시카고대학교 철학과와 경제학과에 합격해 내게 큰 기쁨을 주었다. 학부에서 고전학을 전공하겠다는 성준의 다짐을 들으며, 같은 남다른 진지함을 느낄 수가 있었다. 장차 훌륭한 고전학자로 성장

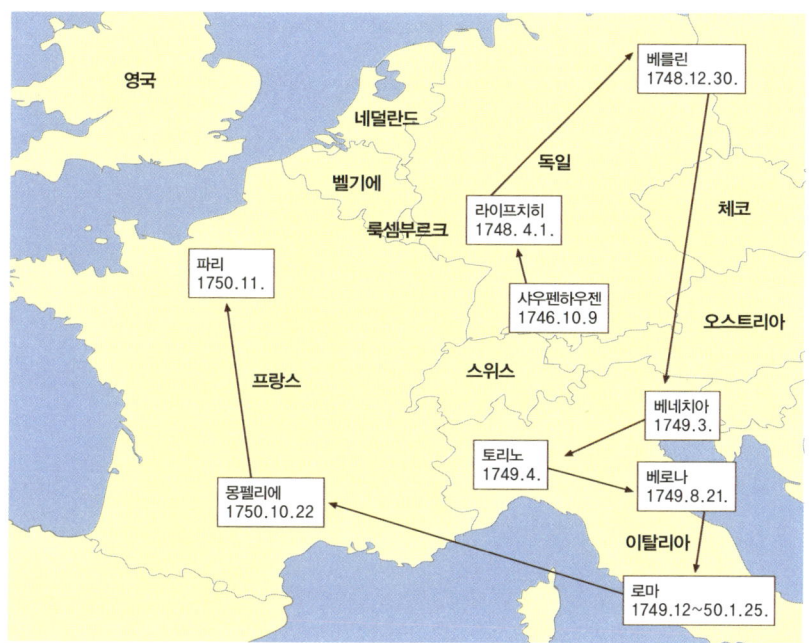

필립 스탠호프의 그랜드 투어 여정을 그린 지도.

할 것이라는 느낌이 들었다. 나머지 25퍼센트는 국민대학교 국제경영학과에 재직 중인 이채원이 맡았다. 중국에서 근무하셨던 아버지를 따라 칭다오MIT국제학교를 졸업한 채원 역시 20대 초반의 나이였지만, 여성적 관점이 부족한 편지의 한계를 극복해야 한다는 판단에 따라 꼼꼼한 번역을 성공적으로 마쳤다. 이미 여러 차례 함께 책을 냈던 삼성문화재단 소속 최현주는 세 명이 번역한 내용을 전체 감수하고, 번역 용어의 통일, 사실 확인, 문장 검토를 맡았다. 물론 번역에 대한 책임은 내게 있으므로, 성준, 채원, 그리고 현주의 작업을 꼼꼼히 재검토했다.

그랜드 투어의 시작 41

이 책에 사용된 사진은 모두 내 동생인 김도근 작가가 직접 찍은 것이다. 장소와 인물의 상호 관계를 중시하는 김도근 작가에게 처음으로 예술적 자유권을 주었다. 지금까지 형의 잔소리를 견디며 사진을 찍어 왔던 김도근 작가는 이 책의 원고를 가장 먼저 읽고, 본인의 해석에 따라 영국, 독일, 프랑스, 그리고 이탈리아에서 사진을 찍었다. 이 책의 초고를 보내주었을 때, 김도근 작가는 "형님, 원고 속에서 형님의 목소리가 들립니다"라는 첫 느낌을 메일로 보내주었다. 내가 그렇게 잔소리를 많이 했나, 뜨끔했다. 부디 하나뿐인 내 아들 녀석도 이 책에서 내 목소리를 듣기 바란다. 내 아들이 내 '목소리'를, '잔소리'로 들을까 두렵기만 하다.

아들아, 너는 내 목소리를 잔소리로 듣더라도, 네 아들한테는 이 목소리를 들려주어라. 그래서 장차 태어날 손자를 잘 키워보고 싶다. 체스터필드가 왜 손자에게도 계속 편지를 썼는지 이제야 이해된다.

2025년 9월
김상근

런던의 블룸스베리 스퀘어는
체스터필드 가문이 대대로 살았던 지역이다.

제1장

독일로 보낸 편지

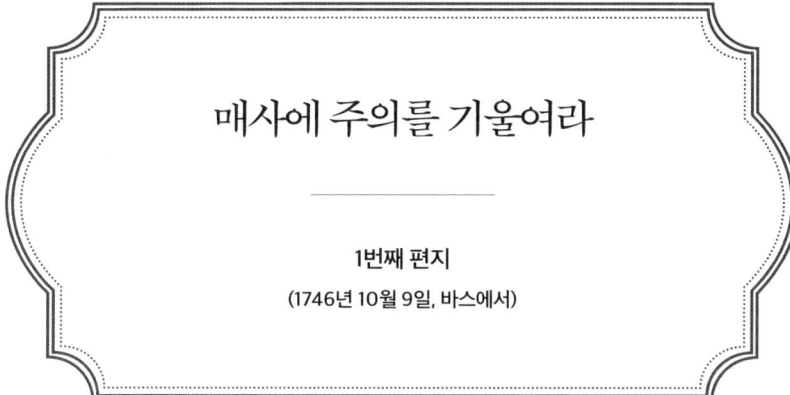

매사에 주의를 기울여라

1번째 편지
(1746년 10월 9일, 바스에서)

사랑하는 아들에게,[1)]

하이델베르크에서 샤프하우젠으로 가는 여정에서 네가 겪은 고생들, 즉 짚더미 위에서 잠을 자거나, 형편없는 음식을 먹고, 흔들거리는 마차를 타야 했던 일은 앞으로 여행을 계속하며 겪게 될 더 큰 시련과 피로의 맛보기라고 생각하길 바란다.[2)] 좀 더 그럴듯하게 말하자면 이런 일들은 장차 네 인생에서 경험하게 될 사건들과 역경들의 축소판이라고 해도 좋을 것이다. 그리고 이 인생 여정에서 너를 실어나르는 마차는 다름 아닌 너의 '이해력'이라는 점을 명심해라. 이해력이라는 마차가 튼튼하고 상태가 좋을수록 네 여정은 수월해질 것이고, 약하거나 상태가 나쁠수록 네 여정은 힘겨워질 것이다. 그러니 네가 타게 될 '마차'를 매일 점검해서 항상 최고의 상태를 유지할 수 있도록 신경 써야 한다. 매일 살피고, 점검하고, 더 강하게 훈련시켜야만 한다. 이는 누구나 할 수 있고, 또 해야만 하는 일이며, 이를 소홀히 하는 사람은 그 태만의 결과로 치명적인 난관에 직면하게 될 것이다.

'태만'에 대하여 네게 좀 더 얘기를 들려주고 싶구나. 너를 생각하는 내 마음은 사소한 감정도 아니고, 맹목적인 것도 아니란다. 따라서 네게 단점이 있다면 나는 당연히 그것을 주목하게 되고, 또 그것을 바로 지적하게 된다. 너의 단점을 지적하는 것은 나의 '권리'가 아니라 모든 아버지가 마땅히 해야 할 '의무'란다. 너는 내 아들이기 때문에 내 지적을 받으면 반드시 그 단점을 고쳐야 한다. 그것이 자식으로 지켜야 할 너의 '의무'이기 때문이다.

나는 이 문제를 심사숙고했다. 하느님께 감사하게도, 너의 심중에는 사악함이 없고, 머리가 아둔하지도 않다는 것을 확신했다. 그러나 아쉽게도, 내가 발견한 너의 약점은 게으름, 부주의, 그리고 무관심이었다. 그런 약점이 노년기의 사람에게 찾아온다면 어떤 점에서는 용서받을 수 있을 것이다. 그것은 일종의 평온함을 의미하니까. 그러나 젊은이는 언제나 빛을 발산해야 하고, 매사에 뛰어난 인물이 되겠다는 야망을 늘 지녀야 한다. 항상 기민하고 적극적이며 지치지 않아야 한다. 카이사르처럼 "아직 해야 할 일이 남아 있다면, 아무것도 해결되지 않았다고 여기겠다 Nil actum reputans, si quid superesset agendum"라는 태도를 지녀야 한다는 말이다.

너도 대부분의 청년들처럼 삶의 활력, 성취감, 탁월함을 추구하는 '정신의 활기찬 힘'을 가지고 있는 것 같다. 너의 삶에서 무엇인가를 이

체스터필드가 머물렀던 영국 바스의 집.

루고자 한다면, 간절한 욕망과 고통 없이는 불가능하다. 그런데, 욕망과 더불어 매사에 '주의를 기울이지 않는다'면, 절대로 뛰어난 인물이 될 수 없다는 사실을 명심해라. "주의를 기울이고 집중하면 신은 언제나 함께 한다 Nullum numen abest, si sit prudentia"라는 말은 의심의 여지 없이 정확한 사실이다. 시詩적인 재능을 제외하면 말이다. 나는 상식적인 이해력을 가진 사람이라면 누구나 노력하고 주의를 기울이면 교양과 배려를 익힌 훌륭한 사람이 될 수 있다고 확신한다. 다만 뛰어난 시인은 재능을 타고나야 하므로 그렇지 않을 수 있다.

네가 지금 향해 가는 곳은 거대하고 분주하게 돌아가는 세상이다. 너는 그곳에서 다양한 사건을 경험하고, 호기심을 불러일으키는 것을 발견하고, 또 역사를 배우게 될 것이다. 그 나라의 법과 관습, 그리고 유럽 각 지역의 풍습과 예절을 익히게 될 것이다. 이 과정을 통해서 항상 뛰어난 사람이 될 수 있도록 노력하길 바란다. 네가 주의를 기울인다면 과거와 현재의 역사를 쉽게 배울 수 있다. 그곳의 지리적 특징을 파악하고 연대기적 지식을 얻는 것도 어렵지 않은 일이다. 말하는 법과 글 쓰는 법 역시 훌륭한 저자들이 쓴 책을 주의 깊게 읽고, 살아 있는 롤 모델에 관심을 가지고 노력하면 그 기술을 습득할 수 있다. 이런 능력은 네게 꼭 필요한 덕목이니 갖출 수 있도록 노력하길 바란다. 너는 지금 배움의 기회에 노출되어 있다. 만약 이런 환경에서도 필요한 덕목을 얻지 못한다면, 그 책임은 전적으로 너에게 있기 때문에 나는 크게 실망할 것이다.

이런 덕목을 얻기 위해서는 세심한 관심과 현실 적용이 필요하다. 그렇지 않으면 너는 절대로 중요한 인물이 될 수 없고, 가치 있는 인물도 되지 못할 것이다. 네가 사회에서 중요하고 가치 있는 인물이 된다는 것은 단순히 업적이 많고 적음의 문제가 아니다. 사실 무슨 일이든 한번 할 만한 가치가 있는 일은, 잘해야 하는 법이다. 그리고 그 어떤 일도 주의를 기울이지 않고서는 잘해낼 수 없다. 그래서 나는 네게 아무리 하찮은 일에도 '주의를 기울이라'고 강조하고 싶다. 단순하게 보일 수 있지만, 연회에서 춤을 추는 것이나 옷을 차려입는 것도 마찬가지다. 사회적 관습에 따라 젊은이들은 연회에서 춤을 추어야 할 때가 있다. 그래서 춤추는 법을 배우는 기회가 주어진다면 이를 기억했다가

적절하게 춤을 출 수 있도록 너 자신을 훈련해야 한다. 춤춘다는 것은 어쩌면 우스꽝스러운 일이지만, 그래도 필요하다면 우스꽝스러운 일도 잘할 수 있어야 한다. 옷차림도 마찬가지다. 옷차림에 신경을 쓰되, 남들과 경쟁하거나 뛰어나 보이기 위해서가 아니라, 괴짜로 보이거나 다른 사람의 조롱을 받지 않도록 옷을 입어야 한다. 어디를 가든 우리 시대의 합리적인 사람처럼 보이도록 세심한 주의를 기울여 옷을 차려입도록 해라. 다른 사람의 입방아에 오르내릴 옷이나 특이한 옷을 입어서 다른 사람의 관심을 끌지 않도록 해라.

보통 '정신이 나간 사람'이란 심신이 허약하거나, 주변 환경으로부터 영향을 너무 많이 받는 사람을 말하지만, 내가 생각할 때 정신 나간 사람의 정의定義는 자신이 속한 사회에 잘 적응하지 못하는 사람이다. 그 사회의 이상적인 예의범절을 모르는 사람이며, 그 사회 구성원들의 특징을 이해하지 못하고 있는 사람이다. 이런 사람은 상대방과 평범한 대화를 이어갈 줄 모르는데, 마치 자다가 일어난 것처럼 자기 생각을 불쑥 내뱉으면서 대화한다. 이런 현상은 심약한 사람의 특징이며, 한 가지 주제로 대화를 집중하며 이어갈 수 없는 사람의 특징이기도 하다. 이런 사람은 어떤 주제에 전적으로 몰두해서 마치 그 일이 세상의 전부인 것처럼 말하는 경향이 있다. 아이작 뉴턴 경이나 존 로크, 그리고 (아마도) 대여섯 명 정도는 이렇게 정신이 나간 사람이 될 자격을 갖추고 있다. 이들은 주어진 연구 주제를 깊이 탐구하기 위해 생각에 몰두해야 할 사람이기 때문이다. 그러나 그런 중요한 연구를 하지 않는 보통의 젊은이가 정신이 나간 사람처럼 행동한다면, 그는 속해 있는 사회에서 영원히 배제될 것이 분명하다. 그러니 네가 속한 공동체가 아무리 한심해 보인다 해도 절대로 무관심하게 행동해서는 안 된다는 것을 잊지 말아라. 상황이 어떻든, 너 역시 그 공동체에 속해 있기 때문이다. 공동체에 속한 다른 구성원들에게 절대로 경멸감을 드러내서는 안 된다. 가능한 그들과 분위기를 맞추면서 대화하고, 그들의 약점에 대해 눈감아주는 태도를 약간은 보이도록 해라. 사람들은 상대방으로부터 경멸을 받으면 절대로 참지 않고, 용서도 하지 않는다. 심리적으로 모욕을 받으면 육체적으로 상처를 입는 것보다 더 오랫동안 그 고통을 기억하기 마련이다. 그러므로 상대방을 공격하기보다는 감싸주고, 험담하기보다는 격려의 말을 함으로써, 미움이 아니라 사랑을 받도록 노력해야 한다. 만약 약간의 아첨이 상대방을 기분 좋게 만들어준다면 기꺼이 마음을 써서 상대방을 칭찬해주어라. 상대방의 자존심을 건드리면 그의 분노를 촉발한다는 것을 명심해야 한다.

대부분의 사람, 아니, 거의 모든 사람이 각자 자신만의 약점을 가지고 있다. 거의 모든 사람이 이런저런 대상에 대한 반감 혹은 반대로 호감을 가지고 있다. 만약 네가 어떤 사람이 고양이나 치즈를 싫어한다고 비웃는다면 그는 자신이 모욕당했다고 느낄 것이다. 또 네가 그 사람의 그런 행동에 불필요하게 개입했다면, 너로부터 경멸받았다고 느낄 것이다. 반대로 네가 그 사람이 좋아하는 것에 대해 호감을 보여주고, 그가 싫어하는 것을 제거하는 데 도움을 준다면, 당연히 그는 네게 좋은 감정을 품게 될 것이다. 여기에 약간의 칭찬이 더해진다면 아마 그는 너를 친구 삼고자 할 것이다. 상대가 여성일 경우에는 이보다 더 사소한 부분까지도 배려해야 하며, 이는 사회 관습에 따른 사교 예절상 어느 정도 당연하게 여겨지는 일이다.

내가 너에게 보내는 이 길고도 잦은 편지들이 잘 전달될지 걱정이다. 문득 네가 즐겨 하던 놀이가 떠오르는구나. 연줄에 종이를 매달아 하늘로 올리곤 했잖니. 어떤 종이는 바람에 날아가버리고, 또 어떤 것은 줄에 걸려 찢어지지만, 몇몇은 연에 단단히 매달려 있었지. 지금 쓰는 편지 중 몇몇이라도 네게 제대로 닿는다면 나는 그것으로 만족한다.3)

그랜드 투어를 떠난 아들에게 보낸 필립 체스터필드의 편지는 1746년 10월 9일부터 시작된다. 당시 아들은 독일 중서부의 대학도시 하이델베르크에서 독일과 스위스의 국경을 맞댄 샤프하우젠으로 이동하고 있었다. 약 260킬로미터에 이르는 비교적 먼 거리다. 당시 유럽 대륙은 국제전으로 혼란스러운 상태였기 때문에 영국인의 자유로운 이동을 보장할 수 없었다. 1740~1748년 동안 벌어진 오스트리아 왕위 계승 전쟁은 마리아 테레지아가 합스부르크 왕가의 상속인으로 지명되자 독일의 바이에른 왕국이 이에 반발하면서 일어난 전쟁이었다. 거의 모든 유럽 나라가 이 전쟁에 직간접적으로 개입했지만, 영국은 오스트리아 합스부르크 왕가의 동맹국이었기 때문에 아들의 독일 여행이 추진될 수 있었다. 그러나 독일 북부는 위험했다. 즉, 독일 북부의 프로이센 왕가와 오스트리아의 합스부르크 왕가가 충돌하고 있었기 때문에 그곳은 피해야만 했다.

샤프하우젠은 독일과 스위스 사이에 역마차 정거장을 보유하고 있던 국경 도시이다. 남쪽으로 50킬로미터를 내려가면 취리히가 있지만, 아들은 남서쪽으로 방향을 틀어 로잔으로 이동할 예정이었다. 샤프하우젠에서 로잔까지는 약 270킬로미터로 꽤 먼 거리였다.

아버지는 "주의를 기울이고 노력하는" 자세를 촉구하면서 그랜드 투어에 나선 아들에게 편지를 쓴다. 첫 편지에서부터 강조하고 있는 "주의를 기울이고 집중하는" 자세는 원문에서 "Concerned"로 표현되어 있다. 18세기의 젊은이들도 요즘과 다르지 않게 자기가 관심이 있는 분야에만 몰두하고, 다른 일에는 관심을 보이지 않는 태도를 보인 모양이다. 아버지는 첫 번째 편지에서 아들이 매사에 의욕이 없어 보이거나, 혼자서 의기소침해 있는 상태에 빠지는 것을 경계했다. 아버지의 첫 편지는 "젊은이는 언제나 빛을 발산해야 하고, 매사에 뛰어난 인물이 되겠다는 야망을 늘 지녀야 한다. 항상 기민하고 적극적이며 지치지 않아야 한다"는 구절에서 정점에 달했다.

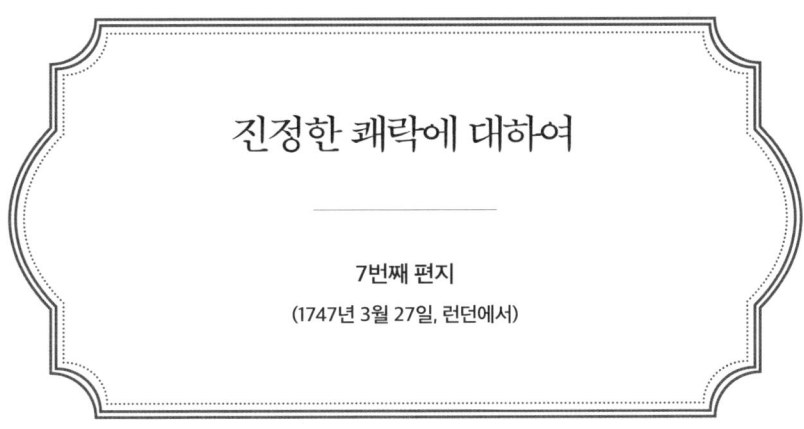

진정한 쾌락에 대하여

7번째 편지
(1747년 3월 27일, 런던에서)

사랑하는 아들에게,

쾌락의 추구는 젊은이의 인생 항해 중에 부딪히게 되는 암초와 같다. 그들은 떠들썩하게 항해에 나서지만, 인생의 방향을 가늠할 나침반이나 배를 조정할 지혜는 갖추지 못한 채 항해의 돛을 올린다. 결국 쾌락의 바다를 향해 떠났던 젊은이의 항해는 고통과 수치 속에 끝나게 된다. 지금 나는 스토아주의자(금욕주의자)처럼 쾌락 자체를 비난하거나 금하려고 설교하는 것이 아니다. 차라리 나를 에피쿠로스로 여겨다오.[4] 나는 네가 충분히 즐기는 인생을 살기를 바라고 있단다. 아버지는 단지 너의 실수를 지적해주고, 바로 잡아주고 싶은 마음뿐이다.

많은 젊은이가 쾌락을 삶의 목표로 삼는다. 젊은 사람들은 본인의 취향이나 성격을 고려하지 않고 쾌락을 좋은 것이라고 무조건 믿는 경향이 있다. 함께 대화를 나누는 사람이 '쾌락'이라고 부르는 모든 것을 무작정 좋다고 생각하는 경향이 있다. 그래서 세속에서 말하는 '쾌락을 즐기는 사람'이란, 실상은 짐승처럼 술에 취해 추태를 부리고, 방탕하게 이성을 탐하며, 저주와 욕을 입에 달고 사는 사람을 뜻하는 경우가 많다.

네게 도움이 된다면, 나 역시 젊은 시절 그런 어리석은 시간을 보냈다는 것을 고백하고자 한다. 나는 원래부터 술을 좋아하지 않았지만, 종종 술을 취할 때까지 마시곤 했다. 다음 날 아침 숙취 때문에 늘 힘들었고, 나 자신이 부끄러웠지만, 쾌락을 추구하는 젠틀맨은 반드시 술을 마셔야 한다고 믿었다. 도박 Game도 마찬가지였다.[5] 나는 돈이 필요한 사람이 아니었는데도 종종 흥분을 즐기기 위해 도박에 빠져들곤 했다. 쾌락을 추구하는 사람에게는 도박 역시 필요한 삶의 일부분이라고 믿었기 때문이다. 처음에는 아무런 생각 없이 그저 재미로 도박에 발을 들였다. 많은 돈을 잃고는 삶의 중심이 흔들릴 정도로 깊이 빠져든 때도 있었다. 내 인생에서 황금 같은 30년의 세월을 그렇게 보낸 것이다. 나는 한때 도박을 찬미하고 그것이 삶의 궁극적인 목표라고 맹세할 정도로 어리석은 시간을 보냈다. 그러나 그것이 죄스럽고 품위 없는 짓이라는 것을 깨닫고, 곧 그 바보 같은 버릇을 버렸다. 시대의 유행에 현혹되어 별것도 없는 쾌락에 맹목적으로 매달린 나는 삶의 진정한 기쁨을 잃어버렸고, 재산도 탕진했으며, 건강마저 크게 해쳤다. 그 피해는 모두 내가 내린 잘못된 판단에 따른 당연한 벌이었다.

부디 나의 고백을 경고의 메시지로 받아들여라. 진정한 쾌락이 무엇인지 너 자신이 직접 규정하고, 다른 사람이 추구하는 쾌락을 무작정 따라 하지 말거라. 시대의 유행을 따르지 말고 너의 양심에 따라 스스로 선택하란 말이다. 지금 추구하는 즐거움과 그로 인해 초래될 결과를 비교한 다음, 너의 양심과 상식의 판단에 따라 독자적인 결정을 내리길 바란다.

만약 내게 인생을 다시 살 수 있는 젊음이 주어진다면 나는 상상 속의 쾌락이 아닌 실제적인 삶의 쾌락을 추구하며 살아갈 것이다. 맛있는 음식을 먹는 즐거움과 포도주의 즐거움을 만끽하되, 그 둘의 과잉이 초래하는 고통은 피할 것이다. 내가 다시 스무 살 청년이 된다면 금욕과 금주를 설교하는 전도사가 되지 않을 것이며, 다른 사람이 스스로 원하는 것을 선택하도록 그냥 내버려둘 것이다. 다만 나 자신의 능력과 건강을 스스로 해치는 일은 절대 일어나지 않도록 할 것이다. 도박의 경우 적당히 즐길 만한 정도만 즐기고, 절대로 무리하지 않을 것이다. 도박을 하더라도 심심풀이로, 상황에 따라 이런저런 사람들과 어울리며 사소한 돈을 걸 수는 있겠지만, 목돈을 걸지는 않을 것이다. 돈을 딴다고 해서 상황이 크게 달라지지 않는 반면, 잃게 되면 이를 갚느라 곤란해질 수 있기 때문이다. 도박 중에 자주 벌어지는 다툼에 휘말리지 않겠다는 것은 두말할 필요가 없다. 나는 독서로 많은 시간을 보낼 것이다. 그리고 나머지 시간은 사리 판단이 분명하고 학식을 갖춘 사람들, 특히 나보다 우수한 사람들과 어울릴 것이다. 약간 유치한 만남이 되겠지만 그래도 시대의 유행을 선도하는 사람들과도 어울릴 것이다. 그들과 만남으로써 자신의 생각과 행동을 가늠할 수 있을 것이고, 그 시대의 예절에 대해서 가다듬고 배울 기회가 주어지기 때문이다.

영국에는 펍 문화가 발달해 있다. 아버지는 아들에게 금욕주의자가 되지 말고 진정으로 인생을 즐기는 사람이 되라고 가르친다.

내게 30년 전으로 돌아갈 기회가 주어진다면 나의 즐거움과 오락은 이런 것들이 될 것이다. 모두 이성적이고 합리적인 즐거움이다. 네게 강조하거니와, 이런 것들이야말로 진정으로 세련된 취향, 곧 우리 시대의 흐름이다. 서로 세련되었다고 치켜세우며 자화자찬하는 사람들이 추구하는 것은 결코 '시대의 흐름'이라고 할 수 없다. 술에 취해 휘청거리는 사람을 누가 좋아하겠니? 빚까지 지면서 도박에 빠졌다가 모든 것을 잃고 스스로 머리카락을 쥐어뜯으며 욕설을 퍼붓는 사람을 누가 좋아하겠니? 정욕에 휩쓸려 매춘부만 찾는 사람을 누가 좋아할 수 있겠니? 절대로 그렇지 않다! 그런 행동을 하는 사람, 심지어 그런 행동을 자랑하는 사람은 우리 사회의 훌륭한 일원이 될 수 없다. 만약 그런 사람이 있다면 우리 사회가 마지못해 인정해주는 것뿐이다. 진정으로 쾌락을 즐기는 사람, 그리고 진정으로 '시대의 흐름'을 견인하는 사람은 행동에서 우아함이 우러나는 법이다. 그런 사람은 악행을 행하지 않으며, 악행으로부터 영향을 받지 않는다. 만에 하나 악행의 요소가 있다면, 그들은 그것을 잘 선택하고, 더욱 조심해서 행동하고, 비밀이 지켜질 수 있도록 노력할 것이다.

내가 오늘 말하는 쾌락에는 정신적 쾌락은 포함되어 있지 않다. 사실 정신의 쾌락이야말로 견고하고도 영속적인 즐거움이지. 그런데 이런 즐거움은 사람들이 흔히 말하는 쾌락의 범주에는 들어가지 않는다. 사람들은 쾌락을 감각적인 것에 한정하는 경향이 있기 때문이다. 그러나 미덕을 행하면서 얻게 되는 기쁨, 자선을 베풀 때 느끼는 즐거움, 그리고 배움을 통해서 느끼는 행복이야말로 진실된 것이고 영구적인 것이다. 나는 내 아들이 이런 기쁨을 느끼고 배워 나가기를 소망한다. 잘 있거라, 내 아들아!

> 독일을 떠난 아들은 스위스로 입국해 베른과 로잔을 여행 중인 상태다. 레만 호수와 접하고 있는 로잔에서 체류하던 아들은 프랑스 출신의 위그노(개신교)들이 주도하던 활기찬 경제 도시의 면모를 목격했을 것이다. 아들은 다시 독일의 북동부에 있는 라이프치히로 이동할 계획을 세우고 있었다. 스위스에 체류하는 동안 사사로운 안부를 묻는 아버지의 짧은 편지가 다섯 통 전달

된 후, 지금 소개하는 7번째 편지가 도착한다.

쾌락을 추구하는 삶에 대한 아버지의 조언이 이어지는데, 자신이 젊은 시절에 했던 실수까지 솔직하게 언급하며 아들에게 '주체적인' 쾌락을 추구할 것을 촉구한다. 인생을 즐기되 삶의 이면을 관조하고 진정한 쾌락을 추구하라고 가르쳤던 그리스 철학자 에피쿠로스의 가르침을 전하고 있다.

지금 하는 일에 최선을 다하라

9번째 편지
(1747년 4월 14일, 런던에서)

사랑하는 아들에게,

하트 선생으로부터 너의 근황을 전해 들었다. 네가 잘하고 있다는 칭찬도 함께 말이다. 그 칭찬을 들었을 때 내가 느낀 기쁨을 네가 절반만이라도 느낄 수 있다면, 나는 더 이상 네게 무엇을 권하거나 훈계할 필요가 없을 것이다. 네가 스스로 바르게 행동하면서 만족과 자기애를 느낀다면 내가 없더라도 충분히 바른 길을 걸어갈 테니 말이다. 하트 선생의 편지를 보니, 너는 학업에 들어가 지식을 얻기 시작했고, 세상의 이치를 깨닫는 기쁨을 맛보기 시작했다고 하더구나. 이 즐거움은 점점 더 커질 것이고, 네가 주의를 기울인다면 더욱 커질 것이다! 그러니까 학업에 임할 때 항상 주의를 기울이는 습관을 유지하도록 해라.

내가 네게 늘 강조했던 것이 있다. 무슨 일을 하든 그 일에만 전념하고, 다른 일을 동시에 하지 말라는 것이다. 종일 책을 붙들고 공부만 하란 얘기가 아니다. 물론 너의 삶에는 즐거움도 함께해야 한다. 다만 공부할 때만큼은 공부에 전적으로 집중하는 것이 좋다. 네가 만약 공부와 즐거움을 동시에 추구한다면 너의 발전은 멈출 것이고, 만족도 얻지 못할 것이다. 지금 하는 일에 집중하지 않는 사람은 공부도 못하고 즐거움도 얻지 못한다. 어떤 일을 할 때는 다른 생각을 하지 말아야 한다. 만약 누군가가 무도회나 만찬장 혹은 사교 모임 자리에서 유클리드 수학 문제를 풀고 있다면, 그는 모두에게 민폐를 끼치는 안쓰러운 인물로 남게 될 것이다. 반대로 서재에서 수학 문제를 풀면서 무도곡 생각을 한다면 그는 결코 훌륭한 학자는 못 될 것이다.

네덜란드의 정치 실권자였던 요한 드 위트 Johan de Witt는 비참하게 죽음을 맞이했다. 그는 공무로 늘 바쁘게 살았지만, 저녁이면 만찬을 즐길 수 있는 시간이 있었고, 동료들과 정다운 식사를 자주 나누곤 했다. 다른 사람들이 그 비결을 묻자 이렇게 답했다.

"물론 세상에 쉬운 일은 없습니다만, 그냥 한 번에 하나씩 일을 처리하는 겁니다. 오늘 할 수 있는 일을 절대 내일로 미루면 안 되지요."

바로 이것이다. 지금 하는 한 가지 일에 집중해서 문제를 해결하는 것이 이 위대한 인물의 성공 비결이었다. 서두르고, 분주하고, 동요하는 것은 나약하고 경솔한 정신의 영원한 속성이란다. 호라티우스의 글을 읽을 때는 그가 가진 생각의 적절함, 그가 사용한 라틴어 문법의 정확성, 그가 남긴 시의 아름다움에 주목해야 한다. 호라티우스를 읽을 때 사무엘 폰 푸펜도르프를 생각하면 안 된다.[6] 마찬가지로 푸펜도르프의 글을 읽을 때는 마담 드 생 제르맹을 생각하지 말아야 한다.[7] 만약 마담 드 생 제르맹과 대화한다면 푸펜도르프를 생각하지 말아야 한다.

독일에서 네가 입은 손실의 일부를 하트 선생이 대신 갚아주었다는 소식을 전해 들었다. 너의 잘못이 없다는 것을 알기 때문에 전액을 갚아주도록 조치했다. 이 점에 대해서 나는 네게 아무런 추궁을 하지 않을 것이다. 나는 네가 그것을 받을 만한 자격이 있다면 아무것도 아까워하지 않을 것이고, 네가 원하는 것은 무엇이든 부족함 없이 주겠다. 그러니 결국 네가 바라는 것을 얻을 수 있는지는 전적으로 네 손에 달려 있다는 것을 알 수 있을 것이다.

도미니크 부우르Dominique Bouhours가 쓴 작은 책《마음의 일을 잘하는 법》을 동봉해서 보낸다.[8] 시간이 있다면 부디 이 책을 한번 읽어보길 바란다. 너의 기분 전환을 위해서도 좋지만, 취향을 만드는 데 도움을 줄 것이고, 또 사고하는 법을 가르쳐줄 수 있는 책이다. 잘 지내거라, 아들아!

> 여전히 스위스에 있던 아들에게 편지를 보낸 아버지는 '하트 씨'를 처음 언급하고 있다. 그랜드 투어 동행교사인 하트 선생에 대한 개략적인 정보만 남아 있지만 아들에게 "가르침과 삶의 본보기precept and example"로 소개하는 것으로 미루어, 훌륭한 선생이었던 것 같다.[9]

독일로 보낸 편지

이 편지는 어떤 일을 할 때는 그 일에만 집중할 것을 촉구하고 있다. 산만한 성격을 가진 아들에게 주는 아버지의 걱정이 담긴 편지였다. 지금 하는 일에 최선을 다하는 자세가 궁극적인 '문제 해결 능력'이다. 처리해야 할 일의 우선순위를 정하고, 하나씩 최선을 다해 문제를 해결하다 보면 어느새 모든 문제를 처리해낼 수 있고, 경험한 것만큼 성장할 수 있다는 가르침을 전한다.

배운 것을 내 것으로 만들어라

12번째 편지
(1747년 7월 30일, 런던에서)

사랑하는 아들에게,

집배원이 네 번이나 다녀갔지만 너나 하트 선생으로부터 어떤 편지도 받지 못했구나. 스위스에서의 일정을 급히 소화하느라 편지를 쓸 여유가 없었을 것이라 짐작된다. 아마 이 편지가 도착할 때면 스위스 여행도 끝나가고 있겠지? 내가 가장 최근에 쓴 편지를 받을 즈음이면 너는 아마 성 미카엘 축일까지 라이프치히에 체류하고 있을 것이다.[10] 추측하건대 마스코Mascow 교수의 집에 머물며, 그 근처에서 젊은이들과 어울리고 있겠지. 마스코 교수께서 네게 법학자 후고 그로티우스의 《전쟁과 평화의 법》, 《유스티니아누스의 법학제요》, 그리고 《로마제국의 공법》에 대해서 직접 강의해주시는 것을 알고 있다.[11] 그냥 수업을

라이프치히 도심의 마르크트광장에 있는 구 시청사 건물.

듣는 것이 아니라 주의를 기울이고 집중해서 강의 내용을 온전히 너의 것으로 만들기 바란다.

나는 또한 네가 독일어를 완벽하게 익히기를 기대한단다. 네가 원한다면 곧 그렇게 될 것이라 믿어 의심치 않는다. 농담 삼아 경고하지만, 내가 라이프치히에 보이지 않는 첩자 100명을 두고 있다는 것을 명심해라. 네가 그곳에서 무슨 일을 하는지, 또 무슨 말을 어떻게 하는지 나는 정확하게 알 수 있다. 나는 그 세세한 정보들을 통해 벨레이우스 파테르쿨루스Velleius Paterculus가 스키피오Scipio에 대해 평가한 것과 같은 너의 모습을 기대한다.12) "그는 칭찬받지 않을 어떤 말도, 어떤 행동도, 어떤 감정 소비도 하지 않았다nihil non laudandum aut dixit, aut fecit, aut sensit." 나도 그렇게 행동하는 아들을 보고 싶다.

라이프치히에는 훌륭한 인물들이 많기 때문에 공부를 마치고 난 저녁 시간에는 그 사람들을 자주 찾아갔으면 좋겠다. 쿠를란트Courland 공작부인이 계신 궁정이 그런 장소이니, 소개를 받아 방문해보아라. 폴란드 국왕과 그의 궁정 신하들도 라이프치히에서 열리는 박람회에 1년에 두 번씩 참석하는데, 내가 폴란드의 장관인 찰스 윌리엄스 경에게 편지를 써서 네게 좋은 사람을 소개해달라고 부탁해두도록 하겠다. 그러나 그런 사람들과 교류하더라도 네가 안목을 키우지 못하고 관계를 신중하게 이어가지 못한다면, 아무리 좋은 사람을 만난다고 해도 별 가치가 없다는 것을 명심해라. 너의 품행을 바르게 하고, 인간 됨됨이를 바르게 가져가며, 장소에 어울리는 단정한 옷을 입고, 점잖게 행동해야 한다. 사람들과 충돌을 일으키지 말고, 얕은 재주를 부리지 말아야 한다.

매일 아침과 매 식사 후에 양치질을 꾸준히 하여 치아를 청결하게 유지·관리하고 있겠지? 치아 건강을 잘 지키면 훗날 많은 고통을 줄일 수 있단다. 내가 너의 나이 때에 치아 관리를 잘못해서 지금까지 고생하고 있는 것을 기억하기를 바란다. 옷을 잘 입고 다니는지, 혹은 지나치게 잘 입고 다니는 것은 아닌지 궁금하구나. 일반적으로 사람은 입고 있는 옷으로 평가받게 되는데, 지나치게 화려한 복장은 좋지 않다. 무성의하게 대충 차려입거나 허술해 보이는 옷차림도 좋지 않다. 이런 것들은 중요한 일은 아니지만 그래도 신경을 써야 할 부분이다. 너의 진정한 가치를 빛나게 만들어주는 것이니까. 베이컨 경은 "유쾌한 인물의 모습 그 자체가 훌륭한 추천서"라고 말한 바 있다. 따라서 적절한 옷차림은 그 사람의 장점을 살짝 알려주고, 그것을 드러나게 하는 지름길이다.

내년 여름에 하노버에서 널 만나게 되리라는 것을 유념해라. 그때, 지금보다 훨씬 나아진 너의 모습을 기대하마. 만약 네 모습이 내 기대에 미치지 못하거나 혹은 그 근처에도 미치지 못한다면 너와 나는 불편한 시간을 보내게 될 것 같다. 나는 현미경으로 살펴보듯 너의 가장 작은 결점까지도 찾아낼 작정이다. 농담 삼아 하는 말이지만, 내 말은 진심이기 때문에, 내 아들이 언제나 적절하게 행동했으면 한다. 잘 있거라.

> 간단한 내용과 안부를 묻는 두 통의 편지가 전달된 다음, 다시 독일로 돌아가는 아들에게 편지를 썼다. 라이프치히는 로마 시대부터 두 개의 로마 가도가 연결되는 지점이었기 때문에 사람의 왕래가 잦았고 1190년부터 도시 박람회로 유명했다. 1409년에 설립된 라이프치히대학은 명문 대학으로 철학자 라이프니츠와 니체, 문학가 괴테, 역사가 랑케, 작곡가 슈만과 바그너, 천문학자 티코 브라헤 등을 배출했다. 당시 국제법이 태동하던 시기였고, 아버지는 아들에게 마스코 교수의 국제법 강의를 추천한다.
> 서문에 쓴 대로 18세기의 그랜드 투어는 대학 교육을 대체하는 기능을 수행했다. 영국의 귀족 자제들이 대륙의 유명 대학으로 유학 가는 형식으로 발전해갔다. 이 편지에서도 아들이 라이프치히대학의 유명 국제법 교수로부터 강의를 듣는 장면이 묘사되어 있다.

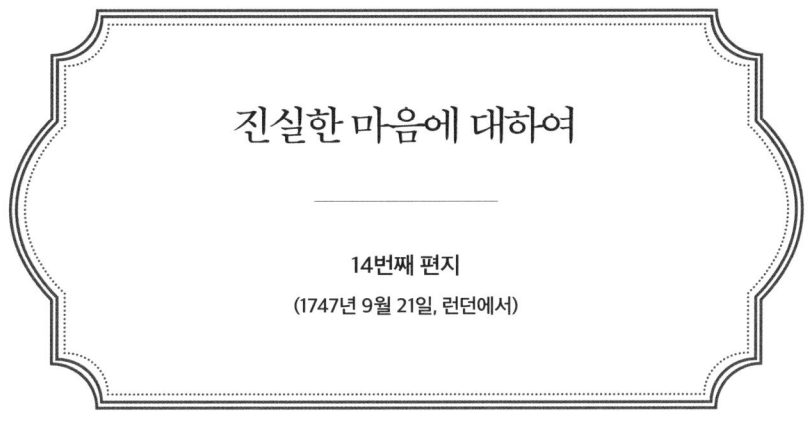

진실한 마음에 대하여

14번째 편지
(1747년 9월 21일, 런던에서)

사랑하는 아들에게,

네가 지난 8일 자에 보낸 편지는 잘 받아보았다. 너는 아인지델른 Einsiedeln[13])에서 가톨릭 신도들이 가진 맹신과 미신, 수도원 성당에서 일어났다는 기적에 대한 허무맹랑한 이야기에 놀랐다고 했는데, 네가 놀란 것은 전혀 이상한 일이 아니란다.[14]) 그러나 아들아, 부디 이 점을 명심하거라. 심각한 잘못이나 실수처럼 보여도 그것은 다른 사람이 가진 하나의 의견임을 명심하고, 그것이 만약 진지한 내용이라면 절대로 비웃어서는 안 된다. 오히려 그들에게 연민을 가져야 한다. 사실을 이해하지 못하는 사람 앞에서는 그의 시야가 좁은 것에 동정심을 가지고 대해야 한다는 말이다. 만약 어떤 사람이 길을 잃어버렸다고 해도 그

빈의 슈테판대성당에서 미사를 드리는 모습.
아버지는 아들에게 다른 신앙적 관점에 대한
열린 마음을 촉구했다.

사람을 놀려서는 안 되고 나무라서도 안 된다. 우리가 논쟁이나 설득을 통해서 그들을 바로 잡아주는 것은 호의에서 비롯하지만 그 호의를 근거로 그들의 잘못을 벌주거나 비판해서는 안 된다는 것을 명심해라.

모든 사람은 본인의 이성적 판단에 따라 행동할 권리가 있다. 반드시 그래야만 한다. 그리고 모든 사람이 나와 같은 키와 피부색을 갖고 있을 것이라 기대하는 게 말이 안 되듯, 다른 사람들이 모두 나처럼 생각할 것이라고 기대하는 것은 말이 안 된다. 모든 사람은 진리를 추구한다. 하지만 누가 진리를 찾았는지는 오직 하느님만이 아실 것이다. 그러므로 나와 다른 생각을 품고 있다고 해서 누군가를 박해하는 것은 부당한 일이고, 타인을 모욕하는 것도 어리석은 일이다. 모두 나름대로 자신의 이성적 판단에 의존하고 있기 때문이다. 거짓말을 하거나 거짓된 행동을 하는 사람이 유죄이지, 그 거짓말을 순수하게 진심으로 믿는 사람에게는 죄가 없다는 뜻이다.

나는 거짓말보다 악랄하고, 비열하며, 우스꽝스러운 것은 없다고 믿는다. 거짓말은 악의, 비겁함, 혹은 허영심에서 비롯된 산물이다. 거짓말은 대부분 들통이 나기 마련인데, 진실은 조만간 드러날 수밖에 없기 때문이다. 예컨대 내가 누군가의 재산이나 인격을 해치기 위해 거짓말을 한다면 한동안은 그에게 상처를 줄 수 있다. 그러나 결국 가장 큰 고통을 받는 건 나 자신이다. 나의 거짓말이 발각되는 순간, 나는 사악한 거짓말을 했다는 사실만으로 비난받게 될 것이기 때문이다. 그 후에는 아무리 내가 진실을 말한다 해도 사람들의 비방에서 헤어나지 못할 것이다. 나의 언행을 변명하고 그것을 통해 초래될 위험과 수치심에서 벗어나기 위해 또 거짓말을 하거나 모호하게 말한다면, 나는 곧바로 잘못을 저지르고 있을 뿐 아니라 공포에 질린 내 모습을 발견하게 될 것이다. 위험과 수치심에서 벗어나기는커녕 오히려 더 깊은 수렁에 빠지게 될 것이고, 결국 가장 천하고 비열한 인간으로 전락할 것이다. 다른 사람들로부터 그런 취급을 당할 것이 분명하다. 이로 인한 공포심은 더 많은 위험을 초래한다. 두려움에 떨고 있는 겁쟁이에게 사람들은 더욱 모욕을 가할 것이고, 마침내 나는 헤어날 수 없는 위험에 더 깊이 빠져들 것이다.

잘못을 저질렀다면 솔직하게 인정하는 것이 더 고귀한 일이고, 속죄하고 용서를 받을 수 있는 유일한 길이다. 눈앞의 위험이나 불편에서 벗어나기 위해 모호하게 말하고, 회피하고, 사실을 거짓과 뒤섞는 것은 매우 비열한 짓이다. 그런 행동을 하는 사람은 항상 쫓겨날 위치에 있고, 실제로 쫓겨나게 될 것이다. 또 해를 끼치려는 의도는 없지만 사실을 지나치게 부풀린 이야기 또한 일종의 거짓말이다. 이런 과장은 때로 진실보다 더 큰 오해를 낳는다. 즉, 상대방의 잘못된 허영심을 자극하고, 원래 의도했던 바에서 벗어나도록 유도하며, 심지어 그것을 말한 사람의 굴욕과 혼란으로 끝나는 거짓말이다. 주로 장황한 서사나 허황한 역사가 이런 종류의 거짓말을 퍼트리고 있다. 물론 원래 의도는 그것을 말하는 사람들에게 무한한 영광을 돌리려는 수작이다. 그 말을 하는 사람은 언제나 로맨스의 주인공이고, 그 누구도 자기처럼 위험에서 빠져나오지 못했다고 자부하며, 다른 사람이 보거나 읽은 모든 것을 자신도 직접 보았다고 큰소리를 친다. 그는 이 세상의 어떤 사람보다 더 많은 행운을 누리고 있으며, 하루 만에 집배원보다도 더 먼 길을 다녀왔다고 자랑한다. 그러나 그의 거짓말은 곧 들통나기 마련이고, 그는 사람들로부터 영원히 경멸과 조롱을 받을 것이다.

그러니 우리가 살아가는 동안 양심이나 명예에 상처를 입지 않고 세상을 살아갈 수 있는 유일한 길은 오직 엄격하게 '진실'을 추구하며 사는 것임을 명심해라. 이것은 너의 의무인 동시에 네 스스로를 위함이기도 하다. 가장 큰 거짓말쟁이가 가장 어리석은 바보가 된다는 사실을 끊임없이 목격하게 될 것이다. 물론 모든 사람에게 '진실'이란 그 사람이 가지고 있는 이해의 정도를 반영하고 있다고 나는 믿는다.

이 편지는 아마 네가 라이프치히에 닿을 즈음 전달될 것 같다. 나는 내 아들이 그곳에서 목적에 부합하는 삶을 살기 위해 최선을 다하기를 바란다. 너는 지금까지 삶의 목적을 설정하고, 또 그것을 위해 노력하는 자세에서 다소 부족한 점이 있었다. 다음 여름에 다시 너를 만나면, 나는 너의 성장을 세밀하게 살펴볼 것이다. 만약 네가 예방하거나 미리 개선할 수 있었음에도 고치지 않은 결점을 갖고 있다면, 나는 결코 이를 잊지도 용서하지도 않을 것이다. 하트 선생 외에도 라이프치히에서 너를 지켜보는 눈이 많다는 것을 꼭 기억해라. 잘 있거라!

> 내용을 확인할 수는 없지만, 아들은 아버지에게 아인지델른의 수도원에서 회자되고 있는 허무맹랑한 전설을 얘기한 것 같다. 10세기에 설립된 아인지델른의 베네딕토 수도원이 축성될 당시, 하늘 문이 열리고 예수가 나타나 성모 마리아의 현현顯現을 선포했다는 것이다. 아들은 이를 터무니없는 거짓말로 치부했지만, 아버지는 진심으로 믿는 신앙적 고백을 단순히 '거짓말'로 폄하할 수 없다고 자세히 설명한다. 결론은 거짓이 아닌 진실된 삶을 살라는 교

훈으로 끝이 나지만, 다른 사람의 신앙이나 확신에 대해서 상대주의적인 견해를 유지하라는 아버지의 가르침은 시대를 앞서 있다.

영국 지식인의 그랜드 투어는 종교적 함의가 있었다. 1534년 헨리 8세의 수장령과 개신교 전통을 따르는 영국 성공회의 설립은 영국인에게 가톨릭 신앙에 대한 의심과 불신을 초래했다. 따라서 대륙으로 그랜드 투어를 떠났던 영국인들은 성물을 숭배하고 마리아 신앙을 강조하는 가톨릭 신앙에 편견을 가질 수밖에 없었다. 이 편지에서 아버지는 다른 종교와 신앙심을 가진 사람들에 대한 포용적 이해를 촉구하고 있다.

다른 사람이 자신의 신념이나 확신에 따라 말과 행동을 하는 것에 대해 관용의 자세를 유지하란 말이다. 그러나 거짓말은 다른 것이다. 아버지는 아들에게 '거짓말'을 하는 것을 경계하고 언제나 '진실'에 따라 행동할 것을 요구한다. "양심이나 명예에 상처를 입지 않고 세상을 살아갈 수 있는 유일한 길은 오직 엄격하게 '진실'을 추구하며 사는 것"이라는 아버지의 교훈은 모든 자녀에게 주는 지혜의 조언이었다.

친구를 사귀는 일에 대하여

16번째 편지

(1747년 10월 9일. 런던에서)

사랑하는 아들에게,

　흔히 네 또래의 젊은이들은 자신을 보호할 수 있는 방법을 잘 모르는 탓에 경험이 많은 사람들의 먹잇감이 되거나 그들의 술수에 놀아나게 될 확률이 높다. 젊은이들은 우정이라는 이름으로 속이면서 다가오는 악인이나 바보를 우러러보는 경향이 있다. 젊은이들이 가지고 있는 무분별하고 무한한 자신감 때문에 가짜 우정에 속아 넘어가서 종종 파멸에 이르곤 한다. 너는 이제 세상으로 나왔으니 이런 가짜 우정을 주의해야 한다. 예의를 갖추고 그들을 받아들이되 항상 경계하는 마음을 가져야 한다. 그들을 칭찬해주는 것은 좋지만 그들이 좋은 친구라고 확신해서는 안 된다. 허영심이나 넘치는 자기애로 인해 처음 보는 사람이나 최근에 알게 된 사람을 서둘러 친구라고 여기는 착각을 하지 말아야 한다. 참된 우정은 언제나 천천히 만들어진다. 서로의 장점을 알아보고 너와 상대의 가치가 조화를 이룰 때 우정은 비로소 맺어진다.

친구 사이에는 이름만 우정인 경우도 있다. 짧은 시간에 달아오르지만 다행히도 오래가지 않는 부류의 것이다. 이런 우정은 우연히 함께 모여 방탕함과 무절제에 빠져들면서 성급하게 만들어지곤 한다. 겉으로는 멋져 보이는 우정이고, 과음과 음란함을 통해서 굳어지는 우정이다. 이 우정은 도덕과 선량한 품행에 대한 반란이며 공권력에 의해 처벌받아야 마땅하다. 그러나 뻔뻔스럽고 어리석게도 어떤 이들은 이러한 결탁을 우정이라 부른다. 그들은 나쁜 목적을 위해 서로 돈을 빌려주고, 문제의 공범이 되어 공격과 방어를 통해 싸움을 벌인다. 서로에게 정보를 제공하지만 돌발적인 사건이 터지면 서로 모른 체하는 관계로 돌변한다.

'함께 어울리는 사람'과 '친구' 사이에는 큰 차이가 있다는 것을 잊지 마라. 매사에 만족스럽고 즐겁기만 한 '함께 어울리는 사람'은 사실 매우 부적절하고 위험한 동반자라는 사실이 곧잘 드러나기 때문이다. 사람들은 많은 경우, 네가 누구와 어울리는지를 보고 네가 어떤 사람인지 판단을 내리려고 할 것이다. "네가 누구와 다니는지 알려주면, 네가 어떤 사람인지 말해주겠다"라는 스페인 속담이 있는 것처럼 말이다.

정확한 표현이지 않니? 사기꾼이나 바보를 친구로 삼는 사람은 나쁜 일을 꾸미거나 숨길 것이 있는 사람이라고 보아도 무리가 없다. 그러나 사기꾼이나 바보와 맺는 '우정'(설사 그렇게 부를 수 있다 해도)을 피

라이프치히대학교 캠퍼스. 1409년 설립된 이 대학은 문학가 괴테, 역사가 랑케, 철학자 니체, 작곡가 바그너, 천문학자 브라헤를 배출한 명문 대학이다.

해야 한다고 해서 그들과 반드시 적이 되어야 한다는 뜻은 아니다. 그들은 수가 많은 집단이기 때문이다. 나라면 그들과 한편이 되거나 전쟁을 벌이기보다 안전한 중립을 택하겠다. 그들의 악행과 어리석음을 비난할 수는 있지만, 그들에게 개인적인 원한의 대상이 될 필요는 없다. 그들이 너를 적으로 간주한다면 그것은 그들과의 우정 다음으로 위험한 것이기 때문이다.

사람들과 어울릴 때는 늘 신중함을 유지하되, 겉으로는 폐쇄적인 인상을 주지 말아야 한다. 겉으로 경계심을 드러내 보이면 상대방을 매우 불쾌하게 만들 수 있다. 하지만 그렇다고 해서 신중함을 내세우지 않으면 더 큰 위험에 빠질 수 있다는 점도 기억해야 한다. 이 둘 사이에서 중도를 찾는 사람은 거의 존재하지 않는다. 일반적으로 사람은 터무니없이 비정상적인 판단을 내리고, 사소한 것에 신경 쓰기 마련이다. 또한 자신이 아는 모든 것을 상대방에게 무례하게 전달한다.

친구를 선택하는 것 다음으로 중요한 것은 어떤 집단의 사람들과 어울릴 것인가 선택하는 일이다. 너보다 수준이 높은 사람들과 어울리도록 노력해야 한다. 그 사람들과 어울리면 너도 그 수준이 될 것이다. 만약 네가 수준이 낮은 사람들과 어울린다면 반대 현상이 나타날 것이다. 너의 수준도 내려가게 된다. 이전에 이야기했듯, 너는 네가 어울리는 사람들과 같은 사람이 된다. 너보다 높은 사람들과 교제하라고 말할 때, 그들의 출생에 관한 것이라고 착각하지 말아라! 그것은 가장 하찮은 고려 사항일 뿐이다. '수준이 높은 집단'이란 그들이 이루어낸 성취, 그리고 세상 사람들이 그들을 어떻게 평가하는지에 관한 것이다.

세상에는 두 부류의 집단이 있다. 첫 번째는 흔히 '보몽드beau monde'라고 불리는 사람들로, 이들은 궁정에서 주도권을 쥐고 있고 행복한 삶을 누리고 있다.15) 다른 하나는 어떤 특별한 실력을 갖추고 있거나, 예술이나 과학 분야에서 뛰어난 업적을 이룬 사람들이 모여있는 집단이다. 나는 조지프 애디슨과 알렉산더 포프와 함께 있을 때, 마치 유럽의 모든 군주들과 함께 있는 듯, 나보다 훨씬 높은 이들과 교제하고 있다고 느꼈다.16)

내가 참여하지 말라고 조언했던 '저급한 집단'이란 무가치하고 경멸이나 받을 만한 사람들의 모임이다. 그들은 너와 함께 있는 것을 영광이라고 생각하고, 네가 잘못을 저지르거나 어리석은 일을 해도 아부하기에 바쁜 사람들이다. 그런 부류의 집단에서는 두각을 나타내면서 자부심을 갖기 쉬운데, 이것은 너무나도 어리석은 착각일 뿐이다. 하찮은 집단에 소속되는 것보다 더 빨리 네 명성을 망치는 것은 없다.

너는 내게 이렇게 물을 것이다. "아버지, 사람이 언제나 자기 자신의 능력으로 최고의 교제를 하는 것이 가능한가요? 어떻게 하면 되지요?" 아들아, 그것은 당연히 가능하다. 스스로 그런 자격을 갖춤으로써, 그리고 네가 젠틀맨으로 행동할 수 있다는 것을 보여줄 수 있다면 말이다. 탁월함과 교양은 어디서든 길을 열어주기 마련이다. 지식은 그를 최고의 사람들에게 다가가게 해주고, 교양은 그들의 호감을 사게 해준다. 친절한 태도와 고매한 행동은 다른 어떤 뛰어난 자질이나 재능보다 절대적으로 중요한 것이다. 아무리 놀라운 지식을 가지고 있고, 다른 것이 모두 완벽하다고 해도 친절한 태도와 고매한 행동이 없다면 빛을 발하지 못한다. 교양이 없으면 학자는 속물에 불과하고, 철학은 냉소가 되며, 무용은 거친 야만으로 전락한다. 누구든 교양을 잃으면 불쾌한 인간이 되고 만다.

나는 라이프치히에 있는 지인들을 통해 네가 그곳에 잘 도착했는지, 어떤 첫 인상을 주었는지 듣기를 고대하고 있다. 나는 100개의 눈을 가진 아르구스Argus처럼 너를 주의 깊게 지켜볼 것이고,[17] 너와 관련된 모든 사실이 내게 자세히 들려올 것이다. 내 이야기는 틀림없이 사실이다. 내가 어떤 보고를 듣게 될지는 전적으로 네게 달려 있다는 것을 명심해라. 잘 있거라, 아들아.

> 라이프치히에 있는 아들에게 아버지는 "친구를 사귀는 것"에 대한 조언을 담은 편지를 보낸다. 나쁜 친구들과 어울리지 말고 수준이 높고 명망이 있는 사람들의 집단에 들어가서 배울 것을 요청하고 있다. 어떤 성취나 자격보다 친절하고 고매한 태도를 가져야 한다는 것을 강조하고 있고, 좋은 혈통에 속한 사람들과 어울릴 것을 강력하게 요청하고 있다.

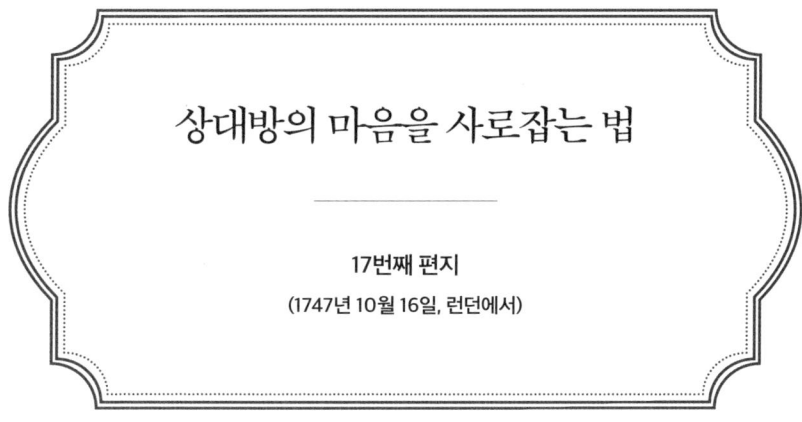

상대방의 마음을 사로잡는 법

17번째 편지
(1747년 10월 16일, 런던에서)

사랑하는 아들에게,

상대방을 기분 좋게 만드는 건 꼭 갖추어야 할 기술이지만 쉽게 배울 수 있는 건 아니다. 정해진 규칙이 있는 것도 아니어서 내가 가르쳐주기보다 너의 판단과 관찰을 통해서 그 방법을 습득하는 것이 좋다. 사람을 기쁘게 하는 법을 배우고 싶다면 먼저 너의 기분이 좋았던 순간을 떠올려 보아라. 다른 사람들이 네게 어떻게 해줄 때 가장 기분이 좋았니? 네가 대접받고 싶은 대로 남을 대하는 것이 남을 기쁘게 만드는 방법 가운데 내가 아는 가장 확실한 방법이다. 네가 유머를 건넸을 때, 혹은 너의 취향이나 약점이 드러났을 때 상대방이 친절함과 진심 어린 관심을 보여준 적이 있었을 것이다. 아마 그때 너의 기분은 좋았겠지. 그렇다면 너도 그들에게 똑같이 해주어라.

네가 속한 집단의 분위기를 잘 파악하고 그것을 억지로 바꾸려고 하지 말아라. 때로 심각하게, 때로 즐겁게, 때로 가벼운 주제로 농담을 하되 그 자리의 분위기에 맞춰서 해야 한다. 사람들이 모여 있을 때 굳이 장황한 얘기는 하지 말아라. 그것보다 지루하고 불쾌한 일은 없다.

네가 만약 대화 주제와 대단히 어울리는 이야기를 알고 있다면, 그것을 가능한 짧게 이야기하도록 해라. 하지만 이런 경우에도, 원래 나서서 이야기하는 것을 좋아하지 않지만 이 이야기는 워낙 짧아 말하게 되었다고 넌지시 덧붙이는 것이 좋다. 무엇보다 너 자신에 대해서 얘기하는 것은 삼가야 한다. 너의 개인적 관심사나 개인사가 다른 사람을 즐겁게 만들어줄 것이라는 착각을 버려야 한다. 그런 얘기는 너 자신에게는 흥미로운 일이지만 다른 사람에게는 지루하고 무례한 일일 뿐이다. 또, 자기 얘기를 많이 하면 너 자신의 비밀이 다른 사람에게 드러난다는 단점도 있다.

네가 가진 탁월함이 무엇이든 간에, 사람들에게 그것을 드러내려고 하지 마라. 그들과 대화를 나누는 중에 너 자신의 탁월함을 드러내려는 시도조차 하지 말아라. 많은 사람이 그렇게 하지만, 너만은 그렇게 하지 말아라. 정말로 네가 탁월하다면 사람들은 자연스럽게 그 사실을 알게 된다. 너 자신이 그것을 드러내는 것보다 다른 사람이 자연스럽게 아는 것이 더 큰 감동을 준다.

<u>스스로</u>가 옳다고 생각하거나 잘 알고 있는 것이라도 혈기를 부리거나 논쟁을 하지 말고 겸손하고 차분하게 너의 의견을 개진하도록 해라. 그것이 유일한 방법이다. 그렇게 해도 상대방을 설득할 수 없다면

"우리는 서로 의견이 다르지만, 우리 생각이 항상 같아야 할 필요가 없으니 다른 얘기를 하자"라고 가볍게 말하면서 대화의 주제를 바꾸도록 해라.

모든 집단에는 그 집단에만 적용되는 특별한 규칙이 있단다. 그러나 그 규칙은 다른 집단에서 매우 부적절한 규칙이 될 수 있다는 점을 기억해야 한다. 이 집단에서는 잘 통하던 유머, 흥미로운 사유, 혹은 재미있는 이야기가 다른 집단으로 가면 밋밋하고 지루하게 느껴지기도 한다. 또 이 집단에서 인기를 끄는 사람의 말이나 습관, 가치관도 다른 집단으로 가면 의미 없는 말이나 행동으로 받아들여질 수 있다. 많은 사람이 이 차이를 인식하지 못하고 실수를 저지른다. 시기가 적절하지 못하거나 상황이 맞지 않아서 상대방을 불쾌하게 만들기도 한다. 심지어 그들은 "제가 재미있을 얘기를 해 드릴게요"라든지, "세상에서 제일 멋진 얘기를 들려드릴게요"라고 서두를 꺼내기도 한다. 이런 말을 하면 기대감을 높이게 되지만, 내용이 실망스럽다면, 그렇게 말한 사람은 완전히 바보처럼 보일 수 있다.

만약 남성이든 여성이든 특정한 사람들로부터 애정과 우정을 받기를 원한다면 그들이 가지고 있는 뛰어난 장점을 먼저 파악하도록 노력해라. 또한 그들이 가지고 있는 치명적인 약점도 함께 파악해라. 모두가 약점 하나씩은 가지고 있다. 장점은 칭찬만 하면 되지만, 약점은 칭찬보다 더한 것을 해야 한다. 사람들은 대개 자신이 뛰어난 점이 있다는 것을 알고 있고, 그것을 누군가 칭찬하면 기분이 좋아진다. 그러나 자신이 잘하고 싶지만 실제로는 그런지 확신이 없는 부분에 대해서 다른 사람으로부터 칭찬을 받으면 그것보다 더 기분 좋은 일은 없다.

예를 들어, 의심할 여지가 없이 당대 최고의 정치가였던 리슐리외 추기경은 동시에 최고의 시인으로 여겨지고 싶다는 헛된 허영심을 가지고 있었다. 그는 위대한 피에르 코르네유의 문학적 명성을 시기하여 코르네유의 희곡 《시드Cid》에 대한 신랄한 비평을 쓰도록 명령했다. 아첨에 능숙한 사람들은 리슐리외 추기경의 장점인 그의 국가 통치 능력에 대해서는 거의 말하지 않았고, 언급하더라도 스쳐 지나가듯 자연스럽게 말하는 정도에 그쳤다. 반면 아첨꾼들이 리슐리외 추기경의 환심을 얻을 수 있으리라 확신하고 바친 향기로운 아첨은, 정치가로서가 아니라 '세련된 문인'으로 그를 칭송하는 것이었다. 왜 그랬을까? 그는 자신의 정치적 능력에 대해서는 누구보다 확신이 있었지만, 문학적 재능에 대해서는 그렇지 못했기 때문이었다. 하지만 그들은 리슐리외 추기경의 약점을 조심스럽게 간접적으로 칭찬함으로써, 그를 기분 좋게 만들었다.

어떤 특정한 인물에게 어떤 종류의 특별한 허영심이 있는지 알려면 그가 즐겨 찾는 대화의 주제를 살펴보면 된다. 일반적으로 사람은 자신이 추구하는 최고의 관심사에 대해 자주

필립 드 샹파뉴, 〈리슐리외 추기경〉, 1630년대 후반, 런던내셔널갤러리 소장.

말하기 마련이다. 그 부분만 건드리면 금방 알아차릴 수 있다. 유능했던 고故 로버트 월폴 경은 자신에 대해 아첨하는 것을 좋아하지 않았다. 굳이 설명할 필요가 없었기 때문이다. 그러나 그에게는 세련되고 유쾌하게 연애할 줄 아는 사람으로 보이고 싶어 하는 약점이 있었다. 실제로 그는 그런 기질이 거의 없었지만, 그럼에도 자주 이를 대화의 주제로 삼았다. 통찰력 있는 사람들은 이를 통해 그의 약점을 간파했고, 그 허영심을 공략해 원하는 바를 쟁취할 수 있었다.

일반적으로 많은 여성들이 아름다움을 추구한다. 여성이 가진 아름다움과 매력을 칭찬하는 것은 중요하다. 조물주는 여성을 아름답게 창조했다. 여성은 물론이고 사람은 누구나 자신에게 결점이 있는 것과 별개로 아름다움과 매력도 있다는 것을 안다. 스스로가 의심의 여지가 없고, 논쟁의 여지가 없으며, 자연적인 아름다움을 가졌다고 믿는 여성에게는 아첨이 전혀 필요하지 않다. 그런 여성에게는 지성에 대한 아첨이 필요하다. 그녀 스스로는 자신의 지성에 대해 의심하지 않을 수 있지만, 남성들이 이를 다르게 평가할까 걱정할 것이기 때문이다.

아들아, 부디 오해하지 말기 바란다. 나는 지금 비굴하거나 죄스러운 아첨을 권하는 것이 아니다. 절대 다른 사람의 악행이나 범죄를 옹호하면 안 된다. 그런 일에는 적극적으로 반대하고 그렇게 하지 못하도록 애를 써야 한다. 그러나 다른 사람의 약점이나 허영심을 관대하게 대하지 못하면 이 세상을 살아가기 어렵다는 사실을 기억해라. 어떤 남자가 자신을 '현명한 사람'이라고 판단한다고 치자. 또 어떤 여성이 실제 모습보다 훨씬 더 예쁘다고 믿는다 치자. 그들은 그렇게 믿으며 위안을 얻을 뿐이고, 그 믿음 자체는 다른 사람에게 피해를 주지 않는다. 그래서 나는 차라리 그들의 허영심을 받아들이고 그들의 친구로 남는 편을 택하겠다. 그들의 잘못을 지적하는 노력을 하다가 그들과 적이 되고 싶지는 않다.

이런 것들은 네가 이 거대한 사회에 입문하는 데 필요한 몇 가지 비밀스러운 정보들이다. 내가 네 나이 때 이런 비밀을 알았더라면 좋았을 텐데, 53년의 대가를 치른 다음에야 그 비밀을 알게 되었다. 그래도 네가 그 비밀을 내게서 배울 수 있다면 지난 세월이 아깝지 않다. 잘 있거라.

> 아들은 여전히 독일의 대학 도시 라이프치히에 있다. 아버지는 아들에게 "상대방을 기분 좋게 만들며 친구가 되는 법"을 알려준다. 즉, 아첨하는 방식이다. 아버지는 아들에게 이런 "비밀스러운 정보"을 파악하는 데 무려 35년의 세월이 걸렸다고 말한다. 상대방이 나를 기분 좋게 만들어 주었던 방식을 따라 하면 내가 상대방을 기분 좋게 만들 수 있다. 즉, 공감과 칭찬이다. 별로 재미없는 유머에도 크게 웃어주었던 상대방의 공감 능력을 배우고, 그것이 악행이 아니라면 관대한 태도를 취하고 칭찬해주어야 한다. 이는 상대방이 실수로 잘못을 저질렀다면 눈감아주는 태도이다. 또, 18세기의 한계가 드러나지만, 여성에게 아름다움을 칭찬하는 것은 창조 질서에 준하는 것이기도 하다. 조물주는 여성을 아름답게 창조했으니, 적극적으로 칭찬해주어야 한다는 이야기를 전한다.

현명한 사람으로 살아가는 법

18번째 편지
(1747년 10월 30일, 런던에서)

사랑하는 아들에게,

레겐스부르크에서 보내준 너의 '여행 계획표'를 보고 매우 만족했다.[18] 네가 어딜 가든 세상을 자세히 관찰하고 조사하고 있다는 것을 알 수 있었다. 이것이 바로 여행의 진정한 목적이기도 하지. 아무 생각 없이 이곳저곳을 돌아다니고, 고작 하는 일이 이번 숙소에서 다음 숙소까지 가는 거리만 계산하고 다니는 거라면, 바보로 여행을 떠났다가 바보로 고향에 돌아오는 것이 된단다. 어떤 사람들은 다니면서 거대한 첨탑, 건물에 설치된 야외 시계, 시청 건물 등 특이한 것에만 관심을 기울이기도 한다. 그들은 여행을 통해 아무것도 깨닫지 못한다. 차라리 그럴 바에는 방구석에 처박혀 있는 편이 낫다. 반대로 어떤 사람들은 여행지에서 언제나 주위를 살피고, 그곳의 상황을 조사하며, 현지 사람들의 장단점을 파악하고, 교역 상태, 생산 시설, 정부와 법의 체계 등에 대해 관심을 기울이기도 한다. 또 훌륭한 모임을 자주 찾아가고 그 집단 속에서 예절과 품성을 배우기도 한다. 바로 이런 사람이 현명한 여행자라고 할 수 있다. 현명한 자로 여행길에 나섰고, 더 현명해져서 고향으로 돌아오게 된다.

현명한 여행을 위해서는 우선 방문하는 지역의 역사를 요약한 자료를 확보해야 한다. 물론 이런 자료는 여러모로 아쉬운 점이 많지만, 우선적으로 탐구해야 할 사안들의 개략적인 정보를 제공해줄 것이다. 그 정보를 바탕으로 그 지역 사람들에게 더 나은 정보를 얻을 수 있다. 네가 라이프치히에 있다면 그곳의 관리, 치안, 특징 등 도시 현황에 대한 간단한 정보를 구한 다음, 추가적으로 그 도시의 지식인들에게 상세한 정보를 얻는 것이 좋다. 네가 작센 선거구에 갔다면 이렇게 해라. 먼저 사무엘 폰 푸펜도르프의 《위대한 왕국과 국가들의 역사에 대한 개요》 중 '작센주 소개'에서 그 도시의 역사 소개를 읽은 다음, 개략적인 정보를 취득하는 것이다.19) 그 후에 좀 더 세밀한 조사의 대상이 될 만한 것들을 찾아보아라. 이때 중요한 세 가지는 첫째, 모든 것에 대해 호기심을 가지는 것, 둘째, 주의 깊게 살펴보는 것, 그리고 셋째, 탐구하는 정신을 유지하는 것이다.

게으름과 나태함은 언제나 비난받아 마땅하지만, 네 나이에는 특히 용서받지 못할 행동이다. 앞으로 펼쳐질 3~4년 동안의 순간들이 얼마나 소중하고, 너의 남은 인생에서 얼마나 중요한지를 늘 생각해라. 한 순간도 놓치지 말아라. 종일 공부만 하라는 것이 아니다. 나는 그것을 권하지도 않고, 또 바라지도 않는다. 나는 네가 어떤 일에 몰두해서 하루를 고스란히 바칠 수 있기를 바라고, 자투리 시간도 소홀히 낭비하지 않기를 바랄 뿐이다. 자투리 시간도 한 해 동안 모으면 엄청나게 긴 시간이 된다. 공부에 전념해야 하는 날에도 자투리 시간은 남기 마련이다. 그 시간에 한가하게 하품을 하는 대신 평범해 보이는 책이라도 펼쳐 읽는 것이 낫다. 잡담을 늘어놓은 책이라도 안 읽는 것보다는 낫다.

나는 쾌락의 추구를 무조건 게으름이나 시간 낭비로 간주하지 않는다. 쾌락을 합리적으로 추구한다면 말이다. 오히려 일정 부분의 시간을 그런 즐거움에 쓰는 것은 매우 유익하다. 대중이 함께 어울리는 축제, 좋은 사람들과의 모임, 즐거운 저녁 식사, 무도회 등 다 좋다. 그러나 이런 것들도 주의 깊게 임해야지, 그렇지 않다면 이 모든 것이 시간 낭비일 뿐이다.

종일 분주하게 무엇인가를 했지만 밤에 차분히 생각해보면 아무것도 한 일이 없다는 것을 깨닫고 후회하는 사람이 의외로 많다. 두세 시간에 걸쳐 기계적으로 책을 읽었지만, 주의를 기울이지 않았기 때문에 그 책의 내용을 기억하거나 추론하지 못한다. 어떤 사람은 일행과 산책을 하면서도 다른 사람과의 대화에 관심을 가지지도 않고, 다른 사람의 품격에 대해서 배우려고 하지 않으며, 무의미하게 자기 생각만 하면서 모임의 성격에 대해서 고민하지 않는 사람도 있다. 이런 종류의 어리석고 한가한 '생각의 정지'를 '부재Absence'나 '혼선Distraction'이라고 그럴듯하게 포장하는 사람도 있다. 그들은 연극을 보러 갔지만 사람들과 불빛을 멍하게 바라보고, 정작 그의 목적이었던 연극 자체에는 주의를 기울이지 않는다.

아들아, 공부하는 것만큼이나 즐거움의 추구에도 관심을 기울이도록 해라. 공부할 때는 네가 읽고 있는 내용에 대해 심사숙고하고 돌이켜 생각해라. 즐거움을 추구할 때는 모든 일에 조심하고 주의를 기울여라. 다른 생각을 하고 있었기 때문에 그 일에 신경 쓰지 못했다고 말해서는 안 된다. 그런 것은 어리석은 자들이 하는 짓이다. 왜 딴 일에 신경을 쓴단 말이냐? 그렇다면 애당초 그곳에 가지 말았어야지. 바보들은 아무것도 고민하지 않는다. '지금 하고 있는 일에 집중하라'라

성 토마스 교회 앞에 있는 요한 제바스티안 바흐 동상. 바흐는 독일을 대표하는 교양인이자 독일의 자부심이다.

는 뜻의 라틴어 'hoc age'를 항상 기억해라. 지금 하고 있는 일, 바로 그것에 집중해야 한다. 이왕에 일을 할 바에는 잘해야 한다. 그렇지 않으면 아예 일을 하지 않는 편이 더 낫다.

네가 누구인가에 대한 질문의 답은 네가 보고 듣는 것에 의해 결정된다. 모든 말을 주의 깊게 듣고, 모든 행동을 조심스럽게 관찰해라. 말하는 사람들의 표정과 태도를 관찰해보면 그들이 말하는 내용보다 더 정확한 진실을 드러낼 때가 많다. 하지만 관찰한 모든 내용은 혼자만 알고 있고, 그것을 다른 사람에게 발설하지 말아라. 그렇지 않으면 사람들이 너를 경계할 것이다.

내 사랑하는 아들아, 내가 너에게 주었고 앞으로도 전해줄 조언을 진지하게 생각하고 신중하게 따르기를 간절히 바란다. 그것들은 모두 나의 오랜 경험의 결과이며 너에 대한 내 애정의 표현이란다. 널 향한 내 마음은 진심이다. 내가 너를 위하는 정도의 절반만큼도 너는 스스로를 위할 수 없을 것이다. 그러므로 최소한 한동안은 의심할 여지가 없는 내 조언을 조용히 따라주길 바란다. 물론 지금 당장에는 그 조언의 가치를 네가 깨닫지 못하겠지만. 그러나 언젠가는 그것을 뼈저리게 느낄 날이 올 것이다. 잘 있거라!

> 레겐스부르크는 1663년부터 1806년까지 신성로마제국의 제국의회를 설치해 운영하던 곳이다. 아들이 이곳을 방문했을 때도 국제회의가 자주 개최되었고, 그래서 유럽 각국의 많은 명사가 공무를 위해 이 도시에 체류하고 있었다. 이번 편지는 체류지에서 "무엇인가를 얻어오는 여행"을 하기 위해서 어떻게 해야 하는지, 아버지가 조언한다. 방문지의 개략적인 정보를 먼저 확보한 다음, 그 내부를 주의 깊게 살펴보되, 현지 지식인에게 정보를 얻을 것을 조언하고 있다. 편지의 후반부는 지금 하고 있는 일에 집중하는 자세에 대해서 다시 설명하고 있다. 이왕 할 바에는 잘해야 하고, 잘하기 위해서 지금 하고 있는 일에 집중하라는 조언이 이어지고 있다. "당면한 문제에 대하여" 집중하라는 아버지의 집요한 조언은 "이 모든 게 나의 오랜 경험의 결과이며 아들에 대한 애정의 증표"라는 이야기를 전하며 끝난다.

자녀를 향한 부모의 깊은 마음

20번째 편지
(1747년 11월 24일, 런던에서)

사랑하는 아들에게,

너도 알다시피 나는 네게 꽤 자주 편지를 쓰고 있다. 나는 그것이 어떤 목적을 위한 것인지, 또 그것이 괜한 노동과 종이의 낭비가 아닌지 의심스러운 생각이 들기도 한다. 결국 중요한 것은 네가 얼마나 이성적으로 생각하고 사고를 깊고 정확하게 하는 사람이 되느냐에 달려 있다.

네가 사고를 깊게 하고, 또 정확하게 하려면 항상 두 가지를 염두에 두어야 한다. 첫째, 아버지이자 어른인 나는 많은 경험을 했지만 너는 그렇지 못하다는 것이다. 둘째, 이 세상에 살아 있는 사람 중에 너에게 아무 사심이 없는 건 나뿐이다. 나는 아버지로서 네가 잘되기만을 바랄 뿐이다. 이 두 가지 부인할 수 없는 전제를 바탕으로 내릴 수 있는 명백한 결론은, 네가 나의 조언을 기꺼이 받아들여서 너 자신의 것으로 만들어야 한다는 것이다. 내가 하는 조언을 따라 네가 다양한 지식을 얻게 된다면 그것은 네게 온전히 이득이 되는 것임을 명심해라. 그것을 위한 대가와 비용은 모두 내가 부담하고 있으니까 말이다. 너는 훌륭한 인물이 될 수도 있고, 나쁜 사람이 될 수도 있다. 그 선택은 너에게 달려 있다. 결과가 어떻든, 나는 지금 그대로일 것이다. 나는 변하지 않겠지만 오직 너만이 훌륭한 사람, 혹은 나쁜 사람으로 변하게 될 것이다.

네가 바라는 즐거운 삶에 대해서 나는 그 어떤 부러움도 느끼지 않는다. 흔히 나이 든 사람은 대개 젊은이가 누리는 즐거운 삶을 부러워할 것이라고 믿지만 말이다. 나는 오직 네가 추구하는 즐거운 삶이 너를 명예로운 사람으로 만들어줄지, 아니면 감각에 치우쳐 저열한 사람으로 전락시킬지 염려할 뿐이다. 육욕에 빠진다면 너는 정말 비참한 인간이 될 것이다. 내가 네게 건네는 조언에는 애정 외에는 어떤 것도 없다. 그러니 아들아, 조언을 아끼지 않는 나를 앞으로 몇 년 동안은 너의 최고이자 유일한 친구로 여겨다오.

사실 두 사람이 진정한 우정을 맺기 위해서는 나이가 비슷해야 하고 품행이 비슷해야 한다. 나이와 품행에 너무 많은 차이가 나면 참된 우정을 맺을 수 없다. 그러나 부모와 자식의 관계는 애정이 한 방향으로 흐르기 때문에 차이가 나도 별 상관이 없다. 또래와 맺은 우정은 참되고 따뜻할 수는 있지만, 이득이 되지 못하는 경우가 많다. 왜냐하면 어느 쪽도 경험이 없기에 상대방에게 도움을 주지 못하기 때문이다. 젊은이가 젊은이를 이끄는 것은 장님이 장님을 인도하는 것과 같다. 둘

다 도랑에 빠질 것이다. 네게 도움을 줄 수 있는 인도자는 그 길을 이전에 걸어가본 적 있는 자이다. 아들아, 내가 너의 길잡이가 되어주마. 나는 이미 그 길을 걸어가보았기 때문에 너를 항상 좋은 길로 인도해줄 수 있다. 네가 만약 "아버지는 왜 이런 잘못된 길을 먼저 걸어가셨나요?"라고 내게 묻는다면, "너를 위한 길잡이가 되고 싶었기 때문이다"라고 답할 것이다. 내가 젊었을 때, 만약 누군가 내가 잘못된 길에 들어서는 것을 보고 나의 고통을 함께 나누며 올바른 길로 인도해줄 수 있었다면, 나는 수많은 어리석고 힘든 일을 미리 피할 수 있었을 것이다. 나의 아버지, 즉 너의 할아버지는 내게 조언해줄 의지도, 능력도 없던

안토니오 카라치, 〈아버지와 당나귀에 탄 아들〉, 1516년, 개인 소장. 아들에게 인생의 길잡이가 되어주고 싶은 아버지의 간절한 마음이 표현되어 있다.

분이셨다. 너도 나와 같은 고백을 하지 않기를 바랄 뿐이다. 내가 네게 '조언'이란 단어만 사용하고 있다는 것을 기억하렴. 왜냐하면 나는 네 의지가 아버지인 나의 권위에 무조건 복종하는 것이 아니라, 네 이성적 판단에 따라 동의를 얻고 싶다. 나는 이런 일이 가능하리라고 믿는다. 네가 가진 감각의 정도를 신뢰하기 때문에, 나는 성공하리라는 희망을 품고 네게 계속 조언할 것이다.

너는 이제 라이프치히에 한동안 머무르겠지. 그곳에 머무는 주된 목적은 책과 과학을 통해 지식을 연마하는 것이다. 주의를 기울이지 않고 학문을 자신의 것으로 만들지 못한다면 남은 인생은 무지한 삶으로 이어질 것이다. 내 말을 믿어주렴. 무지함 속에서 사는 인생은 다른 사람으로부터 경멸을 받을 뿐만 아니라 지독하게 피곤한 삶을 살게 된다. 그러니 하트 선생과 함께 고전 인문학Literae humaniores 개인 교습을 받을 때, 이전보다 두 배 이상으로 집중해야 한다.[20] 특히 그리스어를 배울 때는 주의를 집중해야 한다. 어려우면 어렵다고 선생님께 말씀드려라. 잘못된 수치심이나 게으른 무관심, 또는 빨리 끝내려는 마음에 그리스어 공부의 어려움을 숨겨서는 안 된다. 마스코 교수와 다른 교수의 수업을 들을 때도 마찬가지다.[21] 완전히 이해했다고 확신할 때까지 대충 넘어가서는 안 된다. 배운 것의 요점을 적어두는 일에 익숙해지도록 해라.

이렇게 아침 공부 시간을 유용하게 사용했다면, 저녁 시간에는 양심을 지키며 여유를 갖는 것도 좋을 것이다. 훌륭한 사람들과 어울리며 함께 시간을 보내고, 라이프치히에서 배울 수 있는 것들을 관찰하며, 다양한 것에 관심을 가져보기를 바란다. 그곳에서 유행을 이끄는 사람들을 모방하면서 배우되, 그 사람들이 '세상의 전부'라는 생각은 하지 말아라. 그들은 네가 속해 있는 그곳에서만 최고의 사람들일 뿐이다. 내가 자주 말했듯이 사물의 본성은 언제 어디서나 동일하다. 그러나 나라별로 정도와 방식이 다르고, 표현하는 방식이 상이하며, 특정한 장소나 시간에 따라 차이가 날 뿐이다. 이런 가변적인 요소들에 의해 훌륭한 인물이 규정되는 법이다.

이 정도면 충고가 충분하다고 생각하지만 너는 내 충고가 너무 많다고 생각할지 모르겠다. 그러나 네가 만약 이 충고를 따른다면 너는 체계적인 지식과 원만한 성격, 그리고 삶의 기쁨을 얻게 될 것이다. 그렇지 않으면 나는 아무런 보람 없이 노력과 땀만 허비하겠지만, 널 탓하지는 않을 것이다.

오늘 라이프치히로 출발하는 사람이 있어서, 그 사람에게 엄마가 네게 보내는 작은 소포를 함께 부쳤다. 엄마가 보내는 새해 선물을 아주 예쁜 이쑤시개함에 함께 넣어 보낸다. 부디 치아를 잘 관리해서 청결하고 건강하게 유지하기를 바란다. 또, 최근에 프랑스어에서 영어로 번역된 그리스어 어근語根 사전을 한 권 보낸다.

마지막으로 한마디 덧붙인다. 이 그리스어의 뿌리를 잘 요리해서 맛있게 먹기를 바란다.22)

잘 있거라!

라이프치히에서 공부를 계속하고 있는 아들에게 아버지는 거듭 조언의 편지를 쓰면서, 아들에게 경험에서 우러난 편지의 내용을 따르라고 호소한다. 자

신은 아버지로부터 그런 교육을 받지 못했지만, 아들에게는 자신의 실패 경험을 반추하며 좋은 아들로 만들기 위해 노력하는 진한 부성애를 느낄 수 있는 편지다. 아들이 만약 "아버지는 왜 이런 잘못된 길을 먼저 걸어가셨나요?"라고 묻는다면 아버지는 "너를 위한 길잡이가 되고 싶었기 때문이다"라고 답할 것이라는 구절에서 아버지의 절절한 부성애가 느껴진다.

시간을 효율적으로 관리하라

21번째 편지

(1747년 12월 15일, 런던에서)

사랑하는 아들에게,

　시간의 진정한 가치와 그 시간을 효율적으로 사용하는 법만큼 너에게 가르쳐주고 싶은 것은 없다. 꽤 많은 사람이 시간의 가치와 그 시간의 사용법을 전혀 모르고 있다. 대부분 이런저런 방법을 말하지만 실제로 그것을 실천에 옮기는 사람은 거의 없다. 자신의 시간을 무가치한 일로 허비하는 어리석은 사람조차도 시간의 가치와 세월의 덧없음을 설명하기 위해 수만 가지의 진부한 표현을 입에 달고 다닌다. 유럽 전역에 설치된 해시계에도 시간을 잘 활용하라는 취지의 기발한 문구들이 새겨져 있어, 시간을 낭비하면 다시는 되돌릴 수 없다는 사실을 일깨워준다.23) 그러나 이런 진부한 표현이든 기발한 문구이든 스스로 깨닫는 건전한 분별력과 이성이 없으면 아무런 쓸모가 없는 법이다.

네가 지금 시간을 어떻게 쓰고 있는지 설명하는 것을 들어보니, 나는 네가 이성과 분별력이라는 소중한 자산을 지니고 있다고 믿는다. 그리고 그 자산이야말로 너를 진정 부유하게 만들어줄 것이다. 나는 네게 시간의 사용과 남용에 대한 비판적인 글을 쓰는 것이 아니다. 나는 네 인생에서 특정한 기간, 즉 앞으로 2년 동안 사용하게 될 시간의 의미에 대해서만 알려주고 싶다.

네가 열여덟 살이 되기 전에 기초를 탄탄하게 다져놓지 않은 지식은 네가 살아 있는 동안에는 완전하게 네 것으로 만들 수 없다. 지식은 나이가 들었을 때 필요한 안식처이자 편안한 피난처이다. 젊을 때 지식의 나무를 심지 않으면 나이가 든 뒤에 절대로 그 나무의 그늘 밑에서 쉴 수 없다. 나는 네가 세상으로 나간 후에는 세상의 위대한 지식을 모두 습득하라고 요구하지도, 기대하지도 않는다. 이런 것은 가능하지 않고, 심지어 적절하지도 않다.

그러므로 지금이야말로 바로 네 시간이며, 누구에게도 방해받지 않고 몰두할 수 있는 너만의 전유물이다. 때로 조금 힘들다는 생각이 들면, 네 인생 여정에서 받아들여야만 하는 피곤함이라고 생각해라. 네가 만약 하루에 더 많은 시간을 걸으면 그만큼 여정을 더 빨리 끝낼 수 있다. 네가 누릴 자유로움에 대한 너의 준비가 더 되면 될수록 더 빨리 그 자유를 누릴 수 있게 된다. 네게 주어질 해방은 네게 주어진 시간을 어떻게 활용하느냐에 달려 있다. 나는 지금 네게 아주 좋은 거래를 제안하는 것이다. 네가 열여덟 살이 될 때까지 내가 하는 모든 지시를 따른다면, 그 이후에는 네가 하고 싶은 모든 일에 대해서 더 관여치 않을 것을 약속하마. 이 제안은 진심이니, 부디 내 말을 믿어다오.

나는 훌륭한 인물 하나를 알고 있는데, 그는 시대를 이끌었던 탁월한 사람이었다. 그는 아무리 짧은 시간도 허비하는 일이 없었고, 심지어 화장실 가는 시간도 잘 활용해, 라틴 문학가들의 시를 섭렵할 정도였다. 그는 두꺼운 호라티우스의 시집을 사서 어떤 곳을 방문할 때마다 그 책을 몇 페이지씩 찢어가서 읽었고, 다 읽은 후에는 그 종이를 클로아키나의 제물로 바쳤다.[24] 그는 이런 식으로 시간을 절약해서 사용했다. 너도 그의 방식을 따랐으면 한다. 이렇게 하면 지금 반드시 해야만 하는 일 외에도 더 많은 일을 할 수 있을 것이고, 너도 책을 그렇게 읽으면 마음속 깊이 그 교훈을 간직할 수 있게 될 것이다. 과학이나 중대한 사상을 다루고 있는 책은 집중해서 읽어야 하지만, 모든 책을 그렇게 읽을 필요는 없다. 간격을 두고 읽어도 충분히 좋은 책이 있다. 많은 라틴 문학이 그러한데, 다만 베르길리우스의 《아이네이스》는 집중해서 읽어야 한다.[25] 대부분의 현대시도 7~8분 분량씩 나누어 읽어도 가치가 있는 작품을 발견할 수 있을 것이다. 피에르 베일리의 《역사와 비판적 관점 사전》이나 루이 모레리의 《역사대사전》, 혹은 다른 사전들은 한가한 시간에 아무 곳이나 펼쳐서 읽어도 상관이 없다.[26]

잘 자거라, 아들아!

> 효과적인 시간 사용법에 대한 아버지의 자상한 조언이 펼쳐진다. 시간의 소중함을 인식하고 이를 아껴 사용하라는 아버지의 조언은 화장실에 가는 자투리 시간도 잘 활용해서 라틴 문학을 섭렵했던 사람의 사례로 이어진다. 모

든 인간에게는 하루 24시간이 공평하게 주어진다. 이 시간은 한 사람의 고유한 자산이며, 누구도 그 시간을 침범하거나 빼앗을 수 없다. 이 편지에서 아버지는 촌음寸陰도 아껴가며 스스로의 발전을 위해 사용하라고 아들을 설득하고 있다.

노력이 보장하는 휴식에 대하여

27번째 편지
(1748년 2월 9일, 런던에서)

사랑하는 아들에게,

이 편지는 외무장관이 아닌, 그저 평범한 사람이 쓴 것이다.27) 네 나이에는 노동과 활동이 필요한 것처럼, 이제 그 '평범한 사람'에게는 공직에서 물러난 후의 조용한 삶이 필요하다.

나는 지난 토요일에 국왕 폐하로부터 외무장관직에서 물러나도 좋다는 윤허를 받았다. 국왕 폐하는 그 자리에서 나를 정중하게 예우해 주셨고, 내가 공직에서 물러나는 것이 아쉽다고 직접 말씀하시며 나를 떠나보내셨다.

나는 이제 분주한 삶에서 평온한 삶으로 물러났으니, 평온하고 한가한 일상의 삶으로 돌아가서 어떤 현안 때문에 격론을 벌이거나, 일로 인해서 내 삶을 방해받지 않을 것이다. 이제부터는 '위엄을 갖춘 휴식 Otium cum dignitate'이 내 삶의 목표다.28) '휴식'은 지금 누리고 있고, 내가 쌓아온 행실과 성품이 어느 정도의 '위엄'을 누릴 자격도 주리라고 기대한다. 어쨌든 지금 나는 행복하다. 공직에 있을 때는 이런 행복을 느낄 수 없었다는 것을 이제서야 깨닫는구나.

나는 유럽의 어떤 왕, 왕자, 장관들의 서신보다 너의 편지를 더 좋아한다. 이제 더 자주 네게 편지를 보낼 수 있는 여유를 갖게 되었다. 내가 보내는 편지를 즐겁게 읽어주기 바란다. 외무장관 비서실을 통해 오가던 공적인 서한에는 그런 즐거움이 없었다. 내가 공직에서 은퇴했다고 해서 너의 성장에 좋지 않은 결과를 초래할까 봐 걱정할 필요 없다. 오히려 반대가 될 것이다. 이제 나를 위해 바랄 것이 없으니, 너를 위해 더 당당하게 힘써줄 수 있다.

네게는 이전보다 더 성장할 가능성이 있고, 이는 오롯이 너의 힘과 노력에 달려 있다. 자신을 세상이 필요로 하는 인물로 만들어라. 너는 좋은 자질을 가지고 태어났기에 여기에 꾸준한 노력만 더하면 그렇게 할 수 있다.

일반적으로 우리 영국인들은 다른 나라와의 이해관계, 정치적 견해, 외교술, 법적인 제도에 대해서 무지한 편이다. 지식은 아직 우리 고유의 생각으로 구체화되지 않았고, 교육 체계에도 반영되지 못했다. 이런 이유로 인해 영국은 유럽의 어떤 나라보다 외교적 역량이 떨어진다. 의회에서 외교 문제를 다루다 보면 영국이 이 부분에서 얼마나 무지한지 놀라지 않을 수 없다. 외교는 적은 인력으로 큰 수확을 거둘 수 있는 분야다. 네가 외교에 정통한 사람이 된다면 네 자신을 꼭 필요한 인물

조지 헤이터, 〈영국 하원〉, 1833년, 런던국립초상화미술관 소장. 영국 하원은 교회 성가대 구조를 모방해 서로 마주 보게 설계되었다. 여당과 야당의 좌석은 반드시 3.96미터(13피트)의 간격을 유지하도록 했는데, 이는 칼로 공격해도 상대방에게 피해를 입히지 못하는 안전거리였다.

로 만들 수 있을 것이다. 처음에는 외교 담당에서 시작해, 국내에서 장관이 될 수도 있을 것이다.

    네가 그곳에서 시간을 잘 보내고 있다는 소식을 들으니 매우 기쁘다. 앞으로 2년만 더 그렇게 해주면, 그 이후부터는 네게 시간을 적절하게 활용하라는 말을 하지 않을 것이다. 너의 노력은 그 자체로 보상을 받을 것이다. 네가 만약 다른 선택을 한다면 그 결과 또한 네가 책임을 져야 한다.

네가 추한 행동을 하는 사람들이나 악행을 일삼는 도박꾼들과 어울리는 자들을 품위 없고 비열한 자로 간주한다는 말을 듣고 나는 매우 기뻤다. 그리고 합리적이고 품위 있는 사람들이 그들을 어떻게 평가하는지 네가 분명히 잘 알 것이다. 그것 또한 네게 좋은 본보기가 될 것이라고 확신한다. 잘 있거라.

> 1748년 2월, 아버지 체스터필드는 영국의 외무장관직에서 물러났다. 하원 의원과 상원 의원을 역임하고 두 번의 네덜란드 대사, 아일랜드 총독 1745~1746, 영국 외무장관1746~1747으로 국가에 봉사했던 체스터필드는 이제 아들을 위한 조언자의 역할에 충실하려 한다. 당시 영국은 유럽 대륙에서 벌어지던 오스트리아 왕위 계승 전쟁을 종식시키기 위해 노력하고 있었다. 마지막 공직인 외무장관직을 수행하던 체스터필드는 이 일을 맡고 있었지만, 과로로 생긴 신체 쇠약으로 더 이상 공직 생활을 이어가는 게 어려웠다. 국왕은 그에게 공작Duke 작위를 하사했으나 체스터필드는 이를 정중히 사양했다. 분주했던 공직자의 삶에서 은퇴한 아버지 체스터필드는 여유를 가지고 "더 자주" 아들에게 편지를 쓰겠다고 다짐한다. "위엄을 갖춘 휴식"을 남은 삶의 목표로 설정한 아버지는 아들에게 외교 능력을 갖출 것을 요청하고 좋은 사람과 어울릴 것을 추천한다.

후회 없이 인생을 살아가는 법

29번째 편지
(1748년 2월 18일, 바스에서)

사랑하는 아들에게,

공직에서 물러나고 처음 맞이한 여가 시간을 나는 바스Bath에서 보내기로 했다. 나는 어제 이곳에 도착했다. 건강에 문제가 있는 것은 아니지만, 적절한 관리를 통해 건강을 회복할 필요를 느꼈다. 바스의 약수를 마시면 건강에도 도움이 될 것이다.[29] 나는 한 달간 깨끗한 약수를 마시고 런던으로 돌아가, 과로에 시달리며 신음하던 이전과 달리 안락하게 사회생활을 즐길 것이다. 그리고 이제부터 나는 바스에 있는 새집의 서재 현관에 걸어 놓은 아래 좌우명이 이끄는 대로 살 것이다.

"이제는 고전을 읽고, 지금 필요하면 잠을 자고 느긋하게 쉬면서, 걱정스러웠던 삶을 즐겁게 잊어갈 것이다Nunc veterum libris, nunc somno et inertibus horis, Ducere sollicitae iucunda oblivia vitas."30)

내가 바스의 서재에서 누리게 될 최상의 만족감은 내가 네 나이 때 최선을 다했기 때문이라는 것을 강조하고 싶다. 내가 네 나이 때 지식의 나무를 심었기 때문에 지금 그 그늘에서 피난처를 발견하고 쉴 수 있는 것이다. 아마 내가 그때 더 노력했다면 지금 더 큰 행복을 누릴 수 있었겠지.

아들아, 너는 나보다 더 많이 지식의 나무를 심어라. 그러면 네가 장차 삶의 여정에서 고난과 역경을 마주한다고 해도 극복할 수 있도록 도와줄 것이다. 나는 즐거움을 추구하면서 살았던 지난 삶을 후회하지 않는다. 그것은 모두 한때의 즐거움이었고 젊었기 때문에 나는 그것을 마음껏 누렸다. 만약 그렇지 않았다면 지금 내 나이에 들어서 그것에 필요 이상의 가치를 부여했을지 모른다. 사람들은 알지 못하는 것을 높이 평가하는 경향이 있기 때문이다. 그러나 나는 이미 즐겨보았기 때문에 그 실제 가치가 어느 정도인지 알고, 사람들이 종종 이를 얼마나 과대평가하는지도 알게 되었다.

또, 나는 공직에 있으면서 보낸 시간 역시 후회하지 않는다. 공직을 맡는 일에는 겉보기엔 다른 사람이 알지 못하는 매력이 있는 것처럼 보인다. 그래서 많은 이들이 공직을 맡기 위해 숨 가쁘게 달리기도 하지만, 실상을 알고 나면 별것 없다는 사실을 깨닫게 된다. 나는 사적인 즐거움과 공직의 매력을 둘 다 느껴보았고, 사람들의 혼을 빼앗아버릴 정도의 외적인 허세와 성공의 비밀도 모두 볼 수 있었다. 나는 충분함과 만족감을 느꼈기에 후회 없는 은퇴를 결정했다.

그러나 지금도 내가 후회하고 아쉬워하는 것은 내가 젊었을 때 시간을 낭비하고 아무런 시도조차 하지 않았던 때가 있었다는 것이다. 이는 젊음의 무분별함이 낳는 일반적인 현상이다. 나는 네가 이것을 가장 조심하기를 간절히 바란다. 짧은 시간이라도 잘 활용하면 그 가치는 엄청나지만, 그것을 놓치면 손실을 회복할 수 없기 때문이다. 모든 순간을 잘 활용한다면 가치 있는 일을 할 수 있고, 더 큰 기쁨을 누릴 수 있다.

늘 이야기하지만 시간을 활용하라는 말은 쉬지 말고 공부만 하라는 뜻이 아니다. 적절한 때에 기쁨을 누리는 것은 당연하고 꼭 필요한 일이다. 이것은 네가 세상을 살아가는 데 필요한 태도와 형식을 제시해주고, 갖추어야 할 성격을 알려주며, 바람직한 인간의 마음가짐을 제시할 것이다. 그러나 항상 시간을 잘 활용해야 함을 기억해라. 나는 많은 사람이 아무런 생각 없이 사적인 삶과 공적인 삶에서 시간을 낭비하고, 즐기지도 못하면서, 최선을 다하지 않는 것을 보았다. 그들은 그저 쾌락을 즐기는 사람들과 어울렸다는 이유로 스스로를 향락가라 생각하고, 공직에 최선을 다하지 않으면서 일거리가 있다는 이유만으로 스스로를 공직자라고 생각하는 부류였다.

무슨 일을 하든지 목적에 맞게 하고, 대충하지 말고, 철저하게 해야 한다. 사물의 제일 밑바닥 본질에 이르기까지 더 깊이 탐구해라 Approfondissez! 절반쯤 한 일은 한 것이 아니고, 절반쯤 알게 된 것은 안 것이 아니다. 아니, 오히려 잘못된 것이다. 절반쯤 한 것이나 절반쯤 알게 된 것은 너를 엉뚱한 결론으로 유도하기 때문이다. 언제 누구와 만나든, 네가 원하기만 한다면 그 사람으로부터 무엇인가를 배울 수 있다. 사람들은 대부분 아무리 사소한 것이라도 네게 알려줄 수 있는 무엇인가를 가지고 있다. 구하라, 그러면 얻을 것이다. 모든 것을 넓게 보고, 모든 것을 깊이 탐구해라! 다만, 많은 것이 전적으로 너의 태도에 달려 있다. 네가 공손하게 질문한다면 네가 어떤 질문을 하든 양해를 얻을 수 있을 것이다. 그러니 질문할 때는 "제 질문을 무례하게 생각하실까 봐 정말 조심스럽습니다. 하지만 선생님만큼 잘 가르쳐주실 분은 없어서 제가 감히 질문을 드립니다"라는 식으로 늘 정중하게 말해라.

지금 네가 개신교 국가인 독일에 있으니 교회에 가서 그들의 예배에 참여하고 그 의미와 의도를 분석해보기 바란다. 독일어에 능숙해지면 그들의 독일어 설교를 들어보고 그 의미를 분석해보아라. 독일 교회의 통치 체제가 군주에게 있는지, 아니면 총회나 노회老會에 있는지 알아내보거라. 성직자를 유지하는 비용이 영국처럼 십일조에서 나오는지, 신도들의 자발적인 헌금인지, 아니면 국가 세금에서 충당되는지도 알아보아라. 로마 가톨릭 국가에 있을 때도 똑같이 조사해보렴. 미사에 참석해서 물어보고, 설명해달라고 정중하게 부탁드려라. 수도회나 기사단과 같은 여러 가지 종교 단체들이 있다. 그 단체의 창립자가 누구인지, 규칙, 입회 조건, 복장, 예산 등을 알아두어야 한다.

네가 어떤 예배에 참석했을 때, 그들만의 방식으로 예배를 드린다고 해서 그것을 웃음이나 조롱의 대상으로 삼아서는 안 된다는 것을 기억해라. 순수한 의도를 지닌 종교적 신앙심은 조롱의 대상이 아니라 연민의 대상이다. 예배의 목적은 어디에서나 같다. 이 세상을 창조하신 위대하고 영원하신 분에 대한 경배이다. 모든 종파는 자신이 믿는 최선의 방식을 예배로 표현할 뿐이다. 그러나 이 세상에서 어떤 예배 방식이 최상인지를 정확하게 판단할 수 있는 심판관은 존재하지 않는다.

네가 어디에 있든 그 나라의 재정, 군사, 무역, 상업, 치안에 대해 똑같이 탐구하도록 해라. 독일 사람들처럼 '앨범'이라고 부르는 백지 종이 묶음에다 자세한 내용을 적어두는 편이 좋을 것이다. 보통 바보 같은 사람들은 그 책에다 쓸데없는 낙서만 적는데, 너는 신뢰할 만한 출처로부터 얻은 정보를 잘 기록해두어라. 한 가지를 놓칠 뻔했는데, 그 나라의 사법 제도에도 호기심을 가져야 한다는 것이다. 오직 법정에서만 사법 제도가 시행되기 때문에, 그곳으로 직접 가서, 주의 깊게 관찰하고 조사를 해보기 바란다.

이제 마지막 걱정거리가 남았는데, 그것은 바로 너 자신에 대한 것이다. 누구도 완벽할 수는 없지만, 나는 네가 완벽한 사람이 되었으면 한다. 세상에 완벽한 사람은 없으나 최소한 완벽에 가까운 사람이 되려고 노력하란 말이다. 이 세상 어떤 사람보다 너는 그런 사람이 될 가능성이 크다. 너의 배움에는 그 어떤 이보다 많은 공이 들었으며, 그 누구도 네가 지금까지 그리고 지금도 누리고 있는 풍부한 지식과 수양의 기회를 누린 적이 없다. 나는 희망하고, 바라고, 때로는 의심하고, 두려움에 휩싸이기도 한다. 이것만은 내가 확신하건대, 너의 인생이 커다란 고통으로 끝날지, 아니면 커다란 기쁨으로 끝날지는, 바로 너의 결정에 달렸다는 것이다.

잊지 마라. 사랑하는 아버지로부터.

> 공직에서 은퇴 후 영국 남서부의 휴양도시 바스에서 약수를 마시면서 건강을 회복하려는 아버지의 근황을 알린다. 젊었을 때 했던 노력 덕분에 은퇴 후 평안한 삶이 찾아왔다며 아들에게 시간 낭비를 하지 말고, 지금 하는 일에 최

선을 다하라는 당부가 이어진다. 이 세상 모든 아버지의 마음을 담아, 체스터필드는 아들에게 간곡히 조언한다,

"무슨 일을 하든지 목적에 맞게 하고, 대충 처리하지 말고, 철저하게 해야 한다. 더 깊이 탐구해라. 사물의 제일 밑바닥 본질에 이르기까지 깊이 탐구해라! 절반쯤 한 일은 한 것이 아니고, 절반쯤 알게 된 것은 안 것이 아니다!"

어디를 가든, 조직이나 국가에서 구조의 이면을 살펴보라는 아버지의 조언이 이어진다. 또, 예배나 미사 형식이 다르다고 해서 웃거나 비웃지 말아야 하는 이유는 모든 종교적 행위는 각자의 신앙과 믿음의 결과이기 때문이라 강조하는 부분에서 시대를 앞선 종교적 관용의 열린 마음을 확인할 수 있다. 마지막으로 그는 아들에게 "완벽에 가까운 사람이 되기 위해 노력하라"라고 당부하며, 은연중에 자신이 부담하고 있는 그랜드 투어의 경비가 적지 않게 부담이 됨을 암시하고 있다.

과시를 경계하고 겸손을 중시하라

30번째 편지
(1748년 2월 22일, 바스에서)

사랑하는 아들에게,

모든 탁월함과 덕목에는 그에 상응하는 악함과 약점이 동반된다. 일정 범위를 넘어서면 모든 탁월함과 덕목조차 그 함정에 빠질 수 있다. 관대함은 종종 낭비로, 절약 정신은 인색함과 탐욕으로, 용기는 만용으로, 신중함은 소심함으로 변질하기 쉽다. 따라서 우리가 모든 점에서 탁월함을 발휘하고 덕목을 쌓기를 원한다면 신중하게 판단하고 행동해야 한다. 악행을 피하는 것도 중요하지만, 우리의 덕목을 올바르게 다스리는 데 더 많은 분별력이 필요하다. 악행은 그 참모습이 너무나 끔찍하고 기형적이기 때문에 잘못되었다는 걸 단번에 알아차릴 수 있다. 겉모습을 덕스러운 모습으로 포장하고 있지 않다면 악행은 우리를 유혹하지 못할 것이다. 반대로 덕스러운 모습은 그 자체로 아름답기에 우리를 첫눈에 반하게 하고, 점점 더 빠져들게 만들며, 다른 아름다움들과 마찬가지로 그에 지나침이 없다고 착각하기 쉽다. 바로 이 점에서 분별이 필요하다. 덕이라는 훌륭한 원인이 초래할 수 있는 과도한 결과를 절제하고 올바르게 이끌기 위해서다.

나는 지금 이런 추론을 특정한 덕목에만 적용하는 것을 원치 않지만, 우리를 종종 오류와 교만과 현학으로 빠져들게 하는 한 종류의 탁월함, 즉 학문에는 꼭 적용하고 싶다. 건전한 판단력이 뒷받침되지 않으면 우리는 탁월함을 추구하면서도 종종 우스꽝스럽고 비난받을 만한 결과를 초래하게 될 것이다. 나는 네가 이 탁월함을 최대한 갖추되, 흔히 따르는 결점을 피할 수 있기를 바란다. 내가 지금 네게 해주는 조언이 꼭 쓸모가 있을 것이다.

일부 학식이 있는 사람들은 자신의 지식을 자랑스러워하며, 오직 자신만이 올바른 결정을 내릴 수 있다고 믿는다. 그들은 상대방의 기분이나 입장을 고려하지 않고 일방적으로 말하기 때문에 다른 사람들에게 모욕감을 주고 억압으로 상처를 입혀 결국 반발과 폭동을 불러오기도 한다. 폭동을 일으킨 사람들은 폭정을 떨쳐내기 위해 정부의 권위까지 도전하게 된다. 따라서 너는 아는 것이 많으면 많을수록 더욱더 겸손하게 행동해야 한다. 겸손은 너의 허영심을 없애는 최선의 길이다. 네가 어떤 일에 확신한다 해도 상대방에게 말할 때는 약간 의심하는 것처럼 하고, 설명할 때도 단정적으로 말하는 것을 삼가라. 다른 사람들을 설득하기를 원한다면 너 또한 설득에 열려 있는 것처럼 보여야 한다.

사람들은 자신의 학식을 과시하기 위해서, 혹은 아무것도 배우지 못하게 만드는 학교 교육의 편견 때문에, 고대인들이 현대인들보다 더 뛰어난 존재라고 말하곤 한다. 그들은 언제나 고전 한두 권을 가지고 다니면서, 오래된 고전의 가르침을 최고라 믿고, 현대 작품에 대해서는 쓰레기라 낮추어 부르며 읽지 않는다. 또 지난 1,700년 동안 어떤 예술이나 과학 분야에서도 개선이 이루어지지 않았다는 것을 증명하려 든다. 나는 네가 고전에 나오는 가르침을 따르겠다는 것을 무조건 반대하지는 않지만, 네가 고대인들과의 전적인 친밀함을 자랑하는 것에는 반대한다. 무시하면서 우리 시대의 글을 읽지 말고, 마치 우상을 숭배하듯 고전을 읽지 마라. 장점이 있다면 그것을 근거로 판단해라. 오래된 글이라고 무조건 좋은 것은 아니다. 네 주머니 속에 엘제비르Elzevir 고전이 들어 있더라도 그것을 보여주지도, 언급하지도 말아라.[31]

어떤 위대한 학자들은 정말 터무니없게도 공적인 삶과 사적인 삶을 위한 격언을 모두 고대의 사례에서 끌어오면서, 이 둘은 언제나 일치하는 '평행 사례'라고 엉터리 말을 하곤 한다. 이것은 정말 잘못된 일인데, 이 세상이 창조된 이후부터 같은 사건은 한 번도 발생한 적이 없기 때문이다. 또, 옛 시대에 일어난 사건의 자초지종을 완벽하게 기록한 역사가 역시 존재할 수 없으므로 이를 평행 사례라고 부를 수 있는 논리가 성립되지 않는다. 따라서 지금 직면하고 있는 문제와 이와 관련된 주변 정황을 치밀하게 검토하여 합리적인 판단을 내리되, 고대의 시인이나 역사가의 권위에만 의존해서는 안 된다. 꼭 필요하다면 유사한 사례를 고려하되 결정적인 지침이 아닌 참고용으로만 활용해라. 우리가 받은 교육은 편견이 너무 심해서, 고대인들이 영웅을 신격화했듯이 우리는 미치광이를 신격화하는 경향이 있다. 고대의 인물에 대한 존경심을 갖는다면, 나는 레오니다스와 쿠르티우스가 가장 뛰어난 두 인물이라고 생각한다.32) 그러나 어떤 현학적인 연설가는 의회에서 발언하면서 어떤 집단에 세금을 올리기 위해 이 두 인물의 사례를 들 것이다. 두 명의 영웅들이 조국을 위해 어떤 고통을 감내했는지를 비교하면서 말이다. 나는 학문을 신중하게 연구했다는 사람들이 이런 엉터리 말과 해석을 늘어놓는 것을 자주 보았다. 그런 사람들이 우리가 프랑스와 싸운다면 런던의 성벽 위에 거위를 키워야 한다고 주장해도 나는 전혀 놀라지 않을 것이다.33) 이런 식의 추론과 연설하는 방식은 언

니콜로 리촐리니, 〈구덩이로 몸을 던지는 마르쿠스 쿠르티우스〉, 1750년대, 파리갤러리타란티노 소장. 쿠르티우스는 로마에 재앙이 닥치자 스스로 몸을 던져 위기에 빠진 나라를 구했다.

제나 한심한 정치인과 유치한 선동자를 만들 뿐이다.

또 다른 부류의 현학적인 지식인도 존재한다. 이들은 비록 권위적이지 않고 거만하지도 않지만, 그리스어와 라틴어를 인용하기를 즐기면서 잘난 척하는 지식인 부류다. 그리스와 로마의 작가들을 잘 안다는 것을 과시하기 위해 특별한 별명을 붙이거나 남들이 잘 알지 못하는 작가의 원래 이름을 말하기도 한다. 호메로스는 "노년의 호머Old Homer"라고 부르고, 호라티우스를 "교활한 도둑 호레스Sly Rogue Horace"로, 베르길리우스를 "마로Maro"로,34) 오비디우스를 "나소Naso"로 부르며 자신의 지식을 뽐내는 식이다.35) 고대 작가들의 별명 몇 개와 그들이 남긴 문장 몇 줄을 외워서 학자 행세를 하는 광대들도 이들의 행태를 따라 하고 있다. 아무런 학식을 갖추진 못한 광대처럼 이들도 부적절한 장소에서 부적절한 방식으로 고대 작가들의 이름을 들먹이며 지식인이 된 것처럼 행동한다.

따라서 현학적이라는 비난을 피하면서 동시에 무식하다는 의심을 피하고 싶다면 너는 절대로 공부한 내용을 자랑삼아 말하지 않도록 해다. 네가 속해 있는 집단의 일반적인 언어로 말하고, 순수한 마음을 지닌 채 과장하지 말고, 다른 사람과 자연스럽게 어울릴 수 있도록 노력해라. 다른 사람보다 더 똑똑한 것처럼 행동하거나 지식을 과시하지 말아라. 주머니에 회중시계를 넣어두듯이, 지식을 그렇게 활용해라. 그것을 꺼내 사람들 앞에서 흔들면 안 된다. 사람들이 네 주머니 안에 회중시계가 있다는 것만 알면 된다. 사람들이 지금 몇 시냐고 물으면 그때 시계를 꺼내서 말해주어라. 사람들이 묻지도 않는데 혼자 지금 몇 시라고 떠벌리지 말아라. 그것은 '시간을 알리는 하인'이나 하는 짓이

다.36)

 전반적으로, 그리스와 로마의 옛 학문은 매우 유용하고도 꼭 필요한 교양임을 기억해라. 그것을 철저하게 공부하지 않는 것은 부끄러운 일이지만, 그것을 잘못 인용하거나 남용하는 것 또한 잘못이다. 지금은 현대의 지식이 고대의 지식보다 더 필요하다는 것을 기억하고 유럽 각국에서 통용되고 있는 새로운 지식을 습득하기 위해 노력해라. 물론 두 가지를 다 배울 수 있다면 더 바랄 것이 없겠지.

 나는 네가 17일에 보낸 편지를 받았다. 지금 당장 너의 삶에 큰 변화가 없는 것처럼 보이지만, 네가 편지에 써야 할 내용은 차고 넘친다. 매일 네가 보고 듣고 읽은 것들에 대한 간단한 느낌이나 생각을 덧붙여 보낸다면, 편지의 내용은 훨씬 풍성해질 것이다. 한편, 네가 편지의 주제를 추천해달라고 했으니 적어본다. 독일 루터파(개신교)의 종교 제도, 신학적 교리, 교회의 구성과 행정, 운영 방식, 권위 체계, 성직자의 직책과 종류 등을 조사해보면 어떻겠니.

 《비토리오 시리Vittorio Siri의 전집》은 매우 귀하고 값진 책이지만,37) 네가 그 책을 구매하는 것은 반대한다. 그런 책까지 구매하게 되면 네가 라이프치히를 떠날 때 처치 곤란을 겪을 것이다. 지금도 책을 많이 가지고 있지? 그럼 네가 그곳에서 떠날 때 책을 모두 영국으로 소포로 보내버리는 것도 좋은 방법이다.

 그럼 잘 있거라, 아들아.

정계에서 은퇴를 선언하고 바스에서 생활하던 체스터필드의 저택에는 방문객의 발걸음이 끊이지 않았다. 체스터필드와 면담하기 위해 응접실에서 초조하게 순서를 기다리고 있는 석판화가 남아 있을 정도이다. 당대의 지식인들이 많이 찾아왔는데, 체스터필드의 지원이나 관심을 얻기 위해서였다. 체스터필드는 30번째 편지에서 지식을 자랑하는 행동에 대해서 경계한다. 특히 고전에 대한 지식을 뽐내기 위해 그리스어나 라틴어 경구를 인용하면서 잘난 척하는 지식인들의 행태를 비판했다. 지식은 주머니에 넣어둔 회중시계처럼 필요할 때만 꺼내 보라는 아버지의 조언에서 노련한 경륜이 묻어난다. 조금 배웠다고 현학적으로 행동하는 것은 잘못이지만, 고전에 대한 잘못된 지식으로 엉뚱하게 해석하는 것만큼 어리석은 일이 없다는 것을 강조하고 있다. 페르시아의 공격에 맞서 용사 300명과 함께 목숨을 던졌던 스파르타의 왕 레오니다스와 로마에서 지진이 발생하자 "로마에서 가장 소중한 것을 바치라"는 예언을 듣고, 로마에서 가장 소중한 것은 "나라를 위해 목숨을 바치는 희생정신"이라 믿고, 스스로 지진으로 갈라진 땅에 몸을 던졌던 마르쿠스 쿠르티우스의 사례를 통해 말이나 지식이 아니라 행동과 실천이 중요함을 일깨운다. 이처럼 고전적인 영웅의 사례를 잘못 해석하거나 억지로 현실에 갖다 붙이는 태도도 함께 경고하고 있다. 잘 모르면서 아는 체하는 사람은 현학적으로 행동하는 잘못뿐만 아니라, 고전을 엉터리로 해석하는 잘못을 동시에 범하는 경향이 있다.

에드워드 워드, 〈체스터필드의 응접실에서 순서를 기다리고 있는 새뮤얼 존슨 박사〉, 1845년, 런던 테이트뮤지엄 소장. 영어 사전을 편찬했던 새뮤얼 존슨은 체스터필드의 적극적인 지원을 기대했으나 무산되었다. 1748년의 장면이므로, 체스터필드가 아들에게 보내는 편지에 집중할 때였다.

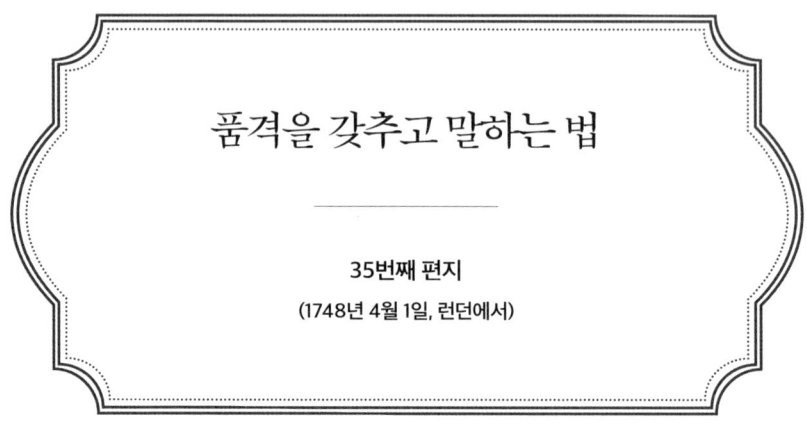

품격을 갖추고 말하는 법

35번째 편지
(1748년 4월 1일, 런던에서)

사랑하는 아들에게,

그동안 세 번이나 집배원이 다녀갔지만 너나 하트 선생으로부터 편지를 받지 못했다. 아마 런던과 라이프치히 사이의 우편 배달망에 문제가 있었겠지. 두 도시 사이가 너무 먼 것은 사실이야. 너의 편지가 오지 않고 있지만, 잘 지내고 있으리라 믿는다. 하지만 '잘 지내는 것'과 '잘하면서 지내는 것' 사이에는 큰 차이가 있다고 내가 여러 번 말했지? 네게서 편지가 오지 않고 있지만, 네가 의미 있는 일을 하면서 시간을 보내고 있을 것이라고 믿는다. 네가 절제하는 삶을 산다면 건강은 걱정할 필요가 없다. 네 나이 때는 자연이 몸을 충분히 돌보아주므로, 그저 방탕과 약물만 조심한다면 건강은 저절로 유지될 것이다.

그러나 네 나이 때, '마음'은 그렇지 않단다. 철저하고 지속적인 관리를 해야 한다. 15분이라는 짧은 시간도 어떻게 쓰느냐에 따라 정신에 본질적이고도 지속적인 이익이나 해로움을 남길 수 있다. 정신을 건강하고 활력 있는 상태로 유지하려면 많은 훈련이 필요하다. 잘 가꾼 정신과 그렇지 않은 정신의 차이를 관찰해보아라. 그러면 분명 네 자신의 정신을 가꾸는 데 아무리 많은 수고와 시간을 들여도 지나치지 않다는 것을 알게 될 것이다. 짐수레꾼도 아마 존 밀턴, 존 로크, 아이작 뉴턴과 비슷하게 훌륭한 지적 능력을 가지고 태어났을 것이다. 그러나 교양과 수양 덕분에 그들 사이에는 큰 차이가 벌어지게 되었다.

물론 교육의 도움 없이 자연의 힘만으로 비범한 천재가 태어나는 경우가 있지만 그런 경우는 너무 드물어서, 누구도 그것에 의지해서는 안 된다. 설령 그런 경우라고 해도 만약 교육의 힘이 더해진다면 그 천재는 훨씬 더 위대한 인물이 될 것이다. 셰익스피어의 천재성이 교육의 힘으로 보충되었다면 우리는 그를 더욱 존경하게 되었을 것이다. 어떤 사람들은 셰익스피어가 지나친 표현을 사용했거나 가끔 엉뚱한 발상을 했다고 믿는다. 그에게 교육이 더해졌다면 훨씬 낫지 않았을까?[38] 사람은 일반적으로 15세부터 25세까지 교육을 받고, 그런 환경에 노출되어야만 바르게 양육된다고 말한다. 그렇다면 너의 성장은 지금부터 8~9년 안에 결정될 것이다.

너에 대한 나의 희망과 걱정을 진솔하게 말하마. 나는 네가 훌륭한 학자로 성장할 가능성이 있다고 본다. 너는 지금과 앞으로, 다양한 종류의 상당한 지식을 습득할 것이기 때문이다. 그러나 나는 네가 지금 사소하다고 생각하면서 간과하고 있는 것이 실제로는 사소하지 않기 때문에, 무척 걱정된다.

  아들아, 온화한 매너, 상대방의 감동을 불러일으킬 수 있는 말하기 능력, 그리고 품위 있게 행동하는 법을 배워야 한다. 이런 덕목은 꼭 필요한 것이고, 네 삶에 큰 도움을 줄 것이다. 세상 물정을 모르는 사람들 말고는 아무도 그런 것들을 사소한 것으로 취급하지 않는다.

  네가 너무 말을 빠르게 하는 습관 때문에 전달하고자 하는 논점이 흐려진다는 얘기를 들었다. 이런 습관은 매우 품위 없고, 또 상대방이 너의 견해를 받아들이지 못하게 만든다. 내가 수천 번 얘기했듯이, 이런 습관을 제발 고치도록 해라. 분명한 말투로 말하는 습관은 상대방

라이프치히대학교 캠퍼스에서 대화를 나누고 있는 청년들의 모습. 아버지는 온화한 매너를 지키며 품위 있게 행동할 것을 아들에게 촉구하면서 상대방을 설득할 수 있는 뚜렷한 말투를 강조했다.

의 공감을 얻는 데 꼭 필요하다. 나는 훌륭한 내용의 연설이 말을 빠르게 하는 습관 때문에 비난받는 것을 자주 보았다. 반대로 형편이 없는 연설도 뚜렷한 말투 덕분에 칭찬받는 것도 자주 보았다.

명심해라. 그럼 잘 있거라!

> 유럽의 정세를 논하는 편지가 몇 통 오간 다음, 다시 교육적인 주제로 돌아간다. 아들에게 "온화한 매너, 상대방의 감동을 불러일으킬 수 있는 말하기 능력, 그리고 품위 있게 행동하는 법"을 강조하는데, 특히 이 편지에서는 연설하는 능력에 대해서 자세한 설명을 붙인다. 체스터필드는 영국 상원에서 연설 능력으로 한 시대를 풍미했던 인물이다. 이 편지에서 그는 무엇보다 "분명한 말투"를 강조하고 있다. 아들이 외교관이나 정치가가 되기를 원했던 아버지는 연설의 중요성과 명확한 의미 전달의 중요성을 특히 강조했다. "온화한 매너, 상대방의 감동을 불러일으킬 수 있는 말하는 능력, 그리고 품위 있게 행동하는 법"은 체스터필드가 아들에게 준 교훈 중에서 '보몽드'가 되기 위한 기본 덕목이었다. 아들에게 보낸 많은 편지 속에서 반복되고 있는 내용이다.

지식과 품행을 연결하라

38번째 편지
(1748년 5월 10일, 런던에서)

사랑하는 아들에게,

나는 이 편지가 드레스덴 공식 외교 방문을 마치고 돌아온 네게 닿을 것으로 예상한다. 드레스덴 공식 외교 방문이 네게 어떤 느낌을 주었는지 알 수 없어 아쉽기만 하다. 그러나 너의 평소 성향을 볼 때 드레스덴에서 좋은 결과를 얻었을 것이고, 다시 시작하는 라이프치히에서의 삶에도 도움이 되었으리라 확신한다.

궁정의 예의범절을 익히고 외교 지식을 충분히 갖춘 신하만큼 멋진 존재도 없다. 궁정이 부정과 위장으로 가득한 장소라고 말하는 건 진부한 표현에 불과하다. 많은 사람이 그렇게 말하지만, 내 견해를 분명히 밝히자면, 그것은 궁정의 실체를 잘못 파악한 것이다. 사실 그렇지

아들이 영국 외교관들과 함께 방문했던 드레스덴의 츠빙거궁전. 당시 신성로마제국에 속한 작센 선제후국의 정치 중심지였다.

않은 곳이 어디 있겠니? 오두막집 안에서도 그런 부정과 위장을 발견할 수 있으니 말이다. 어쩌면 오두막집 안이 더 심하지 않을까? 한 마을 안에서 이웃하고 있는 두 농부도 시장에서 더 비싼 가격을 받으려고 속임수를 쓰기도 하고, 시골 양반을 속이기 위해 서로 협력하기도 한다. 궁정에서 두 명의 신하가 군주의 총애를 받기 위해 서로 속임수를 쓰거나 협력하는 것처럼 말이다. 시인들이 시골의 순수와 궁정의 배신을 어떻게 노래하든, 또 어리석은 자들이 그것을 어떻게 믿든 간에 목동과 궁정 대신은 똑같이 인간이다. 본성과 욕망은 같으며, 단지 그것이 나타나는 방식만 다를 뿐이다.

상투적이고 진부한 표현들에 대해 이야기가 나온 김에 더 이야기하자면, 그런 표현을 사용하거나, 믿거나, 동의하는 일에는 특히 경계를 해야 한다고 당부하고 싶다. 그런 표현들은 재치 없는 사람이나 잘난 체하는 바보들이 주로 늘어놓는 것으로, 정말 재치가 있는 사람들은 이러한 것을 극도로 경멸하며, 그런 자칭 재치꾼들이 떠드는 말에는 웃어줄 가치조차 없다고 생각한다.

일상적으로 부정과 속임수를 쓰는 궁정 신하들이 선호하는 주제는 '종교'다. 모든 종교는 '성직자들의 술수', 곧 성직자들이 권력과 이익을 위해 꾸며낸 발명품에 지나지 않는다는 식이다. 이런 터무니없고 거짓된 이야기를 바탕으로 성직자에 대한 어리석은 농담과 모욕이 생겨난다. 그들은 모든 종교의 성직자가 공개적이거나 은폐된 불신자, 술주정뱅이, 포주라고 간주한다. 그러나 내가 보기에 성직자는 다른 인간과 하등 다를 바가 없다. 성직자의 가운을 입고 있다 해서 더 나아지는 것도, 더 나빠지는 것도 없다. 성직자들이 일반 사람들과 다른 점이 있다면, 아마도 그들의 교육과 생활 방식 덕분에 종교적, 도덕적 면, 혹은 최소한 품위 면에서 구별된다고 할 수 있을 것이다.

재치 있는 척하고 유머를 남발하는 별 볼 일 없는 사람들이 즐겨 다루는 또 다른 주제는 '결혼'이다. 남편과 아내는 진심으로 서로를 미워하고 있지만, 공공장소에서는 아닌 척 행동한다는 것이다. 남편은 악마가 자기 아내를 잡아가기를 바라고, 아내는 남편 몰래 바람을 피운다고 말한다. 나는 결혼이라는 제도가 남편과 아내가 서로를 더 사랑하게 만든다거나 더 미워하게 만들지 않는다고 생각한다. 실제로 결혼의 결과인 동거는 함께 사는 배우자를 더욱 사랑하거나 미워하게 만드는데, 결혼하지 않은 상태에서 동거하는 사람에게도 같은 현상이 반복되기도 한다.

이런 것들이 일반적으로 위트나 독창성이 부족한 사람들이 주로 삼는 대화의 주제다. 이들은 부질없는 얘기를 하면서 자신을 돋보이게 하는 피난처로 삼는다. 나는 이런 작자들이 하찮은 농담을 하고 내게 웃어달라는 표정을 지으면, 일부러 근엄한 얼굴을 해서 그들을 무안하게 만든다. 혹은 그들의 농담에 호응하지 않고 "음, 그래서?"라고 말하면서 정작 웃을 거리는 아직 나오지 않은 듯 행동한다. 이렇게 하면 달리 내세울 거리가 없고, 달랑 몇 개뿐인 농담에 의존해 살아가는 그들은 금세 당황한다.

유능한 사람은 이런 잔꾀를 부리지 않고, 유익하고 활기찬 대화를 위한 적절한 주제를 떠올릴 수 있어야 한다. 유능한 사람은 고약한 풍자를 사용하지 않으면서도 재치 있는 대화를 이끌 수 있어야 하고, 지루하지 않으면서도 진지한 얘기를 할 수 있어야 한다. 궁정을 자주 드나들면 이런 경박한 행동을 삼가야 한다는 것을 배우게 된다. 네게 꼭 필요한 좋은 양육과 심사숙고하는 행동, 그리고 궁정에서 배운 지식을 통해서 품위 없는 행동을 멀리해야 한다. 네가 최근에 다녀온 드레스덴 궁정 방문을 통해 훌륭한 품행에 대해서 많은 것을 배웠으리라 믿는다. 앞으로 방문하게 될 또 다른 궁정에서의 경험을 통해서 최고의 품행을 서서히 연마해가길 바란다.

궁정에서는 다재다능함과 온화한 품행이 절대적으로 필요하다. 어떤 사람은 이를 '아첨'이라고 잘못 생각한다. 그렇게 행동하는 것을 독자적인 판단이나 견해가 없는 사람이라고 잘못 판단한다. 궁정에서는 품위 있게, 젠틀맨의 태도를 갖출 때만 다른 사람들을 설득할 수 있다. 일을 처리하는 방식이 일 자체보다 중요할 때가 많으며, 똑같은 일이라도 말과 행동의 태도에 따라 상대방의 기분이 좋아지거나 불쾌해질 수 있다.

"솜씨가 원재료를 극복했다Materiam superabat opus"라는 표현은 주로 조각에서 사용되는데,[39] 은이나 금과 같은 재료가 귀하기는 하지만 작가의 솜씨가 더 중요하다는 뜻이다. 이런 원칙은 각 개인의 품행에도 적용된다. 일 자체에 대한 지식이 아무리 많다고 해도, 상대방에게 좋은 인상을 주는 훌륭한 품행이 재능을 더욱 빛나게 해준다.

반대로, 호라티우스가 훌륭한 글쓰기에 대해서 말했던 것은 궁정에서 두각을 드러내고 빛나는 삶을 살고자 하는 이에게도 똑같이 적용된다는 것을 기억해야 한다. "지혜는 기본이자 재료이다Sapere est principium et fons."[40] 지식과 바른 품행을 갖추지 못한 사람이 궁정 신하가 되는 것보다 우스꽝스러운 일도 없다. 그런 사람은 궁정에서 시간을 알리는 궁정 시계보다 못하다. 궁정 시계는 시간을 알려주지만, 그런 궁정 신하는 자신의 한심한 능력만 보여줄 뿐이다. 그의 능력이란 궁정 시계가 울리는 대로, 접견 시간, 저녁 만찬 시간 등을 기계적으로 알려주는 것에 지나지 않는다.

네가 지금 받고 있는 교육을 통해 제안하고, 네가 갖추기를 진심으로 바라는 것은 '학자의 지식에 궁정 신하의 훌륭한 품행을 더하는 것'이다. 보통 사람들이 대부분 결합하지 못하는 것이 있는데, 그것은 책(지식)과 세상(품행)이다. 보통 사람들은 스무 살이 되어서야 비로소 학교의 선생과 학우 외의 사람들과 대화를 하게 된다. 스무 살이 되기까지 배운 것이 있다면 그리스어와 라틴어뿐이다. 현대사를 모르고, 다른 나라 말은 한마디도 하지 못한다. 그래서 그것을 배우기 위해 그랜드 투어를 떠난다. 하지만 그들은 여행하는 동안 방안에만 머물면서 어색해하고 부끄러워하며, 언어가 통하지 않기 때문에 외국인과도 어울리지 못한다. 식사할 때도 같은 나라 출신의 여행자들과 한 테이블에 앉아 끼리끼리 시간을 보낸다. 그런 행동은 절대로 따라 하지 말고, 영국인 여행자가 모이는 곳을 피할 것을 권한다.

너는 어디를 가든지 좋은 사람들과 어울려야 한다. 이것이 여행의

제임스 러셋, 〈로마에서 모인 영국의 예술비평가들〉, 1750년, 예일대학교 영국예술센터 소장. 그랜드 투어를 떠난 영국인들은 현지인들과 어울리지 못하고 자기들끼리 어울리는 경향이 있었다.

목적이다. 젠틀맨다운 인생의 즐거움을 찾고자 한다면, 오직 좋은 사람들과 어울렸을 때만 그것을 추구하도록 해라. 네가 만약 저급한 무리와 어울려서 삶의 즐거움을 찾는다면 그것은 질 낮은 쾌락을 추구하는 것이고, 결국 돼지나 만족시키는 것과 다를 바 없다.

나는 네게 1년만 더 열심히, 그리고 중단 없이 공부하기를 강권한다. 그 이후에는 더 많은 시간을 삶의 기쁨을 위해 매일 투자할 수 있을 것이다. 하루에 몇 시간만 공부에 투자하면 충분할 것이고, 나머지 시간에는 좋은 사람들과 어울리는 큰 기쁨을 누리면 그보다 더 훌륭한 시간의 활용은 없을 것이다. 잘 있거라.

> 드레스덴 궁정을 방문하고 돌아온 아들에게 궁정 신하의 품행에 대해서 자세히 설명하는 아버지의 편지다. 체스터필드는 아들이 외교관이 되기를 원했기 때문에 외국 궁정에서 유능한 외교관이 되기 위해서 어떤 덕목을 갖추어야 하는지 설명하고 있다. 궁정 신하는 기만과 정치적 술수를 부리는 존재라는 통념에 반론을 제기하면서 모든 인간이 그런 본성을 가지고 있다고 말한다. 마키아벨리의 《군주론》을 연상시키는 대목이다. 편지 후반부에서는 궁정 신하의 잘못된 처세를 지적한다. 본인이 재치 있다고 착각하면서 어설픈 농담을 하며 분위를 돋구려는 궁정 신하가 많지만, 체스터필드는 이런 품행을 닮지 말라고 조언한다. 또 그랜드 투어의 목적은 책(지식)과 세상(품행)을 연결하는 것이라는 해석이 인상적이다. 장차 외교관으로 성장할 아들에게 지식과 품행을 겸비해야 한다는 것을 강조하며, 언제나 좋은 사람들과 어울리고, 공부에 집중하기를 당부하고 있다.

상황에 맞춰 사람을 대하라

39번째 편지
(1748년 5월 31일, 런던에서)

사랑하는 아들에게,

네가 보낸 16일 자 편지를 잘 받았다. 그 편지를 보고 오늘 찰스 윌리엄스 경에게 편지를 써서 그분께서 네게 보여준 호의에 대해 감사드렸다. 너의 첫 번째 궁정 방문은 아주 훌륭했던 것 같더구나. 특히 폴란드 국왕 폐하께서 너를 좋게 보신 것 같다. 나는 네가 그분께서 보여주신 특별한 대우를 공손하고도 침착하게 받아들였기를 바란다. 그것이야말로 세련된 사람의 올바른 태도이기 때문이다. 학문적 소양을 갖추지 못한 사람은 시대의 찬란함을 견디지 못하기 마련이다. 이런 사람들은 왕이나 고위 관리가 질문을 했을 때 긴장하거나 겁에 질려 아무 말도 하지 못한다. 그들은 어색하게 행동하고 부끄러워하며, 어떻게 대답해야 할지 몰라 허둥댄다. 그러나 '예의 바르고 정직한 사람들les honnetes gens'은 자기보다 높은 지위의 사람들 앞에서도 당황하지 않는다. 왕 앞이라고 해도 침착하게 행동하고, 마치 다른 신하들과 대화를 나누듯이, 왕과 자연스럽게 대화할 수 있다.

어릴 때부터 고위직 인사들과 어울릴 수 있고, 자신보다 높은 관직에 있는 사람들과 대화를 나누어본 경험이 있다면, 그것은 한 사람의 성장에 큰 발판이 될 것이다. 나는 영국에서 대학 교육까지 마친 사람들이 국왕 폐하 앞에서 어떻게 처신해야 할지 몰라 당황하는 모습을 너무 많이 보아왔다. 국왕 폐하께서 질문하시면 그들은 그야말로 넋을 잃는다. 몸을 벌벌 떨거나, 주머니에 손을 넣었다 뺐다 하고, 모자를 바닥에 떨어트렸다가 그것을 집기 위해 허리를 굽히며 수치심에 몸을 떨기도 했다. 그들은 옳은 태도, 즉 편안한 마음과 자연스러운 태도를 국왕 폐하 앞에서 취하지 못했다.

훌륭하게 자란 사람은 아랫사람에게는 거만하지 않고, 윗사람에게는 존경심과 더불어 편안하게 대화한다. 그런 사람은 국왕 폐하를 알현할 때 사심을 가지지 않고 말하고, 귀부인들과 대화할 때는 친절함과 상냥함과 더불어 존경심을 가지고 대한다. 동급의 지위를 가진 사람과 대화할 때는 그 사람과 친하든 친하지 않든, 일반적인 공통의 주제로 대화를 나누며, 경박함을 보이거나 어색한 태도를 보여주지 않는다. 마음에는 조금도 걱정이 없고, 몸가짐도 어색하지 않게 편안한 자세를 보인다.

찰스 윌리엄스 경이 너를 위해 준 차茶는 네 어머니에게 선물로 보내도록 하자. 너는 어머니께 잘해드려야 할 의무가 있다. 넌 어머니의 보살핌과 자애로움에 큰 빚을 지고 있으니까. 기회가 있을 때마다 항상 감사를 드려라. 잘 있거라, 아들아, 하느님께서 널 축복하시길!

> 국왕을 포함한 신분이 높은 사람들을 대하는 방법에 대한 아버지의 짧은 조언이다. 국왕의 사위가 되어 왕실 가족 일원이 되었고, 영국의 대표적인 정치인으로 자주 국왕을 알현했던 체스터필드는 아들에게 국왕 앞에서 자연스럽게 행동하고 항상 존경심을 잃지 않는 태도야말로 궁정 신하의 자질이라고 말한다. 39번째 편지의 핵심은 이렇다. "훌륭하게 자란 사람은 아랫사람에게는 거만하지 않고, 윗사람에게는 존경심과 더불어 편안하게 대화한다."

상대방을 배려하며 말하라

42번째 편지
(1748년 6월 21일, 런던에서)

사랑하는 아들에게,

너의 부정확한 발음 때문에 걱정이다. 그래서 이번 편지와 이어지는 다음 편지에서 이 점에 대해서 네게 말해주고 싶구나. 이 점을 너무 늦지 않게 나눌 수 있게 되어 다행으로 생각한다. 이 사실을 내게 알려준 찰스 윌리엄스 경에게 나는 무한히 감사하며, 너 또한 언젠가 똑같이 느끼게 될 것이라고 확신한다.[41] 맙소사! 만약 너의 잘못과 나의 과실로 인해 품위 없이 말하는 너의 말버릇이 고쳐지지 않는다면, 앞으로 몇 년 후 네가 공직에 나갔을 때, 어떤 모습이 될까? 너의 그런 말투가 고쳐지지 않는다면 누가 널 좋아할 것이며, 도대체 누가 너의 말을 듣겠니?

체사레 마카리, 〈카탈리나를 탄핵하는 키케로〉, 1889년, 팔라초마다마 소장. 로마 공화정 말기 정치가 키케로는 명연설가로 이름을 날렸다.

키케로와 퀸틸리아누스가 우아하게 연설하는 방법에 관하여 쓴 책을 읽도록 해라.42) 키케로는 훌륭한 연설을 하기 위해서는 우아한 품성을 지녀야 한다고 강조했다. 심지어 그는 웅변가에게는 외모도 중요하며 특히 비대하고 서투른 모습을 보여서는 안 된다고 주장했다. 그는 인간의 속성에 대해 잘 알고 있다는 것을 보여주었다. 멋진 연설자의 모습과 우아한 품행의 힘을 알고 있었기 때문이다.

일반적으로 모든 인간은 합리적으로 이해하는 것보다 마음의 끌림에 의해 설득을 당하기 마련이다. '마음의 끌림'이란 감각의 길이다. 즉,

그들의 눈과 귀를 먼저 사로잡으면 연설의 반은 이미 성공한 것이다. 나는 어떤 사람의 첫 연설이 그 사람의 운명을 결정짓는 것을 종종 보았다. 첫 연설이 유쾌했다면 사람들은 무의식적으로 그에게 장점이 있다는 확신을 하게 된다. 반대로 첫 연설이 서툴러서 듣기에 불쾌했다면 즉시 그에 대한 편견을 품고 그가 가진 장점을 인정하지 않으려 한다. 이런 판단은 불합리한 것처럼 보이지만 실상은 그렇지 않다. 만약 진정으로 재능 있는 사람이라면, 점잖은 말투와 유쾌한 연설이 어떤 결과를 초래할 것인지에 대해서 반드시 알기 마련이고, 그렇게 되기 위해 계속 노력했을 것이기 때문이다.

너는 뛰어난 용모를 갖고 있고 언어 기관에 결함이 없기에 네가 원한다면 얼마든지 진지하고 매력적인 연설을 할 수 있다. 네게 그런 능력이 없다면 스스로 노력하지 않았다는 사실 말고 변명할 여지가 전혀 없을 것이다. 무대 위에서 연기하는 모든 배우가 계속 요청받는 것은 무엇일까? 훌륭한 무대에 올라간 배우에게 정확한 대사를 구사하라고 요구하는 것은 정당한 일이 아니겠니? 심지어 그 배우가 탁한 음성을 가지고 있다고 해도 말이다.

배우는 대사를 할 때, 청중이 쉽게 알아들을 수 있도록 또박또박 말해야 하며, 강조할 때는 단어를 적절히 끊어서 힘을 주어야 한다. 로마 시대의 유명한 배우 퀸투스 로스키우스가 만약 너무 빠르게 말하고, 또렷하지 않은 목소리로, 떠벌리듯 대사를 했다면, 과연 키케로가 그의 연기를 칭찬했겠니?[43] 말이란 생각을 전달하기 위한 도구란다. 사람들이 이해할 수 없는 말을 하거나, 이해하고자 하는 의지를 꺾는 말을 하는 것은 터무니없는 일이다. 진심으로 말하건대, 나는 네가 우아하게 말하거나 우아하지 않게 말하는 것을 기준으로 삼아 너의 사람됨을 판단할 것이다.

따라서 네게 그런 의지가 있다면 무엇보다 '우아하게 말하는 법'을 배우려는 노력을 멈추지 말기를 바란다. 내가 장담하건대, 그것은 전적으로 네 의지와 결단에 달려 있다. 하트 선생이 매일 큰 소리로 책을 읽게 하고, 너무 빠르게 읽거나, 중단할 때를 놓치거나, 적절하지 않은 때에 강조하는 것을 지적하며 우아하게 말하는 법을 가르쳐줄 것이다. 말할 때는 항상 입을 크게 벌리고, 모든 단어를 뚜렷하게 발음해야 한다. 만약 네가 말을 할 때 다른 사람이 알아들을 수 없을 정도로 빨리 말하거나 중얼거리면 말을 멈추게 해달라고 정중히 부탁해라. 책을 읽을 때는 소리 내어 읽고, 그 소리를 스스로 들어보아라. 필요 이상으로 빨리 말하는 습관을 고치려면 처음에는 의도적으로 책을 천천히 읽어야 한다. 이렇게 정신을 차리고 노력하면 바르게 말하는 습관을 갖게 될 것이다. 네게 판단력이 있다면 내 말의 의미를 충분히 이해할 것이기에 그만 얘기하마.

우아하게 말하는 능력과 더불어 세련된 몸가짐과 자신을 드러내는 우아한 태도 역시 반드시 갖추어야 할 덕목이다. 젊은이에게 이런 덕목이 없다면 다른 사람의 사랑을 받기는커녕 용서받지 못할 자리에 놓일 위험이 크다. 행동을 함부로 하는 젊은이는 상대방에 대한 무관심을 드러내는 셈인데, 이것은 사실 매우 공격적인 태도라고 할 수 있다.

최근에 너를 보고 온 사람의 말을 들으니 너의 행동이 다소 서투르고, 진중하게 행동하지 않는 것 같다고 하더구나. 이 두 가지 소식 모두 내게는 큰 유감이다. 네가 지금 시간을 지체하면서 그 잘못된 습관을 고치지 못하면 영원히 고칠 수 없을 것이다. 행동이 서툴면 다른 사람들로부터 너 자신을 소외시키게 된다. 차림새가 어색하고 복장이 장소에 어울리지 않으면 다른 사람들에게 불쾌감을 준다. 너는 아마 '아무개' 씨를 잘 알 것이다. 그 사람의 행동은 항상 서툴렀고, 복장도 늘 이상했지. 그것은 그의 사람됨이나 장점을 알리는 데 큰 장애가 되었고 실제로 많은 어려움을 겪도록 만들었다. 많은 사람이 그의 행동이 너무 어색해서 그의 사람됨을 신뢰할 수 없다고 말했다. 내가 전에도 얘기했듯이 사람들은 대개 눈으로 먼저 사람을 판단한다. 특히 여성은 남성의 세련된 행동을 중시하며, 어색하게 행동하는 남성은 절대로 여성의 지지를 받지 못하게 된다. 그러니 너는 옷차림과 행동의 우아함에 항상 신경 써야 한다.

나는 네가 라이프치히에서 정중한 옷차림과 행동의 우아함을 보여주는 완벽한 모델을 찾기 힘들 것이라는 생각이 든다. 어쨌든 우아한 말투와 세련된 행동 둘 다 갖추기 위해 너 자신이 더욱 노력하길 바란다. 특히 궁정을 출입할 때 이 둘은 꼭 필요한 것이니 그곳에서 이 두 가지를 가르쳐줄 수 있는 스승과 모델을 구해보길 바란다. 승마, 펜싱, 춤 등의 운동은 너의 몸과 근육을 멋지게 만들어줄 것이다. 그것을 잘 연마한다면 "명예로운 남성의 분위기"를 네게 줄 것이다.

나는 이제 마지막 제안으로 편지를 마치려고 한다. 너에 대한 극진한 관심이 있고, 너의 잘못을 일일이 지적해주며, 잘못된 것의 개선을 촉구하는 존재가 있다는 것에 대한 감사의 마음을 가져야 한다는 것이다. 나 외에는 어떤 사람도 네게 그런 관심이 없고 잘못을 고치라고 노심초사 간청하지 않는다. 네가 그 사실을 잘 모르는 것 같아 걱정이다.

자신이 전부라고 믿는 자기애 때문에 우리는 가끔 오류를 덮어버리곤 한다. 네게 들려주는 나의 이야기는 아무런 사심이 없이 너에게 개선을 바라는 것이다. 전적으로 너를 위한 이야기이기 때문에 편파적이라고 의심해서는 안 된다. 나는 아버지의 자격으로 너를 진심으로 걱정하고, 너의 개선을 간절히 원하고 있다. 이런 아버지로서의 걱정과 관심은 머지않아 불필요해지고, 오직 친구로서의 보살핌만 남게 되기를 바란다. 아들아, 잘 있거라!

드레스덴 왕궁을 아들과 함께 방문했던 찰스 윌리엄스 경이 아들의 말하는 습관에 대해서 지적했던 모양이다. 아버지는 너무 빠르게 말하고, 중얼거리듯 말하는 습관이 있는 아들에게 천천히, 또박또박, 말하는 습관을 갖도록 조언한다. 웅변술은 고대부터 지도자의 덕목으로 간주되어 왔다. 로마 시대 키케로와 퀸틸리아누스의 연설에 대한 책이 18세기까지 큰 영향을 미쳤고, 말하는 능력은 궁정 신하나 외교관, 혹은 정치가들이 반드시 습득해야 하는 기술이자 덕목이었다. 아버지는 아들에게 훌륭하게 연설하는 방법과 우아한 행동 가짐을 동시에 얻도록 노력하라는 내용을 자세히 적어 보냈다.

젊은이는 너무 빠른 속도로 말해서 상대방이 잘 알아듣지 못하도록 만든다. 상대방을 배려하지 않고 자기 입장만 고려하기 때문이다. 상대방으로부터 들을 것이 없다고 생각하는 젊은이가 말을 빨리 하는 법이다. 말의 속도가 문제가 아니라, 상대방에 대한 배려를 먼저 배워야 한다. 체스터필드는 이런 상대방에 대한 배려와 경청을 "우아하게 말하는 법"의 출발이라고 보았다.

사람과 적절한 관계를 맺는 법

44번째 편지
(1748년 7월 6일, 첼트넘에서)

사랑하는 아들에게,

바스 백작의 아들이자 너의 학우였던 펄트니Pulteney가 네덜란드로 떠났고, 이 편지가 네게 전달된 이후에, 아마 네가 있는 라이프치히로 올 것이다. 그를 만나면 친절하게 대하고 가능한 모든 봉사를 해주어라. 내가 네게 그렇게 지시했다는 것도 전해야 한다. 그는 너보다 나이가 많기에, 너보다 더 많은 걸 알고 있을 것이다. 그렇다면 그와 어깨를 나란히 할 수 있도록 애쓰렴. 그러나 만약 그가 너보다 많이 알고 있지 안하면, 그가 열등감을 느끼지 않도록 네가 세심하게 배려해야 한다. 그가 스스로 열등감을 느끼면, 그것은 어쩔 수 없는 일이다. 그러나 상대방을 지식이나 계급, 혹은 행운의 도움을 비교해서 스스로를 열등하다고 느끼게 만드는 것만큼 모욕적이고 용서받지 못할 행동은 없다는 것을 명심해라. 사회적 위치나 행운은 타고나는 것이고, 개인이 통제할 수 있는 영역이 아니다. 지식도, 절반은 자신의 몫이지만, 나머지 절반은 타고나는 것이다. 품위와 선의란 다른 사람을 깎아내리기보다 오히려 끌어올리고 도와주려는 성향을 낳는 법이다. 사실 우리의 사적인 이익 또한 여기에 맞물려 있다. 이렇게 하면 원수 대신 친구를 많이 만들게 되기 때문이다.

다른 사람들에게 호감을 사는 비결은 프랑스인들이 말하는 '주의 기울임les Attentions'을 항상 실천하는 것이다. 상대방의 자존심을 달래주는 것인데, 이는 다른 사람의 마음을 강력하게 사로잡는 힘을 갖고 있다.

사회생활에서의 의무는 누구나 반드시 행해야 하는 법이다. 그러나 이러한 세심한 배려는 의무가 아니라 교양과 선의에서 비롯하는 자발적인 행위다.

네가 시간을 잘 활용하고 있는지 궁금하구나. 하루 내내 공부만 하란 뜻이 아니다. 그럴 필요도 없다. 시간을 잘 분배하고 그 시간에 맞게 잘 활용하고 있는지가 궁금하다. 공부하는 동안에는 집중을 잘해야 하고, 또 즐거움을 추구할 때는 열정을 다해야 한다. 기분 전환을 위한 시간도 유용하게 사용하면 큰 도움이 된다. 네가 시간을 어떻게 활용해야 하는지는 전적으로 그 시간의 성격에 달려 있다. 만약 그 시간을 무익하고 경박하게 사용한다면 네게 무의미한 습관만 길러줄 것이다. 이것은 시간을 낭비하는 것보다 더 나쁜 결과다. 집중하지도 않고 재미로만 하는 모든 종류의 게임이나 야외 스포츠, 혹은 오락은 모두 무익하고 경박하게 시간을 보내는 방법이다. 생각하지 않고 살거나, 생각하는 것을 싫어하는 사람들이 아무 생각 없이 보내는 시간일 뿐이다. 그러나 재능 있는 사람의 즐거움은 감각을 기쁘게 하거나 정신을 향상시킨다. 나는 네 하루 가운데 아무것도 하지 않는 시간이 단 1분도 없기를 바란다. 네 나이에 아무것도 하지 않는 것은 용서받을 수 없다.

이제 그리스어와 라틴어로 된 어떤 종류의 책을 쉽게 읽을 수 있는지 알려다오. 다른 일을 하다가도 데모스테네스Demosthenes를 읽고 이해할 수 있니?44) 키케로의 '연설'과 호라티우스의 '풍자시'에 대한 책을 어려움 없이 읽을 수 있니? 독일어를 정복하기 위해 어떤 책을 읽고 있니? 여가의 즐거움을 위해서 어떤 프랑스 책을 읽고 있니? 질문에 대한 너의 솔직하고 구체적인 답변을 듣고 싶구나. 나는 너의 성장과 관

루브르박물관이 소장하고 있는 데모스테네스 흉상. 키케로가 로마의 대표적 연설가라면 데모스테네스는 그리스를 대표하는 연설가였다. 키케로가 유연하고 감성적인 연설을 선호했다면, 데모스테네스는 논리적이며 장중한 연설을 했다.

련된 일이라면 모든 일에 관심이 있단다.

　내가 늘 하는 말이 있지? 입을 청결하게 유지하려면 세심한 주의가 필요하다. 매일 아침과 식후에 입을 청결하게 하지 않으면 주위 사람을 역겹게 만드는 불쾌한 냄새가 날 뿐 아니라, 소중한 네 치아가 썩거나 손상될 것이다. 이것은 매우 심각한 손실이며, 큰 고통을 초래하게 된다. 네 나이에는 단정한 옷차림 역시 매우 중요하다. 대충 차려입으면 상대방에 대해 무관심하다는 뜻이기 때문에, 젊은 나이에는 옷차림에 신경 써야 한다. 네 나이 때는 무슨 일을 하든지 최대한 완벽하게 해야 한다. 완벽함에 도달할 수 있다면 더할 나위 없이 좋겠지만, 적어도 시도함으로써 완벽함에 가까워지는 것이다. 아에 시도도 하지 않는다면 절대로 완벽함에 이를 수 없다. 잘 있거라, 아들아! 주위 사람과 대화할 때는 우아하게 말하면서, 동시에 발음을 분명하게 해야 한다!

> 아버지는 건강상의 이유로 또 다른 온천욕 시설이 있는 첼트넘에서 잠시 체류했다. 아들보다 자질이 조금 떨어지는 귀족 청년과 아들이 만날 것이라고 예상한 체스터필드는 '사람을 사귀는 법'에 대해서 조언해준다. 좋은 집안에서 태어나 훌륭한 심성을 유산으로 누리는 사람은 그렇지 못한 사람들에게 열등감을 심어주지 않도록 조심해야 한다는 것을 강조하고 있다.
> 사회적 책임에 대해서도 강조한다. 좋은 가문에서 태어났고, 훌륭한 교육을 받은 사람은 자신의 행복이나 성취감에만 머물러서는 안 된다. 특히 영국 귀족의 덕목은 '노블레스 오블리주 Noblesse oblige'를 통해 완성되었다.

나태함을 경계하고 용감하게 나아가라

45번째 편지
(1748년 7월 20일, 런던에서)

사랑하는 아들에게,

사람의 이해력에는 두 가지 잘못된 유형이 있다. 하나는 그를 결코 중요한 인물이 되지 못하게 하는 '나태한' 정신이고, 다른 하나는 그를 우스꽝스러운 인물로 만들어버리는 '사소하고도 경박한' 정신이다. 너에게는 이 두 개 사례 중 어느 것도 적용되지 않기를 바란다.

나태한 사람은 어떤 일의 근본까지 파고드는 수고를 감수하지 않는다. 작은 어려움이 닥치면 이내 탐구를 멈추고, 쉽게 파악할 수 있는 피상적인 지식에 대한 이해에 만족한다. 작은 수고를 들이느니 차라리 무지를 선택하는 것이다. 나태한 사람들은 대부분의 일을 불가능하다고 생각하거나, 그렇게 말한다. 그러나 근면함과 행동력 앞에서 진정

불가능한 일은 거의 없다. 이들은 자신의 게으름을 변명하기 위해서 작은 어려움을 극복하는 것은 불가능하다고 말하고, 최소한 그렇게 생각하는 것처럼 과장한다. 한 시간 동안 같은 주제에 집중하는 것은 그들에게 너무나 힘든 일이다. 그들은 모든 것을 보이는 대로만 믿고, 다른 관점에서는 고찰하지 않는다. 한마디로 그들은 절대로 생각하지 않는다. 그 결과 나태한 사람들은 어떤 주제에 대해서 말할 때 오직 자신이 무지와 게으름을 드러내고 결국 혼란스럽고 일관성 없는 대답을 늘어놓게 된다.

따라서 일을 시작할 때 직면하는 첫 번째 어려움 앞에서 좌절하지 말고, "더 용감하게 맞서 나아가야 한다contra audentior ito."[45] 모든 젠틀맨은 일과 사물의 밑바닥까지 내려가겠다고 결심해야 한다. 특정 직업에만 필요한 기술이나 학문은 그 직종에 종사할 뜻이 없는 사람이라면 깊이 알 필요는 없다. 예를 들어 건축이나 항해를 하는 사람들을 살펴보자. 일상적인 대화에서는 그 사람들이 가진 기술이나 지식에 대해서 깊이 들어갈 필요가 없고 약간의 지식만으로 충분히 대화할 수 있다. 물론 성채를 쌓는 기술에 대해서는 조금 더 알 필요가 있을 것이다. 전쟁이 펼쳐지면 이런 주제로 대화를 많이 하게 된다.[46]

그러나 직업에 상관없이 모든 젠틀맨이 알아야 하고, 알았을 때 유익한 지식은 밑바닥까지 깊이 파고드는 것이 좋다. 이런 지식이란, 언어 구사 능력, 역사에 대한 이해, 고대와 현대의 지리, 철학, 논리학, 연설 능력이다. 더불어, 장차 외교관이 될 너에게는 유럽 각국의 법률 체계와 행정 제도, 그리고 군사 정보를 확보하는 것이 반드시 필요해 보인다.

솔직히 말해서 이 모든 것들은 꽤 넓은 범위의 지식이며, 모두 습득하려면 어려움이 따를 것이다. 그러나 네가 적극적이고 부지런한 마음을 갖는다면 모든 난관을 극복할 수 있을 것이라 믿는다. 그 결과는 네게 큰 보상으로 다가올 것이다.

사소하고 경박한 마음은 항상 사람을 바쁘게 만들지만, 목적의식조차 없기에 방향을 잃게 만든다. 그런 사람들은 정작 귀중한 일에 집중하지 않고, 그저 사소한 일에 시간과 관심을 기울일 뿐이다. 그들은 장신구, 나비, 조개, 곤충 등에 대해 엄청난 관심을 가진 사람들이다. 그들은 함께 어울리는 사람의 성품은 보지 않고 옷차림만 관찰한다. 진정한 아름다움과 멋을 생각하지 않고 그저 장식에만 관심을 기울이는 사람들이다. 행사에 참석해서 시간을 즐길 뿐, 정치적 의미를 해석하지 못하는 사람들이다.

그런 식으로 시간을 낭비하는 것은 네 삶의 치명적인 오류가 될 것이다. 네게는 최대 3년이라는 시간이 있다. 항상 강조했듯이 앞으로 3년 동안 시간을 어떻게 활용하는가에 따라 너의 미래가 결정될 것이다. 제발 부탁이니 이 점을 곰곰이 생각해보아라. 이 소중한 시간을 게으르게 보내고 사소한 일에 낭비할 것이냐? 너의 미래, 즉 장차 누리게 될 삶의 즐거움, 너의 멋진 외모, 그리고 좋은 품성과 성격은 3년 안에 결정될 것이다. 그러니 아들아, 그 시간을 낭비하면 안 되겠지? 나는 네가 잘 선택하리라 믿어 의심치 않는다.

유용한 책만 골라서 읽고, 그 책의 주제에 대해서 완전히 섭렵할 때까지 중단하지 말아라. 어떤 집단에 소속되어 있을 때는 유용한 주제로 대화하기 위해 노력하고, 그 집단의 '범위 안에서만' 대화의 주제를 선택해라. 역사, 문학의 주제, 특정 국가의 관습, 튜턴 기사단, 몰타 기사단 등은 좋은 공통 대화의 주제다.47) 이런 주제는 아무런 의미가 없는 날씨에 관한 대화, 유행하는 옷에 대한 촌평, 바이올린 연주 이야기보다 더 나은 대화 주제이다. 위대한 왕과 위인에 대한 평가는 대화를 통해서만 정보를 획득할 수 있다. 이 세상에 어떤 책도 그것에 대해 공정하게 기록하지 않았기 때문이다. 따라서 이것은 재미있고 유익한 대화의 주제인데, 얘기하는 사람들의 다양한 견해를 확인해 볼 수 있기 때문이다.48)

질문하는 것을 부끄러워하거나 두려워하지 말아야 한다. 질문이 배움으로 이어지고, 또 네가 공손하게 질문한다면 그들은 널 절대로 무례한 질문자로 보지 않을 것이다. 일반적인 삶의 과정에서 모든 것은 전적으로 '태도'에 달려 있다. 그런 점에서 "어떤 사람은 말 한 필을 훔쳐도 괜찮아 보이고, 어떤 사람은 울타리 너머를 힐끗거리기만 해도 나쁘게 보인다"라는 속담은 사실을 말하고 있다. 품격을 지키면서 말한다면 세상에 못 할 말은 없다. 때로는 은근한 암시로, 때로는 세련된 반어로, 때로는 재치 있는 말로 얼마든지 표현할 수 있다. 세상살이의 큰 지혜란 바로 이 다양한 방식을 언제, 어디서 쓸지 아는 데 있다.

또한 그 사람의 품위, 당당한 표정, 말하는 습관이 엄청난 영향을 끼친다. 같은 말이라도 열정적으로 말하고, 우아하게 말하고, 정확하게 발음하면 사람들을 기쁘게 하지만, 만약 시무룩한 표정과 어색한 자세를 하고 중얼거린다면 오히려 불쾌감을 줄 것이다. 시인들은 베누스Venus의 아름다움을 표현할 때 언제나 '삼미신三美神 Three Graces'의 도움을 받는다고 썼다. 지혜의 신 미네르바Minerva도 이 삼미신의 도움을

받아야 한다고 나는 생각한다. 이것이 없다면 아무리 배운 사람도 매력적이지 않기 때문이다. 부디 너도 열정적으로 말하고, 우아하게 말하고, 정확하게 발음해라. 네가 어떤 말을 하든지, 어떤 행동을 하든지, 이점을 분명히 하도록 해라. 잘 있거라, 아들아.

토리노대학교 캠퍼스에 전시된 미네르바 동상. 지혜의 여신 미네르바도 삼미신의 도움, 즉 우아하게 말하고 행동하는 것을 중요시했다.

첼트넘에서 요양을 마친 체스터필드는 다시 런던으로 돌아와 아들에게 편지를 쓴다. 게으름을 경계하고, 한번 시작한 일이나 공부를 철저히 하는 습관을 강조한다. 시작한 일이나 공부가 첫 번째 난관에 직면했을 때, 이에 굴복하지 말고 끝까지 밀고 나갈 것을 요구한다. 열정적으로 말하고, 우아하게 말하고, 정확하게 발음하는 것을 의미 있는 대화의 '삼미신'로 표현하고 있다.

좋은 사람들과 어울리는 일에 대하여

53번째 편지
(1748년 10월 12일, 바스에서)

사랑하는 아들에게,

사흘 전에 위장에 이상이 생겼다. 머리가 아프고 현기증이 나서, 이 증상을 치료하기 위해 다시 바스로 왔다. 사흘밖에 안 지났는데 벌써 다 나은 것 같다. 이곳의 약수가 치료에 효과가 있다는 것을 믿어 의심치 않는다.

내가 어디에 있든지, 너의 안전, 성격, 갖추게 될 지식, 도덕적 관념 등에 대해 골똘히 생각하게 된다. 나는 이제 인생이라는 무대에서 내려가고 있지만, 반대로 너는 그 무대 위로 올라가고 있다. 과거의 일과 현재의 일을 생각하고 반성하는 것은 이미 나에게는 늦은 일이다. 그러나 너는 앞으로 해야 할 일이 많기에 내 성찰과 경험을 통해 전해지

바스의 로마 유적. 바스는 런던에서 156킬로미터 떨어진 휴양도시다. 기원후 60년경 로마 군단이 온천 욕탕으로 개발했다.

는 조언이 너의 미래에 도움이 되리라 믿는다.

라이프치히를 떠나는 순간, 너는 점점 더 큰 세상으로 들어서게 될 것이다. 그 새로운 곳에서 네가 보여줄 첫인상이 너의 미래를 결정하게 된단다. 널 만나게 될 사람은 단호한 판단을 내릴 것이다. 너의 첫인상을 오랫동안 간직하게 될 것이란 말이다. 세상에 처음 도착했을 때 좋은 사람들과 어울리는 것이 네가 좋은 인상을 얻게 되는 지름길이 될 것이다. 내가 방금 '좋은 사람들과 어울려야 한다'고 말했지만, 어떤 집단이 좋은 사람들의 집단인지 설명하기는 쉽지 않다. 네가 잘 이해할 수 있도록 최대한 노력해보겠다.

  '좋은 모임'이란 구성원 스스로가 판단하는 것이 아니라, 다른 사람이 보기에도 '좋은 모임'이라고 인정하는 단체를 말한다. 심지어 구성원 중 일부에 대해서는 불만이 있더라도 말이다. 이런 모임은 대개 명문가 출신이거나 일정 수준 이상의 사회적 지위를 가지고 있으며 인품이 뛰어난 사람으로 구성되어 있는 경우가 많다. 예외가 없는 것은 아니다. 출신이나 지위가 없더라도 특별한 재능, 혹은 학문 분야에서 뛰어난 성취를 이룬 사람들은 매우 정당하게, 그리고 자주 이런 모임에 속하게 된다. 사실, 좋은 모임이라는 것은 너무나 잡다하여 신분이나 계급, 공로에 상관없이 진취성으로 그 모임에 가입할 수도 있고, 영향력이 있는 사람의 보증으로 들어온 사람도 있을 것이다. 심지어 무관심한 성격과 낮은 수준의 도덕성을 가진 사람도 그 모임에 참여할 수 있다. 그러나 그 모임의 핵심에는 특출한 사람들이 압도적인 위치를 차지하고 있지만, 악명이 높고 통제 불능의 인물은 결코 핵심이 될 수 없다는 특징도 있다. 이처럼 인기 많고 좋은 모임에서는 의심의 여지 없이 훌륭한 품행과 뛰어난 대화법을 배울 수 있다. 그들의 훌륭한 품행과 뛰어난 대화법은 분위기를 조성하고 수준을 더 높게 끌어올린다. 이로써 모두가 인정하는 좋은 모임이 만들어진다.

  전적으로 최고 귀족 가문 출신으로만 구성된 집단은 좋은 모임이 될 수 없다. 그 모임이 해당 지역에서 완전히 인정받는 경우가 아니라면 말이다. 최고 귀족 가문 출신들은 멍청하거나, 잘못 자랐거나, 쓸모없는 사람일 경우가 종종 있다. 전적으로 하층 계급으로만 구성된 집단 역시 좋은 모임이 될 수 없다. 그런 집단을 경멸해서는 안 되지만, 자주 방문하지 말아야 한다.

뛰어난 학식을 갖춘 사람들로만 구성된 모임은 고귀하고 존경받을 만하지만, 좋은 모임은 결코 아니다. 그들은 세상 속에 살지 않기 때문에 세련된 예법과 사회적 기품을 가질 수 없기 때문이다. 만약 네가 그런 모임에 일정 기간 소속된 경험이 있다면, 어느 모임에서든 큰 존경을 받을 것이다. 그러나 이 가능성에 너무 집착하지 말기 바란다. 그렇게 되면 너는 단지 한 명의 '직업상 지식인'으로 간주될 뿐, 세상에서 빛을 발하거나 높은 지위에 올라갈 수 없게 된다.

일반적으로 젊은이들은 재치 있는 말을 잘하는 사람과 독설가 집단에 끌리게 마련이다. 스스로 재치 있다고 생각하는 사람들은 그 집단에서 즐거움을 찾지만, 그런 능력이 없는 사람은 그들과 어울린다는 사실만으로 스스로 재치 있다고 착각한다. 아둔한 사람들이다. 이런 사람이 많은 곳을 방문할 때는 먼저 심사숙고해야 한다. 너 자신을 이런 집단에 매몰시켜서는 안 된다. 재치는 상대방의 허점을 노리는 것이기 때문에 재미는 있지만, 다른 사람을 불쾌하게 만들 수도 있다는 것을 명심해라. 그래서 많은 사람이 재치 있는 사람을 멀리하려고 한다. 마치 여성들이 총을 두려워해 멀리 두는 것처럼 말이다. 그러나 이렇게 재치 있는 사람을 알아두면 나쁜 것은 없고 그들 모임은 때로 방문할 가치가 있다. 다만 전적으로 이들과 어울리지는 말아야 하고, 특별히 한 모임만 집중해서 지속적으로 방문하지는 말아야 한다.

다른 모든 모임 중에서 가장 조심하고 피해야 할 집단은 당연히 저급한 사람들의 모임이며, 이곳은 말 그대로 저급한 행동을 하는 사람들의 집단이다. 낮은 신분을 가졌으며 지적으로도 열등하고 품행이 천하며 장점을 갖추지 못한 사람들의 모임이다. 내가 이런 사람들의 모임을 경계하라고 말하면 당연한 일이기 때문에 네가 당황스러울 것이다. 그러나 나는 그런 부류의 사람들과 어울림으로써 불신을 받고, 검증에서 탈락하고, 신뢰를 잃는 많은 사례를 보았기 때문에 꼭 강조하고 싶다.

허영심은 인간의 어리석음에서 기인한 것이고 인간이 저지르는 범죄의 원인이 되기도 한다. 이 허영심 때문에 많은 사람이 특정 모임에 들어가고, 그 모임의 일인자가 되기 위해 타락하기도 한다. 그는 그곳에서 지시를 내리고 박수를 받고 존경을 받고자 한다. 비참한 수준의 합창단 단장이 되기 위해,[49] 불명예스럽고 자격이 없는 행동을 일삼는 것이다.

네가 들어가게 될 모임의 성격에 따라 추락하거나 성장할 것이다. 사람들은 그 모임의 성격에 따라 널 판단할 텐데, 이는 절대 불합리한 판단이 아니다. "네가 누구와 다니는지 알려주면, 네가 어떤 사람인지 말해주겠다"는 스페인 속담은 의미심장한 내용을 담고 있다. 따라서 네가 어디를 가든지 사람들이 최고로 인정하는 좋은 모임에 들어갈 수 있도록 노력해라. 이것이 네게 줄 수 있는 좋은 모임에 대한 최선의 설명이다. 그러나 여기서도 한가지 주의가 필요한데, 이렇게 좋은 모임에서도 다수의 젊은이가 망가지는 사례가 있었다는 것이다.

내가 이전에 관찰한 바에 따르면, 좋은 모임은 다양한 개성을 가진 멋진 사람들로 구성되어 있는데, 그들 각자의 성격이나 도덕적 기준은 다를 수 있지만, 품행은 서로 비슷했다는 것이다. 젊은이는 처음 세상에 나가 이런 좋은 모임에 들어가면, 그 구성원들의 품행을 받아들이고, 이를 모방하리라 결심한다. 그러나 종종 이들은 모방할 대상을 잘못 선택하기도 하는데, 어느 때는 그것이 치명적인 결과를 초래하기도 한다. 그 젊은이는 '점잖고 멋진 부도덕성'이라는 터무니없이 모순된 용어를 자주 듣게 된다. 그곳에서 그는 존경과 칭송을 받는 사람들을 발견하는데, 그들에 이성에게 빠지고, 술에 취하고, 도박에 탐닉하는 경우 그 악덕들까지도 곧바로 따라 해버리고 만다. 그들의 결점을 장점으로 착각하고, 그들의 그러한 '점잖고 멋진 부도덕성' 때문에 그들이 빛난다고 생각하는 것이다.

그러나 사실은 정반대다. 그들이 명성을 얻은 것은 재능, 학식, 교양 혹은 다른 분야에서의 진정한 성취 덕분이었을 것이다. 합리적인 사람이라면 그들의 악덕 때문에 결국 그들의 명성에 의문을 제기하고 그들을 낮추어 보게 될 것이다. 성병에 걸린 방탕한 자가 모방의 가치가 있는 인물일까? 낮에 마신 포도주를 밤새 토하고 다음 날 종일 두통에 시달리는 술주정뱅이를 모방할 가치가 있을까? 가진 것을 모두 도박에 탕진하고 분노에 차서 머리카락을 쥐어뜯고 욕설을 퍼붓는 노름꾼을 존경할 가치가 있을까?

아니, 그렇지 않다. 이들은 진짜처럼 멋져 보이지만 사실은 존경할 만한 것이 전혀 없는 도금鍍金한 싸구려일 뿐이다. 누군가의 품격을 높여주기는커녕 최고의 인물조차 타락시키는 것이다. 누군가 그 어떠한 장점도 없이 단지 방탕하거나, 술주정뱅이이거나, 도박꾼이라면 사람들은 그를 어떻게 여기겠니? 당연히 비열하고 타락한 짐승으로 여길 것이다. 따라서 누군가에게 좋은 면이 함께 있을 경우 사람들은 악덕을 용서할 수는 있지만, 결코 그것을 용인하지는 않는단다. 나는 네가

'점잖고 멋진 부도덕성'을 멀리하고 있다고 믿고, 또 그럴 것이라 희망한다. 만약 네게 그런 악덕이 조금이라도 있다면, 지금 상태로 만족하고, 더는 다른 사람의 악덕을 받아들이지 말라고 간청하고 싶다. 확신하건대, 악덕을 타고났다기보다는 남의 악덕을 흉내 내다 인생을 망쳐버린 청년들의 숫자가 열 배나 많다.

내 과거의 잘못을 고백하는 것이 네게 도움이 될 것 같구나. 부끄럽지만 내 얘기를 들려주마. 나는 대학에 처음 입학했을 때 술과 담배를 혐오했음에도 단지 그것이 '젠틀맨'답게 보인다는 어리석은 이유로 술을 마시고 담배를 피웠다. 이후에 나는 영국 땅을 떠나 처음으로 네덜란드의 헤이그에 갔는데, 당시 그곳에서는 도박이 유행이라 명망이 있는 젠틀맨들이 멋있게 도박하는 모습을 자주 보았다. 나는 너무 어렸고, 또 그만큼 어리석었기 때문에, 훌륭한 업적을 남기는 사람들은 당연히 도박을 즐긴다고 생각했다. 그래서 나도 성공하려면 도박을 해야겠다는 어리석은 생각을 품었다. 이 과정을 통해서 나는 인격을 도야하기는커녕, 커다란 흠집이 될 만한 악습을 받아들이게 되었다.

따라서 너는 분별력과 판단력을 가지고 좋은 모임에 들어가서 그들의 훌륭한 점만 모방하기를 바란다. 그들의 친절함, 품행, 말하는 습관, 편안하고 격조 높은 대화를 따라 해라. 그들의 악습은 절대로 본받지 말고, 오직 그들의 빛나는 부분만 익히도록 해라. 잘생긴 사람이 불행히도 얼굴에 사마귀 하나를 갖고 있다고 해서, 네가 일부러 얼굴에 가짜 사마귀를 붙이고 다니지는 않을 것 아니냐? 오히려 그 사마귀만 없었다면 그가 얼마나 더 잘생겼을까 생각해보아야 한다.

이렇게 내 '오류'의 일부를 고백했으니, 내가 잘한 것도 함께 소개해주마. 나는 항상 좋은 모임에 소속되기 위해 최대한 노력했고, 대체로 성공을 거두었다. 나는 그들과 하나가 되기 위해 노력함으로써 좋은 모임에 속한 그들을 기분 좋게 만들어주었다. 나는 좋은 모임 안에서 소외되지 않으려고 노력했고, 너무 '산만'해 보이지 않도록 노력했다. 나는 오히려 좋은 모임 안에서 그들의 말과 행동, 심지어 그들의 시선 하나에까지도 주의를 기울였으며, 작은 배려 하나도 소홀히 하지 않았고, 변덕스러운 태도를 보이지도 않았다. 나의 '오류'가 아니라, 이런 행동들이 나를 멋지게 만들었다.

잘 있거라, 아들아! 오늘 편지는 제법 길어졌구나.

> 체스터필드는 류머티즘성 통풍이라는 만성질환을 앓고 있었다. 당시 이 질병을 치유하기 위해서는 적절한 온천욕이 필요했다. 그래서 체스터필드는 바스에 거주지를 마련하고 휴양과 치료에 전념했다. 아들에게 많은 편지를 쓴 곳이기도 하다.
>
> 라이프치히 유학을 거의 마쳐 가는 아들에게, 넓은 세상으로 나아가는 자세에 대해 아버지가 설명한다. 제법 길게 쓴 이번 편지에서 아버지는 '좋은 집단'에 소속되는 것이 얼마나 중요한 일인지를 설명한다. 사실 '좋은 집단'을 설명하는 것은 주관적이고 까다로운 일이기 때문에 귀족들로 구성된 집단, 학자들의 모임, 혹은 '미천한 사람들의 모임' 등의 특징을 열거하면서 각 집단의 고유한 특징을 설명한다. 그러나 아무리 '좋은 집단'이라고 해도 약점과 단점이 있고, 점잖은 성품을 가졌지만 동시에 악습을 일삼는 사람도 있다는 점을 기억하라고 요구한다. 아버지는 과거에 자신이 집단에 속했을 때 저질

렀던 잘못을 열거하면서, 아들에게 반면교사로 삼으라고 조언하는데, 이 대목에서 부모의 따뜻한 사랑이 느껴진다.

허영심을 경계하고
우아함을 겸비하는 법

54번째 편지
(1748년 10월 19일, 바스에서)

사랑하는 아들에게,

지난 편지에서 네가 어떤 모임에 들어가야 하는지를 설명했다. 이번 편지에서는 네가 그 모임 안에서 어떻게 행동해야 하는지 알려주마. 이 조언들은 내가 직접 경험하고 관찰한 것이기 때문에 네게 확신하며 얘기해줄 수 있을 것 같다. 전에도 내가 이런 조언을 해주기는 했지만 체계적이지 않았던 것 같으니 좀 더 정확하고 자세하게 설명해주마. 여기서는 너의 몸가짐이나 말하는 태도에 대해서는 언급하지 않겠다. 그런 것은 네게 사교춤을 가르쳐줄 선생에게 맡기도록 하자. 또 너는 항상 상대방에게 주의를 기울이는 자세를 유지해야 하는데, 이런 것은 다른 탁월한 스승들에게 맡기겠다. 하지만 이런 것들이 매우 중요하다는 것을 기억해두어라!

첫째, 너의 의견을 자주 밝히되 너무 길게 말하지는 말아라. 너의 말이 상대방을 기쁘게 만들지 못할 것 같으면 길게 대화해서 상대방을 피곤하게 만들어서는 안 된다. 이야기는 아주 드물게 하되, 적절하고 매우 짧게 해야 한다. 덜 중요한 내용은 모두 생략하고 핵심만 말해라. 다른 생각을 불필요하게 유도할 수 있는 말은 피해야 한다. 장황한 이야기에 의존하면 상상력은 사라진다. 다른 사람이 너의 말을 듣지 않는다고 해서 강제적으로 듣게 해서는 안 된다. 그런 경우에는 차라리 침묵이 더 낫다.

수다스러운 사람은 대개 자신이 속한 집단에서 가장 조용하게 있는 사람을 골라 속삭이거나 낮은 목소리로 말을 이어간다. 이것은 극도로 무례한 짓이며 일종의 사기다. 대화란 서로 주고받으며 함께 나누는 공통 재산이기 때문이다. 만약 네가 이런 수다쟁이에게 붙잡혔다면 끝까지 인내하면서 일단 그들의 대화에 귀를 기울여주어라. 마치 그들이 무엇인가를 하는 것 같은 착각을 할 때까지 말이다. 그가 한창 말을 하고 있을 때 그를 떠나거나, 네가 겪고 있는 고통을 더 인내하지 않고 말을 끊어버리는 것보다 그 수다쟁이에게 상처를 주는 것은 없을 것이다.

둘째, 네가 속한 모임의 분위기를 받아들이고, 그것을 바꾸려는 시도를 하지 말아라. 재능이 있는 사람이라면 어떤 주제에서든 자연스레 능력을 보여줄 수 있다. 그러나 재능이 부족하다면 차라리 남이 이끄는 이야기에 가볍게 보탬이 되는 편이 낫다.

여러 사람이 모인 집단에서는 가능하면 논쟁이나 첨예한 의견 대립을 요구하는 대화에 참여하지 않는 것이 좋다. 대화란 서로 이어지더

성베드로대성당 광장에서 즐거운 시간을 보내는 관광객들.

라도 자신의 주장을 반복하는 독백일 때가 많고, 쓸데없는 말이 분란을 일으키는 경우도 많다. 논쟁을 벌이는 당사자들이 서로 시간을 갖고 감정을 자제하도록 유도해라. 그래도 두 사람의 논쟁이 격렬하게 펼쳐지고 언성이 계속 높아진다면 온화한 말이나 농담을 던져 대화를 끝낼 수 있도록 노력해야 한다. 나 역시 이런 논쟁을 목격한 적이 있는데, 나는 그 갈등을 이렇게 해결했다. 두 사람의 격론이 계속 벌어지자, 참석한 누구도 그 자리에서 일어난 일을 다른 사람에게 전하지 않을 것이라고 믿지만, 이 모든 일을 듣고 있을 거리의 행인들까지도 비밀을 지켜줄지는 모르겠다고 말한 것이다.

셋째, 그 어떤 경우에도, 너 자신에 대해 말하는 것을 피해야 한다. 자신에 대해 떠벌리는 것은 마음속에서 솟아나는 자부심과 허영심의 자연스러운 결과이다. 아무리 훌륭한 사람이라도 지나친 자부심은 다양한 형태와 방식으로 드러나기 마련이다. 어떤 사람들은 예고 없이 아무렇지 않게 자신의 장점을 사람들 앞에서 늘어놓는다. 그것은 정말 뻔뻔스러운 행동이다. 어떤 사람들은 자신에게 제기된 적도 없는 비난을 지어내고, 그것을 해명한다는 명목으로 자기 미덕을 길게 늘어놓는다. 그들은 실제로 그런 식으로 말하는 것이 이상하게 보일 수 있다는 것을 인정한다. 그리고 자신도 이런 말을 하고 싶어서 하는 것이 아니라고 말하기도 한다.

아니, 사실은 그렇지 않다. 그런 변명은 그야말로 변명에 불과하고, 자신의 장점을 변명하듯이 늘어놓는 것은 마치 우리를 고문하는 것과 같다. 그들은 타인에게 정의를 베풀어야 하듯 자신에게도 정의를 베풀어야 하기 때문에 평소라면 하지 않을 말들을 하게 된다고 정당화한다. 그러나 이렇게 겸손이라는 얇은 베일로 허영심을 감추어도, 어느 정도 분별력이 있는 사람이라면 그 속을 훤히 들여다볼 수 있다.

사람들은 겸손한 척하면서 교활하게 자신을 은근히 드러내지만, 내가 보기에 이는 우스꽝스러운 짓에 불과하다. 어떤 사람들은 약간 민망해하거나 혼란에 빠진 것처럼 하면서, 자신은 약점을 가지고 있고, 피치 못할 불행에 자주 직면했지만, 기본적인 삶의 덕목을 지켜 왔다고 은근히 자랑한다.[50] 너는 이제 세상에 나가서 이런 사람을 자주 보게 될 것이다. 잘난 척하는 천성을 타고난 사람들을 자주 만나게 될 것임이 분명하다. 허영심과 자만심은 너무나 강력한 인간의 본성이기 때문에, 아무 의미가 없는 하찮은 주제에까지 영향을 미친다. 그래서 사람들은 종종 칭찬을 얻으려고 애쓰는데, 설사 그들의 말이 사실이라고 하더라도 정당한 칭찬거리가 되지 않는 경우가 많다. 어떤 사람은 여섯 시간 안에 160킬로미터를 달렸다고 자랑하지만, 그것은 사실이 아닐 것이다. 그래, 그것이 사실이라고 치자. 그래서 어쨌다는 건지 나는 모르겠다. 그가 뛰어난 집배원이라도 된다는 말인가? 그게 뭐 대단한 일인가? 심지어 어떤 사람은 한자리에 앉아서 포도주 대여섯 병을 거뜬히 마셨다고 자랑한다. 나는 자비심을 발휘해 그가 거짓말을 하고 있다고 믿어주는 편을 택하겠다. 그렇지 않으면 그는 짐승일 뿐일 테니까 말이다. 허영심은 어리석음과 과장됨의 결과일 뿐이며, 원래 의도했던 결과에 도달하지 못하는 허상에 불과하다. 영국의 시인 에드먼드 월러라는 사람은 "가장 인정받고 싶어 하는 자리에서, 가장 경멸받는 자가 된다"라고 말한 적이 있다.[51]

이런 허영심에서 비롯된 악을 피할 수 있는 유일하고 확실한 방법은 자신에 대해 전혀 언급하지 않는 것이다. 하지만 어쩔 수 없이 자신을 언급해야 할 상황이라면, 직접적으로나 간접적으로 상대방의 칭찬을 유도하는 어떤 말도 하지 않도록 유의해라. 너의 자질은 굳이 말로 하지 않아도, 너의 평소 품행에 따라 대중에게 알려질 것이다. 네가 하는 말을 듣고 너의 자질을 평가하는 사람은 아무도 없다. 네게 결점이 있다면 절대로 말로 숨겨지지 않는다. 네게 완벽함이 있다면 아무리 말을 해도 광택은 더 드러나지 않는 법이다. 되려 열에 아홉의 경우, 말을 통해 결점은 더 드러나고, 장점은 더 흐려지는 법이다. 네가 너 자신에 대해 침묵을 지킨다면 너에 대한 다른 사람들의 시기, 분노, 그리고 조롱을 피할 수 있거나 완화시킬 수 있다. 그러나 어떤 상황에서든지 네가 자신을 과시하거나 자랑하면 아무리 교묘하게 포장한다고 해도 사람들은 네게 불편한 감정을 가질 것이다. 이렇게 되면 그 '자랑'으로 인해 오히려 실망스러운 결과를 얻게 된다.

그렇다고 해서 항상 수수께끼 같은 모습을 보여주거나 신비주의로 포장해서도 안 된다. 이런 모습은 다른 사람들에게 비호감으로 보이거나 의심스러운 인물로 간주하게 만든다. 네가 지나친 침묵 속에서 신비주의로 포장하면 다른 사람들도 널 그렇게 대할 것이고, 그러면 너는 그 사람들에 대해서 아무것도 알지 못하게 된다. 능력이 있는 사람이란 '여유 있는 얼굴volto sciolto'과 '생각의 집요함pensieri stretti', 즉 솔직하고 개방적이며 활달한 외면과 동시에 신중한 내면을 모두 갖춘 사람이다. 능력이 있는 사람은 늘 삼가는 태도를 지니면서 동시에 개방적인 성격을 유지해, 다른 사람들을 자기 곁으로 다가오게 만든다.

네가 만약 무분별하게 자신의 자랑을 늘어놓는다면, 네가 속한 집단의 대다수는 너를 그것으로 평가할 것이다. 따라서 겉으로 보이는 개방성이 중요한 만큼, 신중한 자제력 또한 꼭 필요한 덕목임을 잊지 말아라. 사람들과 얘기할 때는 항상 그 사람의 얼굴을 바라보면서 대화를 나누어야 한다. 그렇지 않으면 네가 나쁜 의도를 숨기고 있는 것처럼 보일 것이다. 또한 그들의 표정을 보지 못하기 때문에 네가 어떤 인상을 남겼는지를 파악할 수 없다. 나는 사람들의 진정한 감정을 파악하기 위해 귀보다 눈을 더 신뢰한다! 내 귀로 듣게 되는 그들의 말은 그들이 내게 전달하고 싶은 일방적인 이야기일 것이다. 그러나 나는 '눈'

을 통해 그들이 내게 전달하고 싶지 않은 것이 무엇인지를 판단할 수 있게 된다.

넷째, 다른 사람에 대한 부정적인 이야기는 아예 듣지도 말고, 부연해서 덧붙이지도 말아라. 다른 사람의 명예를 훼손시키는 행위는 자신에 대한 자부심이 악의로 확대되는 현상이다. 다른 사람에 대한 냉혹한 판단은 악의에 찬 자부심으로 귀결된다. 남의 추문을 듣고 이를 확대하는 행위는 장물아비나 하는 짓이다. 물론 도둑이 제일 나쁜 사람이지만, 장물아비도 그만큼 나쁜 사람으로 간주된다.

다섯 째, 다른 사람의 실수나 잘못을 흉내내면서 놀리는 것은 소인배들이 흔히 즐기는 오락이다. 상류층 인사들은 이런 저급한 행동을 혐오한다. 이런 행동은 모든 어리석음 중에서 가장 비열하고 비도덕적이다. 제발 바라건대, 아들아, 너는 이런 행동을 절대로 하지 말아라. 다른 사람이 그런 행동을 해도 절대로 동조하거나 칭찬하지 말아야 한다. 내가 몇 번이나 강조했지만, 한번 모욕을 당한 사람들은 절대로 그것을 잊지 않는 법이다.52)

굳이 대화 상대에 맞추어 대화하는 법에 대해 네게 조언할 필요가 없는 것 같다. 내가 따로 이야기하지 않아도 장관, 주교, 철학자, 선장, 혹은 여성과 똑같은 주제나 방식으로 이야기하지는 않을 테니까 말이다. 크고 넓은 세상에서 활동하는 사람은 카멜레온처럼 대화해야 한다. 타인과 대화할 때는 마치 카멜레온처럼 네 대화의 색깔을 상대방과 적절하게 맞추어야 한다. 이것은 범죄나 혐오스러운 것이 아니라, 반드시 필요한 융통성이다.

여섯 째, 욕설Swearing에 대해서 한마디만 덧붙이마. 사실 이런 말은 필요하지 않기를 바란다. 네가 속한 훌륭한 사람들의 모임에서도 욕설을 남발하는 사람을 보았을 것이다. 그들이 자신을 멋지게 치장하기 위해 그런 행동을 한다는 것을 너도 관찰했겠지. 그러나 그런 행동이 네가 속한 모임에 어떠한 기여도 하지 않는다는 걸 깨달았을 것이다. 그들은 언제나 아랫사람이거나 교육 수준이 낮은 사람들이다. 아무에게도 감흥을 불러일으키지 못하는 그런 행동은 사악하고 어리석고 비합리적이다.

마지막으로 큰 소리로 웃는 행동은 어리석은 일을 과다하게 즐기는 무리들이나 좋아하는 환락이다. 이 세상이 만들어진 이래, 진정한 재치와 탁월한 분별력은 요란한 웃음을 불러일으킨 적이 없었다. 따라서 훌륭한 사람이란 미소를 지을 뿐 자신의 요란한 웃음소리를 다른 사람에게 들려주는 사람이 아니다.

이제 긴 편지를 마쳐야겠다. 내가 여러 가지 대화의 원칙을 설명했지만, 만약 네가 우아함을 겸비하지 못한다면, 그 효과는 반감될 것이다. 네가 무슨 말을 하든, 거만한 표정이나 냉소적인 얼굴, 혹은 당황한 표정이나 어리석고 어색한 미소를 짓는다면, 네 말은 잘 받아들여지지 않을 것이다. 꼭 기억해라. 네가 대화를 할 때 "중얼거리거나, 불분명하게 발음하거나, 불쾌하게 말한다면", 그 대화는 망친 것이다.[53] 너의 말투와 태도가 저속하고 어색하고 불편했다면 네가 아무리 뛰어난 자질을 갖추었다고 해도 상대방을 즐거운 대화의 파트너로 만들지 못한다. 고대 그리스에서 베누스Venus는 언제나 우아함의 대명사였다. 그래서 로마의 시인 호라티우스는 '예술과 웅변의 신'은 언제나 베누스, 우아함과 동행했다고 말한 것이다. 호라티우스의 〈송가〉 가운데 한 구절이 이렇게 노래한다.

"베누스여, 너의 우아함이 없다면, 머큐리(웅변의 신)의 머리카락은 날리지 않으리Parum comis sine te, Juventas, Mercuriusque."54)

네가 대화 중에 늘 유지해야 하는 우아함의 여신은 결코 냉정하게 거부하는 존재가 아니라 적절하게 부지런히 노력하면 네가 충분히 얻을 수 있는 존재임을 명심해라. 잘 있거라!

은퇴한 아버지의 편지가 점점 길어지고, 내용도 심각해진다. 그랜드 투어 중에 보낸 편지 중에서 가장 심각한 내용을 담고 있는 54번째 편지는 '대화'에

자크 루이 다비드, 〈마르스의 무장을 해제하는 베누스〉, 1824년, 벨기에왕립예술박물관 소장. 전쟁의 신 마르스의 무기를 삼미신(우아함)이 제거하고, 베누스가 대신 화관을 씌워주고 있다. 베누스와 삼미신은 늘 동행했다.

대한 것이다. 53번째 편지에서 '좋은 모임'의 성격에 관해 설명했다면 이어진 편지에서는 좋은 모임 안에서 어떻게 대화해야 하는지를 자세히 조언하고 있다.

대화는 가능하면 짧게 핵심만 펼치고, 논쟁에 끼어들지 말 것과 허영심에 들떠 자신을 자랑하지 말아야 한다고 강조한다. 그러나 허영심은 모든 인간의 본성이자 속성이기 때문에 차라리 자신에 대해서 침묵을 지키는 것이 더 나은 방법이라고 설명한다. 끝으로 대화의 방식에서 '우아함'을 유지할 것을 강조했다. 또박또박 말하고, 필요할 경우 강조를 위해 천천히 말하는 법을 일러준다.

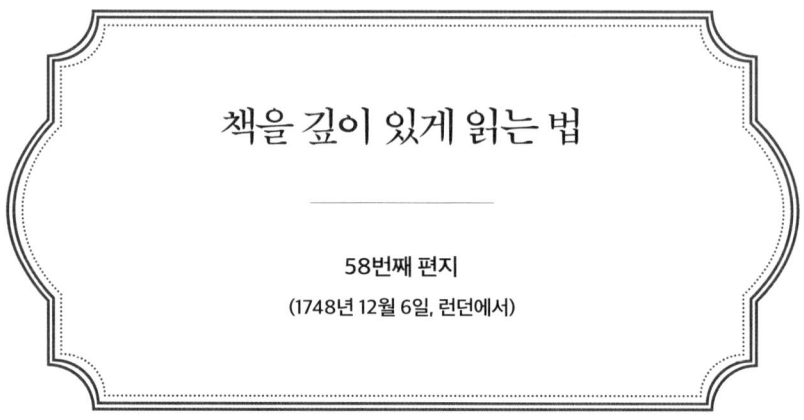

책을 깊이 있게 읽는 법

58번째 편지
(1748년 12월 6일, 런던에서)

사랑하는 아들에게,

나는 존John Chesterfield의 죽음으로 인해 큰 슬픔에 빠져 있다. 그와 나는 가장 다정한 형제의 정을 나누며 친구처럼 살아왔단다. 내 형제 존은 지난 금요일 밤에 통풍으로 발작을 일으키면서 사망했는데 한 달 전부터 손과 발에 증상이 심하게 나타났고, 결국 배와 머리로 전이되어 쓰러지고 말았다. 점점 쇠약해지기는 했어도 그의 마지막은 크게 고통스럽지는 않았었던 것 같다. 너는 지금 멀리 떨어져 있기에 아쉽게도 존 삼촌의 장례식에는 참석할 수 없을 것 같구나.

나는 하트 선생을 통해서 너의 그리스어 실력이 향상되고 있고, 헤시오도스의 책을 비판적으로 읽었다는 소식을 전해 들었다. 나는 그

소식을 듣고 정말 기뻤다. 이와 관련하여 네게 하고 싶은 말이 많지만, 단 한 가지만 제안하도록 하마. 그리스어와 그리스 역사 공부라는 어려움을 극복했으니, 이제 남은 그랜드 투어 일정을 마칠 때까지 그것을 잊어버리거나 게을리하지 말아라. 그것은 용서받지 못할 행동이다.

나는 또 네가 호기심을 가지고 여러 종류의 책과 중요한 논문집에 관심을 보이고 있으며, 이를 통해 지식을 얻고 있다는 소식을 듣고 무척 기뻤다. 다만 이런 책은 피상적으로 읽지 말고, 깊이 있게 파고들어야만 건전하고 견고한 학문을 가진 사람으로 성장할 수 있다는 것을 강조하고 싶다. 책을 읽을 때는 그 책의 내용과 논의의 전개 방식에 대해 먼저 철저하게 분석해야 한다. 그럴듯한 제목 페이지나 색인, 활자체, 제본 형식 등은 부차적인 문제이다. 판단력을 갖춘 사람은 각 사물이 마땅히 받을 만큼의 주의를 기울일 줄 아는 법이다. 반면 소인배는 정작 중요한 것은 보지 못하고 사소한 것을 크고 중대한 일로 착각한다. 그런 이치 때문인지 세상에는 곤충 채집가, 조개 채집가, 혹은 나비를 잡아서 건조시키는 수많은 족속이 있다.

강한 정신력의 소유자는 쓸모 있는 것과 쓸모없는 것을 잘 구별할 뿐만 아니라, 꼭 필요한 것과 단순한 호기심을 자극하는 것의 차이를 구별할 줄 아는 사람이다. 그런 사람은 꼭 필요한 것에 집중하고, 호기심을 자극하는 것은 그리 중요하게 생각하지 않는다. 그런 것은 단순한 오락거리로 삼을 뿐이다. 이런 호기심을 자극하는 사소한 종류의 지식에 대해서는 프랑스 책 《자연의 경이》를 읽어보면 충분할 것이기 때문에, 필요하다면 이 책을 추천한다.[55] 이 책은 자연의 다양한 측면에 대한 충분한 지식을 제공하고 있다. 시간이 남았을 때 재미로 읽어

볼 만한 책이다.

  하지만 하트 선생이 알려준 바에 의하면, 네가 라이프치히대학의 석좌교수와 공부를 시작했다더구나. 그것도 천문학이라는 매우 중요하고 더 많은 관심을 가져야 하는 분야를 말이다. 광대하고 거대한 행성계, 그리고 그 안에서 펼쳐지는 무수한 행성들의 놀라운 질서는 네게 호기심을 넘어서는 경이로움을 선물할 것이다. 그 우주를 고안해 내고 질서로 보존하고 있는 영원하고 전능한 존재에 대해서 생각할 수 있는 계기를 줄 것이기에 천문학은 매우 중요한 학문이다. 이 주제에 대해서는 두 시간 안에 읽을 수 있는 베르나르 퐁트넬의 《세계의 다양성》을 추천한다.[56] 이 책은 네가 충분한 정보와 독서의 기쁨을 줄 것이다. 하느님의 축복이 항상 너와 함께 하기를!

> 이 세상에는 책이 너무 많다. 책에는 많은 정보가 담겨 있다. 하지만 종류도 많고 다양한 분야를 다루고 있어 어떤 책을 통해 정보를 얻어야 할지 막막할 때가 많다. 아버지는 아들에게 지식을 얻기 위한 책과 재미로 읽는 책을 구별해서 선택하라고 말한다. 깊이 있는 학문을 위해 천문학을 먼저 소개한 후 적절한 책을 아들에게 소개하는 장면에서 시대의 사상과 지적 분위기를 읽을 수 있다. 당시 천문학은 창조주의 신비를 드러내고 신과 우주에 대한 경외심을 불러일으켰다. 체스터필드의 아들이 그 나이에 헤시오도스의 책을 비판적으로 읽을 수 있었다는 것은 놀라운 점이다. 헤시오도스의 《신통기》는 그리스 신의 족보를 논하고 있지만, 사실은 노동하는 인간이 겪는 가난의 현실과 고통을 분석하려는 의도를 가진 책이다. 또 헤시오도스가 쓴 《일들과 날

들》역시 노동하는 인간이 누릴 수 있는 행복의 가능성을 분석하고 있는데, 여기서 성공 비결은 아레테Arete, 즉 탁월함의 추구이다. 땀 흘리며 탁월함을 추구하는 자가 성공을 거둔다는 결론에 도달한다. 하트 선생의 보고에 의하면 아들은 이런 헤시오도스의 관점을 비판적으로 분석하고 있다. 아버지는 책을 읽을 때 피상적으로 읽지 말고 저자가 주장하는 관점을 정확하게 이해하는 것이 가장 중요한 것이라고 강조한다. 세상의 수많은 정보와 접하고 있는 현대인에게 아버지가 주는 조언은 여전히 유효하다. "강한 정신력의 소유자는 쓸모있는 것과 쓸모없는 것을 잘 구별할 뿐만 아니라, 필요한 것과 호기심을 자극하는 것의 차이를 구별할 줄 아는 사람이다."

세상이라는 무대에서
품격 있게 살아가는 법

61번째 편지
(1748년 12월 30일, 런던에서)

사랑하는 아들에게,

이 편지는 베를린으로 보낸다. 그곳에 있을 네게 잘 닿기를 바란다. 편지가 너보다 먼저 도착한다면, 나중에 네가 베를린에 도착했을 때 무사히 받아볼 수 있겠지. 이제 네가 세상에 나갔으니, 너의 성공을 진심으로 바라는 이 아버지의 마음이 무겁기만 하구나. 관중들은 대개 신출내기 배우를 너그럽게 대하지만, 그 배우에 대한 첫인상은 쉬이 바뀌지 않기 때문에, 나는 너의 첫인상이 어떻게 정해질지 매우 걱정하고 있다. 비록 신출내기 배우지만 적절하게 말하고, 지금 하는 말이 무슨 뜻인지 정확하게 알고 있다면, 그들은 경험이 없는 신출내기 배우의 부족한 점을 눈감아줄 것이다. 또 그가 매사에 대충 처리하지 않고 맡은 일에 주의를 집중하는 배우이고, 상대방을 즐겁게 해주기 위해 애를 쓰는 배우라면 초기의 실수에 대해서 관대하게 넘어가줄 것이다. 그들은 신출내기 배우에게 "시간이 지나면 훌륭한 배우가 될 것"이라고 격려할 것이다. 이런 격려는 신출내기 배우가 수련 시간을 줄이는 데 결정적인 역할을 한다. 네게 이런 일이 일어나기를 진심으로 바란다. 너의 자질이 어떠한지를 스스로 깨닫고, 매사에 주의를 기울이며, 탁월한 배우가 되기 위해 노력해라. 지금 뛰어난 선배 배우들을 잘 관찰한다면 지금 당장은 최고가 아니더라도 필연적으로 그런 자질을 점차 갖추게 될 것이다.

    옷 자체는 하찮은 것에 불과하지만, 이제 옷차림을 어떻게 할 것이

베를린을 상징하는 브란덴부르크 문.

냐도 논의가 필요해 보인다. 솔직히 말해, 나는 사람의 옷차림을 보면 그 지성과 인품을 짐작할 수 있는데, 아마 다른 사람들도 대부분 그럴 것이다. 옷차림에서 조금이라도 과장되거나 꾸민 흔적이 보인다면 나는 그것을 지성의 결핍으로 여긴다.

젊은이들은 옷차림을 통해서 자신을 드러낸다. 어떤 젊은이는 엄청나게 큰 모자를 쓰거나 커다란 칼을 차고, 혹은 짧은 양복에 검은 넥타이를 매고 등장한다. 내가 보기에 그들은 비록 사자 가죽을 걸쳤지만, 정신은 허약한 당나귀에 불과하다. 어떤 사람들은 갈색 옷에 가죽 바지를 입고, 손에 참나무 몽둥이를 들고 다닌다. 그들은 모자를 벗은 채 머리를 풀고 다니면서, 겉모습만 보면 마부, 마차꾼, 시골뜨기와 다를 바 없을 만큼 흉내를 잘 내기에, 속까지도 그들과 똑같을 것이라고 나는 조금도 의심하지 않는다.

세련된 사람은 옷차림을 통해서 자신의 성격을 드러내려 하지 않을 것이다. 다만 자신을 위해 청결을 유지하고, 다른 사람들을 위해 장소에 어울리는 적절한 옷을 입고, 적절한 유행에 따라 옷을 입어야 한다. 다른 사람보다 지나치게 차려입으면 그는 바보이고, 유행을 아예 무시한 옷을 입으면 그 사람은 용서할 수 없을 정도로 태만한 것이다. 내 견해로는, 젊은 시절에는 덜 차려입는 것보다 조금 과하게 차려입는 것이 낫다. 과하게 차려입는 습관은 세월이 지나면 점차 개선되어 간다. 그러나 스무 살 청년이 덜 차려입으면 마흔에는 지저분해지고, 쉰에는 악취 나는 인물이 되고 말 것이다. 다른 사람이 멋지게 차려입으면, 너도 그렇게 하고, 다른 사람이 검소하게 차려입으면, 너도 그렇게 해라. 대신 옷차림은 항상 깨끗하게 하고 자신에게 맞는 치수의 옷인지 항상 주의해라. 그렇지 않으면 어색한 분위기를 연출한다. 옷이 구겨질까 신경을 쓰고 이상하게 행동하지 말아야 한다. 편안하고 자연스러운 옷차림을 유지해라. 예의 바른 사람들의 모임에 갔을 때는 특별히 옷차림에 신경을 써야 한다.

중요한 주제인 예절, 교양, 우아한 행동에 대해서는 네게 자주 말했기 때문에 특별히 덧붙일 말은 없다. 너는 좋은 감각을 타고났으니 이미 잘 알고 있겠지? 사람에 대한 관찰, 본인의 경험, 그리고 모범이 되는 좋은 친구들이 네 판단에 도움을 줄 것이다.

나는 많은 사람으로부터 네가 활기 넘치는 청년이라는 얘기를 들었다. 너의 이런 성격은 네가 좋은 모임에서 즐거운 순간을 누리는 데 방해가 되지 않을 것이다. 교양과 우아한 행동을 겸비할 수 있다면 활기찬 성격은 네게 꼭 필요한 자질이다. 너의 활기찬 성격이 내가 세상에서 가장 받아들일 수 없는 성격인 체질적 불안을 의미하는 게 아니라고 믿고 있다. 내가 제일 경계하는 사람은 재능은 차갑게 식은 채로 동시에 강력한 동물적 본능을 가진 부류이다. 이런 경향성을 가진 사람은 문제를 불러일으킬 정도로 활기차고, 정신을 못 차릴 정도로 분주하며, 바보처럼 경박하고, 아무 말이나 지껄이며, 큰 소리로 웃어댄다. 아무 생각이 없는 인간 부류이다. 나는 따뜻한 품성과 활기찬 천재성을 가지고 있으면서도 체질적으로 차분한 사람이 최고의 인간이라고 믿는다.

베를린에서 할 일이 있겠지? 어떤 일을 하든 집중해서 하기 바란다. 내가 바라는 건 네가 허송세월을 보내지 않는 것이다. 모임에 가서 시간을 보내지 않을 때는 책을 읽든지, 하트 선생과 같은 분에게 부지런히 배워라. 모임에 갔을 때는 그 집단 속에서 인격과 예절을 배우도록 해라. 자꾸 이런 말을 반복해서 미안하구나. 네가 만약 이성적인 존재이고 생각하는 존재라면 이런 조언은 불필요하고 오히려 해가 될 텐데 말이다.

최근에 아주 능숙한 상인인 크랜머 씨를 만났는데, 그는 너와 함께 자주 식사했고, 라이프치히에서 너를 종종 만났다고 하더구나. 또 다른 사설 연락관도 만났는데, 내 개인 연락을 담당하는 그 사람도 지난 8월에 널 만났다고 하더라. 그 사람들이 널 만났다는 것이 반갑기도 했지만, 그들이 전해준 너의 소식 때문에 더욱 기뻤다. 크랜머 씨는 너의 내면에 대해 보고했고, 연락관은 너의 겉모습에 대해서 보고했다. 크랜머 씨의 보고는 그 자체로 나를 기쁘게 했지만, 그가 대신 전해준 마스코 씨의 보고도 나에게 큰 만족감을 주었다. 크랜머 씨는 독일어를 완벽하게 구사하기 때문에, 나는 너의 독일어 실력에 대해서 질문했다. 그랬더니 너의 독일어가 매우 능숙하고, 조금만 더 연습하면 완전히 숙달될 것이라고 답하더구나. 사설 연락관은 너의 체격이 많이 커졌고, 네 키가 나보다 약 2인치 정도만 작을 것이라고 했다. 또 너의 몸집은 제법 통통하고, 혈색이 좋으며, 튼튼해 보였다고 했다. 지금으로서는 그 사설 연락관이 말했던 너에 대한 평가를 믿을 수밖에 없겠지?

아버지가 널 얼마나 사랑하는지 의심하지는 않겠지? 사랑하는 아들에게 새해 인사를 보낸다. 새해에도 늘 건강하고 축복받은 삶을 누리기를 바란다. 너는 그럴 자격이 있는 사람이다. 만약 그럴 자격이 없다면 행복한 새해를 맞이할 수 없겠지?

탁월함과 명예, 그리고 지식만이 행복한 새해를 누릴 자격을 주고,

그것만이 "신들이 너에게 세월을 주시기를, 나머지는 네가 스스로 얻을 것이니Dii tibi dent annos, de te nam setera sumes"라는 아첨처럼 보이는 라틴어 시구를 정당화할 것이다.57) 나는 이 말이 아첨이 아니길 바란다. 하지만 네가 이 구절의 뒷부분에 걸맞지 않다면, 나는 앞부분의 내용도 네게 기원해주지 않을 것이다. 잘 있거라, 아들아.

독일의 대학 도시 라이프치히에서 교육 과정을 마친 아들은 베를린으로 떠난다. 세상을 향해 발걸음을 처음 내딛는 아들을 '신출내기 배우'로 표현하며, 세상이라는 무대에서 어떻게 행동해야 하는지 조언을 이어간다. 이어서 옷차림에 대해서 자세한 설명이 덧붙여진다. 주변 사람들과 어울리는 옷차림을 하되, 20대에는 조금 화려한 복장으로 다니는 것이 좋다는 실질적인 조언이 이어진다. 활기찬 성격을 가진 아들에 대한 아버지의 근심 어린 조언과 함께, 최근에 아들을 만난 사람들의 보고에 만족하는 아버지의 모습이 친근하게 느껴진다. 아들을 본 사람들이 "활기찬 성격"을 가졌다고 평가한 모양이다. 이에 아버지 체스터필드는 "따뜻한 품성과 활기찬 천재성을 가지고 있으면서도, 체질적으로 차분한 사람이 최고의 인간"이라고 강조한다. 1748년 연말에 쓴 61번째 편지는 아들의 안부를 묻고 새해 인사를 전하면서 끝난다.

현명한 소비 습관을 가져라

62번째 편지
(1749년 1월 10일, 런던에서)

사랑하는 아들에게,

작년 12월 31일에 내게 보내준 너의 편지를 잘 받았다. 내가 보낸 선물에 대한 네 감사의 편지는 내게 선물 이상의 값어치가 있었다. 그러나 내가 진심으로 바라는 선물은 네가 나의 조언에 따르고 실천하는 삶을 사는 것이다. 책 안에 있는 진실을 진지하게 탐구하고, 중요하지 않은 외적인 것에 대해서는 무관심한 것이 훌륭한 감각을 가진 사람의 덕목이고, 학문에 임하는 바른 인간의 자세라는 걸 명심해라.

너는 이제 조금 더 깊숙한 세상을 향해 나아가고 있다. 이번 편지에서는 재정적인 문제를 이야기하려고 한다. 내가 너를 경제적으로 어떻게 지원할 계획인지 알려주마. 이를 바탕으로 너의 장래 계획을 면밀하게 세워봐도 좋을 것이다.

　나는 너를 위한 경제적 지원을 거부하지도, 또 그것 때문에 네게 악의를 품지도 않을 것이다. 너의 장래 발전을 위해서나 삶의 즐거움을 위해서 돈은 꼭 필요하니까. 여기서 '삶의 즐거움'이란 이성적 존재가 누릴 수 있는 '합리적 기쁨'을 말한다. '장래 발전'을 위한 금전적 지출이란 좋은 책을 사는 비용, 훌륭한 교사를 모시는 비용 등을 말한다. 물론 그랜드 투어 기간 중 필요한 숙박비, 교통비, 옷값, 하인에게 드는 비용 등이 포함되겠지. 네가 어딜 가든지 좋은 사람들의 모임에 참여하기 위해서 드는 꼭 필요한 비용일 것이다. '합리적 기쁨'을 위한 지출에는 첫째로 실제적이고 동정심을 표할 가치가 있는 자선에 드는 비용이 있다. 둘째는 네가 관심을 표해야 할 사람에게 드는 선물 비용이 있겠지. 셋째로 좋은 사람들의 모임에 계속 참여하고, 또 공공의 목적으로 사용해야 하는 비용이 있을 것이다. 간단한 오락을 위한 비용, 취미로 하는 사냥에 드는 비용, 그리고 모임에서 사용하게 될 비상금 정도가 필요할 것이다.

　내가 절대로 지원할 수 없는 항목은 두 가지가 있다. 첫째로 저급한 깡패짓에 참여하기 위해 사용하는 돈이며, 둘째로 무지와 게으름을 위해 사치하면서 낭비하는 돈이다. 바보는 자신의 신용에 도움도 되지 못하고 자신에게 이득이 없는 일에 돈을 무작정 낭비한다. 현명한 사람은 자신의 시간을 쓰는 것처럼 돈을 쓴다. 나 자신의 성장이나 삶의 기쁨이라는 이득이 돌아오지 않는다면 한 푼도 쓰지 않고, 일 분도 낭비하지 않는다. 바보는 자기가 원하지도 않는 것은 사도 진짜 필요한 것에는 돈을 쓰지 않는다.

바보는 장난감 가게 앞을 그냥 지나치지 못하고, 담배 가게, 시계 판매점, 지팡이 장식 가게 앞에서 무너진다. 바보의 하인이나 장사 수단이 좋은 상인들은 그의 나약함을 이용해서 물건을 팔아먹는다. 머지않아 그는 불필요한 물건을 사버린 자신의 우스꽝스러운 처지를 발견하고 놀라게 된다. 정작 삶의 필수품은 하나도 없다는 사실에 더 경악한다. 조심하지 않고, 규칙을 정해놓지 않고 소비하면, 아무리 큰 재산도 감당할 수 없는 법이다. 물건을 구입할 때에는 가능한 한 준비해간 돈으로 현장에서 바로 결제하는 것을 원칙으로 삼고, 지불을 미루지 않도록 해야 한다. 물건값을 치를 때는 반드시 네가 직접 해야 한다. 하인을 통해 돈을 지불하면 물건의 정확한 가격을 알 수 없고, 그들이 '선물'이라고 말하는, 추가 비용이 들기 때문이다. 잘못된 경제 관념으로, 필요 없는 물건을 싸다는 이유로 사지 말아야 한다. 또 아무리 귀한 물건이라 해도, 자랑하기 위해 사는 건 지혜롭지 못한 일이다.

네가 받은 돈이나 네가 지출한 돈의 사용처를 장부에 모두 기록해두어라. 돈을 얼마나 가지고 있고, 얼마나 지출했는지 정확하게 아는 사람은 절대로 돈이 떨어지지 않는다. 소소하게 든 비용을 모두 기록하라는 의미가 아니다. 그것은 시간과 잉크의 낭비일 뿐이다. 그런 사소한 지출에 대한 기록은 인색한 자들이나 따지는 법이다. 그러나 매사에 적절한 관심을 기울이되, 중요한 것에는 더 많은 관심을, 덜 중요한 것에 대해서는 무관심으로 일관하도록 해라.

강인한 마음을 가진 사람은 사물을 있는 그대로 보고, 미약한 마음을 가진 사람은 작은 것을 큰 것으로 본다. 마치 벼룩을 코끼리로 만드는 확대경을 통해 보듯이 사물의 진짜 크기를 가늠하지 못하는 것이다. 반대로 진짜 큰 사물도 있는 그대로 받아들이지 못하고 작은 사물로 간주하기도 한다. 나는 한두 푼을 아끼기 위해 실랑이를 벌이며 구두쇠 소리를 듣던 사람들이 정작 자기 수입보다 더 많은 지출을 하면서도 삶에 꼭 필요한 항목들은 챙기지 않아 파멸하는 것을 많이 보았다. 건전하고 강인한 마음의 특징은 자신이 지켜야 할 범위와 경계를 아는 것이다.

"선을 넘어 지나친 것은 올바를 수 없다quos ultra citrave nequit con- sistere rectum."58) 그러나 그 경계선은 아주 희미하게 표시되어 있어 오직 훌륭한 감각과 주의력을 가진 사람에게만 보인다. 저속한 사람들은 그 경계선을 볼 수 없다. 품행이 훌륭한 사람이 되기 위해서는 정중하고 적절한 행동을 하여 그 경계선을 잘 지켜야 한다. 그 경계선을 넘어서면 문제를 일으키는 허례허식이 된다. 그러나 반대로 그 경계선에 도달하지 못하면, 부주의한 것이 된다. 도덕적 인간이 되기 위해서는 과시적인 청교도주의와 범죄적 방종 사이의 미묘한 경계선을 잘 지켜야 한다. 종교에서 이 선은 미신과 불경을 가른다. 요컨대 모든 덕을 그와 닮은 악덕이나 약점과 갈라놓는 것이다.

나는 네가 좋은 안목을 가지고 있다고 믿고, 또 그 경계선을 잘 분별할 것이라 믿는다. 계속해서 좋은 안목을 유지하며 경계선을 잘 분별하도록 해라. 하트 선생이 네가 혼자서 그 길을 잘 갈 수 있을 때까지 계속 도와줄 것이다. 그 가느다란 경계선을 잘 분별하는 사람보다 그렇지 못한 사람이 세상에 더 많은 법이다. 그러니 네가 그 경계선을 잘 분별하면 다른 사람들로부터 칭송을 받게 될 것이다.59) 베를린 최고의 댄서에게 춤을 잘 추는 법을 배우는 것도 중요하지만, 우아하게 앉고,

베를린의 박물관 섬 계단에 한 청년이 생각에 빠져 있다.

서고, 걷는 법을 배우는 것 역시 잊지 말기 바란다. 우아함! 우아하고 정중한 태도! 부디 그것을 잊지 말아라! 잘 있거라, 아들아!

> 라이프치히에서 교육 과정을 마친 아들은 베를린에 도착했다. 이 편지의 주제는 돈에 대한 것이다. 돈을 어떻게 써야 하는지, 돈에 대해 가져야 하는 철학이 무엇인지, 낭비와 인색함 사이에서 어떻게 중도의 지혜를 발휘할 것인지에 대한 상세한 조언이 이어진다. 저급한 일에 사용하는 것과 사치를 위해 낭비하는 것에 대한 경계가 뛰어난 문장력과 함께 강조되고 있다.

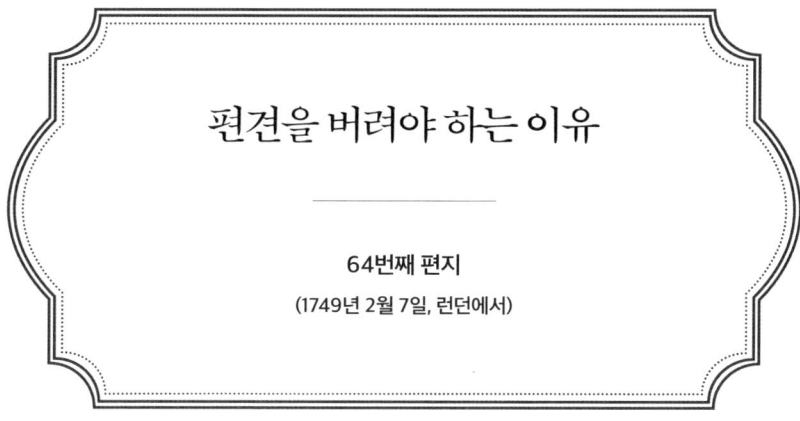

편견을 버려야 하는 이유

64번째 편지
(1749년 2월 7일, 런던에서)

사랑하는 아들에게,

너는 이제 스스로 돌아볼 수 있는 나이가 되었고, 그럴 능력도 갖추었으니, 진실과 올바른 지식을 찾아 나아가야 한다. 그러나 네 나이 또래의 젊은이들은 이 점을 진지하게 생각하지 않는다. 솔직히 네게 말하고 싶지 않은 얘기지만, 나 역시 나이가 한참 든 후에야 이런 생각이 들었다. 16, 17세까지 단 한 번도 이런 생각을 해본 적이 없었고, 그 이후에도 심각하게 고민하지 않았음을 고백한다. 제법 많은 책을 읽었고, 많은 사람과 교제하면서 다양한 지식을 얻었지만, 그것이 과연 올바른 것인가에 대해서는 깊이 생각해보지 않았다. 진실을 탐구하는 데 시간과 수고를 들이기보다는 편한 오류의 위험을 감수하는 것을 선택했다.

때로 게으름 때문이었고, 때로 해이해졌으며, 때로는 유행하는 생각을 거부하는 것을 부끄러워한 탓이다. 그 결과 나는 때로 이성에 의존하는 것이 아니라 편견에 사로잡혀 성급한 결론에 도달할 때가 많았으며, 진실을 추구하는 것이 아니라 편한 오류를 아무 말 없이 받아들였다. 이런 사실을 나중에야 깨닫게 되었다.

그러나 내가 스스로 이성적으로 판단을 내리는 수고를 감수하고 그렇게 하겠다는 용기를 냈을 때, 세상을 바라보는 내 시각이 얼마나 달라졌는지 너는 상상하지 못할 것이다. 그때부터 나는 편견이나 권위와 같은 기만적인 매개를 통해서 세상을 보지 않게 되었다. 그래, 물론 아직도 습관처럼 과거의 오류를 어느 정도 유지하고 있는지도 모르겠다. 일찍부터 몸에 배어 오랫동안 유지해온 습관 때문에 이성적 판단과 숙고를 통해 얻게 된 진실을 정확하게 분별하는 일은 매우 어렵다.

아이들이 일반적으로 가지고 있는 편견을 얘기할 필요는 없을 것이다. 굳이 말하자면 집안 유령, 귀신, 꿈, 쏟아진 소금 등에 대한 편견이다.[60] 내가 가졌던 첫 번째 편견은 내가 읽었던 책과 나를 가르치셨던 선생님들로부터 얻게 된 고전에 대한 열광이었다. 나는 지난 1,500년 동안 인류에게는 상식이나 정직이 존재하지 않았다고 믿었고, 이것이 내가 가진 최초의 편견이었다. 그리스와 로마의 멸망과 더불어 그런 것은 이제 모두 사라졌다고 믿었다.

호메로스와 베르길리우스는 고대의 작가이기 때문에 오류가 없다는 편견에 빠진 것이다. 대신 밀턴과 타소는 현대의 작가이기 때문에 장점이 없다고 믿었다. 나는 키케로가 플라톤에 대해 말한 것처럼, "나는 다른 사람들과 옳게 생각하느니, 차라리 그 사람과 함께 잘못 생각하겠다Cum quo errare malim quam aliis recte sentire"고 말할 정도였다.61) 이것은 철학자에게는 어울리지 않는 터무니없는 말이었는데, 나도 그만큼 현대 작가의 중요성을 부정하는 편견에 빠져 있었다. 나는 비록 천재가 아니지만, 지난 3,000년 전이나 지금이나, 자연은 똑같고, 인간은 그때나 지금이나 인간일 뿐이고, 시대의 양식과 관습은 변하지만, 인간의 본성은 그대로라는 나름의 진실을 발견하게 되었다. 나는 동물이나 식물이 1,500년 전이나 3,000년 전에 더 좋았다고 말할 수 없는 것처럼, 사람도 지금보다 1,500년 전이나 3,000년 전에 더 좋았다고 말할 수 없다.

따라서 나는 많은 고대인의 취향에 감히 반대하고자 한다. 호메로스의 영웅 아킬레우스는 잔인한 짐승이자 악당이었으며, 따라서 서사시의 주인공으로서는 부적절한 인물이라고 감히 주장한다. 그는 원정군 대장 아가멤논과 사소한 일로 싸웠다는 이유로, 나라를 위해 싸우는 것에 반대했던 인물이다. 그는 자신이 불사신이라고 믿었기 때문에, 이후 전투에 나가서 사사로운 감정에 치우쳐 다수의 사람을 무참하게 죽였다. 자신이 불사신임을 알고 있었지만 가장 튼튼한 갑옷으로 무장했던 이중적인 인물이었다. 그러나 아무리 튼튼한 갑옷을 입고 있어도 노출된 발꿈치의 약점 하나로 그는 쓰러지고 말았다.

반대로, 현대를 옹호하는 이들에게는 미안하지만, 나는 드라이든Dryden과 같이 밀턴 시의 진정한 주인공은 악마라고 주장한다. 악마가 세운 계획과 그것을 추진하고 마침내 실행하는 과정이 바로 그 시의 주제이기 때문이다.62) 이런 사례를 근거로 고대인들과 현대인들 모두 탁월함과 결함을 동시에 가졌으며, 미덕과 악덕을 모두 가지고 있었다는 공정한 결론을 내리고자 한다.

내가 가졌던 종교적 편견은 고전에 대한 나의 편견과 보조를 맞추어 펼쳐졌다. 그래서 나는 아무리 정직한 사람도 영국의 제도권 교회의 밖에 있으면 구원을 받지 못할 것이라고 확신하던 때가 있었다. 그러나 종교적 견해는 인간의 의지에 달린 것이 아님을 나중에 깨닫게 되었다. 다른 사람이 나와 다른 종교적 견해를 가지고 있다고 해도 그것은 자연스럽고 용납될 수 있는 일이다. 나와 그 사람이 종교적 견해를 달리한다고 해도, 각자의 신앙에 진실하다면, 우리 둘 다 비난받을 일이 없으며, 따라서 서로에게 관용을 베풀어야 한다.

내가 다음으로 받아들였던 편견은 부유층이나 유행을 선도하는 상류층에 포함되면 내가 더욱 빛나는 존재가 될 것이라는 믿음이었다. 그래서 나는 흔히 말하는 '젠틀맨이 되기 위한 악덕'을 꼭 필요한 삶의 덕목으로 받아들였다.63) 나는 이른바 젠틀맨이 그렇게 행동한다는 얘기를 듣고도 엄밀하게 검토하지 않고, 그냥 그렇게 행동하는 것이 정당하다고 믿어 버렸다. 내가 무작정 믿었던 이유는 내가 캐묻고 다니면 그 사람들의 조롱을 받을까 봐 두려웠기 때문이다. 그러나 나는 이제 부러워하지도 두려워하지도 않는다. '젠틀맨이 되기 위한 악덕'이라는 이 왜곡된 표현은 흔히 최고의 젠틀맨으로 불리는 사람들의 인격적 결함일 뿐이라고 나는 확신한다. 나는 이제 그런 행동을 하는 사람들을 낮추어 본다. 비록 그들은 자신을 더 드러내려는 의도로 그렇게 행동하지만 말이다. 이런 편견은 점차 확대되어, 그들은 '젠틀맨이 되기 위한 악덕'을 몰래 숨기기는커녕 오히려 갖고 있지도 않은 악덕을 가장하는 경우도 있다.

너 자신만의 이성적 판단에 전적으로 의존해야 한다. 올바르고 성숙한 판단을 내리기 위해서 너는 언제나 깊이 생각하고, 검토하고, 분석해야 한다. 이 세상의 어떤 권위도 너의 판단에 영향을 미치지 않도록 해야 하고, 너의 언행을 제한하도록 만들어서는 안 된다. 나중에 후회하지 않게 이런 습관을 일찍부터 길러야 한다. 가능하면 일찍부터 이성적 판단을 내리는 습관을 길러놔야 한다. 물론 인간의 이성에는 오류가 있을 수 있기에 이것이 언제나 적절한 행동이라는 보장은 없다. 그러나 이성에 의지하는 습관은 네가 앞으로 일을 처리할 때 잘못을 막아주는 최소한의 방책이 될 것이다. 책과 다른 사람과 나누는 대화가 이런 습관을 도와줄 것이지만, 그렇다고 해서 맹목적으로 혹은 암묵적으로 그것에 의존하지 말아야 한다. 하느님께서 우리 인간에게 직접 주신 최고의 선물인 이성을 통해서 책과 대화의 내용을 주체적으로 분석할 수 있어야 한다.

많은 어려움이 있지만, 다른 사람들이 하는 것처럼, 철저한 이성적 사유를 거부하지 말아라. 절대로! 인류에 속한 많은 사람이 생각하지 않으며 하루하루 살아가고 있다. 일반적으로 그들의 생각은 단순하게 주입된 것이 대부분이다. 그들은 스스로 깊게 생각하는 것이 아니라, 일반적인 편견에 사로잡혀 살아가고 있는데, 오히려 이게 나을 수도 있다고 생각한다. 미숙하고, 갈고닦지 않은 이성의 개별적인 추론보다는 공통의 편견이 오히려 질서와 안정에 도움이 되기 때문이다.64)

온 인류는 이런 지독한 편견이 만연한 상태에서 살아가고 있다. 교양인이 되고, 지식을 갖추고, 숙고하는 삶을 사는 것에는 아예 관심이 없다. 뛰어나고 특출한 이해력을 가진 사람조차 이런 잘못을 범하고 있다. 이런 사람들조차 면밀하게 조사하고, 진리를 찾기 위해 끊임없이 탐구하는 자세를 추구하지 않는다. 너는 이성적 능력을 충분히 발휘하면서 이런 편견에 빠지지 않도록 경계해라. 이런 편견은 천 가지 이상 되겠지만, 한 가지 사례만 네게 제시해주마.

예술과 과학은 절대왕정이 펼쳐지고 있는 곳에서는 발전할 수 없다는 일반적인 편견을 들 수 있다. 이런 편견은 지난 1,600년간 이어져 왔다. 천재는 자유가 구속되면 절대로 발현될 수 없다는 것도 흔히 빠지기 쉬운 일반적인 편견일 것이다. 이런 편견은 그럴듯하게 들리지만 사실 잘못된 생각이다. 농기구 제작과 같은 기계 산업은 정부의 성격에 따라 이익이 줄거나 재산 유지가 불가능할 경우, 성장하지 못할 수 있다. 그러나 정부의 정책에 따라 수학자, 천문학자, 시인, 웅변가의 천재성이 제약을 받게 된다는 것은 나로서는 믿을 수 없는 일이다. 물론 자유가 구속된다면 시인이나 웅변가는 특정 주제에 대해 언급하는 데 어려움을 겪게 될 것이다. 그러나 만약 그들에게 천재성이 있다면 오히려 그들의 천재성을 발휘할 수 있는 여지가 남아 있는 법이다. 합리적 이성을 가진 작가가 "내게는 신성모독, 비방, 혹은 대중을 선동할 자유가 없다"라고 주장하면서 불평을 터트리는 것이 과연 정당한 것일까? 이런 것들은 자유로운 정부 아래에서도 금지되어 있었다. 요즘 이런 불평을 프랑스 작가들 사이에서 자주 발견할 수 있다. 그러나 실제로 이런 불평은 재능이 없는 불성실한 작가의 불만일 뿐이다.

그들은 영국이 위대한 천재들을 많이 배출하는 것을 당연한 일이라고 말한다. 영국 사람들은 자유롭게 생각하고, 그들이 생각하는 것을 자유롭게 출판할 수 있다고 말한다.[65] 분명히 맞는 말이지만, 그들이 이 통념 속에서 빠진 것은 무엇일까? 그들이 만약 모든 종교를 파괴하고, 도덕과 예의범절을 무시하면서 국가를 어지럽힌다면, 절대 왕국 국가로서는 당연히 그들의 생각을 발표하지 못하게 조치를 할 것이고, 또 처벌할 것이다. 그것이 시인이나 극작가, 혹은 웅변가들이 천재성을 발휘하는 것과 무슨 상관이 있단 말인가? 코르네유, 라신, 몰리에르, 보일로, 라퐁텐과 같은 훌륭한 프랑스 작가들은 루이 14세의 절대왕정 아래서 번성했다. 또 아우구스투스 시대의 유명한 작가들은 잔인하고 무가치한 황제가 로마 시민에게 족쇄를 채운 후에야 빛을 발하기 시작했다. 르네상스는 자유로운 정부의 도래로 인해 촉발된 것이 아니라, 교황 레오 10세1513~1521년 재위와 프랑스 왕 프랑수아 1세 1515~1547년 재위의 지원과 보호를 받았기 때문에 성장한 것이다. 교황 레오 10세는 절대적인 권력을 휘두른 교황이었고, 프랑수아 1세는 왕자 시절부터 독재자의 성품을 가지고 있었던 절대 권력자였다.

부디 내가 가진 편견을 네게 보여주었다고 생각하지 말기 바란다. 나는 지금 절대 권력에 대해 칭찬하는 것이 아니다. 사실 나는 절대 권력이 인류의 자연적 권리에 대한 중대하고 범죄에 가까운 침해로 간주하기 때문에, 그것을 혐오하는 사람이다.

잘 있거라, 아들아!

> 기존의 관습과 더불어 개인의 뇌리에 박혀 있는 '편견'은 올바른 선택을 방해하는 요소이다. 아버지는 아들에게 이런 편견에서 벗어날 것을 촉구한다. 고전의 가르침이 무조건 옳다는 편견, 근대적 사유는 고전적 사유와 비교할 때

깊이가 없다는 편견, 젠틀맨이 되기 위해서는 약간의 악행이 필요하다는 편견, 다른 종교를 가진 사람에 대한 차별적 편견, 프랑스처럼 절대왕정이 펼쳐지고 있는 국가에서는 천재적인 생각이 탄생할 수 없다는 편견 등을 열거하며 경계하고 있다. 이성적 판단과 탐구 정신으로 이런 편견에서 벗어나는 것이 자유롭고 합리적인 삶의 첩경이라고 말한다.

그리스와 로마의 유적이 소장되어 있는 베를린 구박물관.
체스터필드는 과도한 고전 숭배에 반대했다.

제 2 장

이탈리아로 보낸 편지

르네상스 예술과의 조우

65번째 편지
(1749년 2월 28일, 런던에서)

사랑하는 아들에게,

네가 베를린에서 환대를 받았다는 소식을 내게 전해줘서 매우 기뻤다. 하지만 하트 선생이 전해준 너에 대한 자세한 이야기를 듣고 더 기뻤다. 왜냐하면 네가 베를린의 왕실 사람들과 만났을 때, 존경과 품격 있는 태도를 보여주었다는 소식을 전해주었기 때문이다. 너보다 높은 위치에 있는 사람 앞에서도 주눅 들지 않고 당당하게 대화를 나누었다는 점이 나를 더욱 기쁘게 했다. 이 간단하지만 중요한 덕목은 품위 있는 행동의 결정판이며, 뛰어난 분별력이나 오랜 경험에서만 나올 수 있는 것인데, 너의 경우 전자에 해당하는 기쁜 징표라고 생각한다.

너는 지금부터 몇 달 동안 유럽에서 가장 중요한 궁정이 있는 베를린, 드레스덴, 그리고 빈에서 좋은 수련을 받을 것이고, 마지막 훈련을 위해 토리노로 갈 것이다. 그곳에서 너는 최고의 수련을 받게 될 것이다. 내가 아는 한 이곳보다 더 교양이 있고, 친절한 사람들이 많은 곳은 존재하지 않는다. 고매한 행동Good-breeding에 어울리는 우아함, 점잖은 예법, 대화하는 방식, 심지어 복장까지 너의 진지한 고려의 대상이 되고, 네 관심의 일부가 될 자격이 있다는 것을 기억하길 바란다.

하루는 잘 활용한다면 충분히 긴 시간이다. 하루 중 절반을 공부와 운동에 투자하면 몸과 마음이 튼튼해질 것이다. 나머지 절반의 시간을 좋은 사람들과 모임에서 적절하게 보낸다면 너는 예의범절을 익히게 될 것이고 너의 품행을 가다듬을 수 있을 것이다. 아침에는 데모스테네스를 비판적으로 읽으며 누구보다 그를 더 잘 이해하려 애쓰고, 정오에는 궁정으로 가서 스스로 비범한 인물이 되기 위해 노력하며, 저녁에는 여러 사람이 모인 곳에서 사소한 잡담도 누구보다 즐겁게 하거라. 이런 삶을 내가 어찌 추천하지 않겠니? 이 모든 것이 네 삶의 지표가 될 수 있다. 너에게는 실천에 옮길 수 있는 수단이 있고, 또 기회도 있다. 부디 바라건대, 가능할 때마다 이를 실천에 옮기도록 해라. 내가 그토록 바라는 것처럼 너 역시 스스로를 "모든 것을 갖춘 인간"으로 만들어 가길 바란다. 앞으로 2년 동안에 그 가능성이 결정될 것이다. 네 인생에서 정말 중요한 시기가 네 앞에 놓여 있다.

베네치아에 있는 무슈 카펠로에게 보내는 너를 위한 추천서를 동봉하니, 그곳에 도착하는 즉시 전달해라. 나는 카펠로 부부를 영국에서 만난 적이 있다, 내 안부를 꼭 전해주길 바란다. 그는 매우 예의 바른 사람이고 유능한 사람이기 때문에 베네치아에 있을 때 가까이 교제하는

틴토레토, 〈노예의 기적〉, 1548년, 아카데미아미술관 소장. 체스터필드는 고귀한 예술에 대한 관심도 적극적으로 가지기를 권한다.

것이 좋을 것이다. 그분은 곧 로마 대사로 임명되어 갈 것이다. 네가 로마에 가서도 계속 그분과 교제하길 바란다. 그건 그렇고, 베네치아에 가면 그곳에 상주하고 있는 행정 장관들을 자주 방문해라. 그들은 어떤 관료들보다 베네치아의 사정에 정통하고, 정부에 제출하기 위해 엄격하고 정기적인 회계 보고를 작성하기 때문에, 매우 부지런하고 진중한 사람들이다.

  너는 아마 카니발 시즌 내내 베네치아에 머무르겠지? 너를 당장 토리노로 보내고 싶지만, 우선 카니발이 개최되고 있는 베네치아에서 모

이탈리아로 보낸 편지

든 축제 과정을 유심히 관찰하도록 해라. 베네치아는 세상에 하나뿐인 곳이다. 그리고 베네치아 카니발처럼 볼거리가 많은 도시도 없다. 외국인에게 허용되는 범위 내에서 베네치아의 정부 회의, 즉 대 의회와 같은 곳에 대한 정보를 얻도록 해라. 정부의 행정 구조를 파악하는 것이 중요하다. 이와 관련하여 아멜로 드 라 우세이가 쓴 관련 책자가 있는데, 이 책을 먼저 읽으면 도움이 될 것이다.[1] 이 책은 베네치아의 법에 대한 일반적인 정보를 제공할 뿐만 아니라, 행정 기관에 대한 기초적인 질문과 이에 대한 기본적인 해답을 줄 것이다. 베네치아는 이 점에서 세계 최고의 도시국가다. 또한 베네치아에는 거장들의 고귀한 조각과 회화 작품이 많으니 이런 것에도 관심을 가져야 한다.

이 편지는 아마 네가 빈에 도착할 무렵에 전달되겠지. 그곳에 있는 네게 당분간 편지를 쓰지 않을 계획이다. 왜냐하면 너는 곧 베네치아로 이동할 것이고, 네가 그곳에 있을 때 편지를 받는 편이 더 낫겠지. 아니면 네가 아예 토리노에 도착했을 때 쓰는 것도 좋은 생각인 것 같구나. 하지만 네가 편지를 쓰면 어떨까? 계속 이동 중이니까 네가 편지를 쓰는 것이 더 현명한 판단이라는 생각이 든다.

베네치아에 있는 다른 사람과 은행 직원, 그리고 빈으로 보낼 다른 편지를 네게 보낼 테니, 베네치아에 도착하는 즉시 그 편지를 해당 수신자에게 전달해주어라. 내가 그곳의 여러 사람에게 너에 대한 추천서를 써서 보낼 것이다. 다른 영국 사람들처럼 현지 베네치아 사람들과 피상적인 관계에 머무르지 말고, 그들을 항상 관찰하고 최상의 가치가 있는 것을 발견하고, 그것을 알아갈 수 있도록 노력해라. 베네치아에서 최상의 사람들과 교제하고, 그들의 품행을 배우도록 해라. 하느님의 축

오스트리아 빈의 쇤브룬궁전. 당시 유럽 정치의 중심이었으나 아들은 빈에서 오래 지체하지 않고 이탈리아로 넘어갔다.

복이 부디 너와 함께하길! 그리고 네가 내 소망에, 아니 내 기대에 부응하기를!

아들은 베를린에서 궁정 예법을 익히고 독일(프로이센)의 정치 제도를 관찰한 다음 빈을 거쳐 베네치아로 향한다. 베네치아는 이탈리아 그랜드 투어의 출발점이었다. 지리적으로는 밀라노가 북유럽과 더 가깝지만, 알프스산맥이 막고 있어, 그곳으로 가는 길은 언제나 불편했다. 베네치아가 각광받은 이유

이탈리아로 보낸 편지

가 몇 가지 있다. 첫째, 특유의 문화적 개방성으로 인해 외국인들이 비교적 차별을 겪지 않고 편안하게 여행할 수 있는 곳이었고 둘째, 유명한 베네치아 카니발이 강력한 흡입 요인으로 작동했으며 셋째, 유럽 각국의 화폐를 당시 이탈리아의 화폐였던 리라로 바꿀 수 있는 환전 시스템을 갖추고 있었기 때문이었다.[2]

근심거리였던 아들의 중얼거리는 듯한 대화 습관이 고쳐졌다는 보고를 받은 아버지는 크게 기뻐한다. 늘 강조하던 대로 하루의 시간을 적절하게 활용할 것을 촉구하면서도, 베네치아 카니발에서 재미있는 경험을 해보라고 조언한다. 당시 베네치아는 유럽 최고의 공화정 도시 국가였으며, 많은 그랜드 투어리스트들이 선호하던 목적지이기도 했다. 처음으로 이탈리아의 예술 작품에 대한 언급이 나오는데, 여기서 소개되는 베네치아의 거장이란, 벨리니 가문의 화가들, 조르조네, 티치아노, 베로네세, 틴토레토, 산소비노 등이다. 드디어 아들의 그랜드 투어는 이탈리아에서 르네상스 예술과의 조우를 준비한다. 이탈리아로 입국할 아들에게 아버지는 "마지막으로 네게 하고 싶은 말이 있다고 말하며 이어서 "너는 내 희망이다!"라는 애절한 마음의 고백을 하고 있다. 이 세상 모든 아버지의 고백일 것이다.

게으름과 악덕을 멀리하고
성장에 집중하라

66번째 편지

(작성 날짜와 장소 미상)

사랑하는 아들에게,

　나는 이 편지를 네가 베네치아에서 만나게 될 은행 직원 앞으로 보낸다. 아마 이 편지가 너보다 먼저 베네치아에 도착할 것 같구나. 네 일정이 불확실하므로 편지를 빈으로 보내지 않았는데, 이는 날씨 때문이기도 하다. 요즘처럼 추운 계절에는 우편물 배달이 자주 지연된다고 하고 또 네가 빈에 있다는 확신이 없었기 때문에, 바로 베네치아로 보내기로 했다. 네가 베네치아에 도착하면 너와 하트 선생에게 보낸 이 편지가 기다리고 있을 것이다. 그 안에는 내가 베네치아의 지인인 무슈 카펠로에게 보내는 너의 추천장도 있을 것이다.
　너는 유럽 내륙에 체류하는 동안 내게 정당하지 못하게 행동했다.

네가 베를린에 체류하는 동안 단 한 통의 편지만을 보냈기 때문이다. 나는 네가 그곳에서의 소식을 보다 자세히 편지로 써서 보내줄 것이라고 기대했었다.

너는 베네치아에서 진귀한 장면을 아주 많이 볼 것이다. 도심에서 벌어지는 카니발 축제에만 넋을 빼앗기지 말고 네게 좋은 정보를 줄 수 있는 사람과 가까이 지내면서 그들로부터 많은 것을 배우도록 해라. 특별히 베네치아 법의 구조에 대해서 배우고, 훌륭한 사람들이 모이는 장소로 가서 그들과 자주 어울리도록 해라.

그러나 더 중요한 곳은 토리노. 부디 너는 그곳에서 더 많은 시간을 보내면서 학업을 이어가고, 신체를 단련하며 젠틀맨의 품성을 습득하길 바란다. 네가 토리노에 머무는 것이 좋은 결과로 나타날지 아니면 나쁜 결과로 나타날지 걱정이 된다. 토리노는 네게 완전히 새로운 곳이 될 것이다. 지금까지 네가 있던 곳에서는 너보다 현명하고 신중한 사람들과 주로 교류했기에 잘못된 충고나 나쁜 본보기를 접할 일이 거의 없었다.

토리노 아카데미에서 좋은 사람을 주로 만나겠지만, 나쁜 사람도 만날 것이다. 네 또래 젊은이들이 언제나 그렇듯이 말이다. 아마 그들 중 어떤 젊은이는 게으르며 무의미한 삶을 살고 있고 또 어떤 젊은이는 악의적이고 방탕한 삶을 영위하고 있을 것이다. 나는 내 믿음과 반대되는 예가 나타나기 전까지는, 네가 선과 악을 잘 구별할 수 있으리라 믿는다. 악덕을 가진 사람은 피하고, 덕목을 갖춘 사람과 어울리는 너의 타고난 감각과 성품을 믿고 있다.

그러나 나는 너의 안전을 위해서, 그리고 전적으로 너의 성장을 위

토리노대학교 전경. 1404년에 설립된 토리노대학교는 영국 여행자들이 오래 머물며 대학 과정을 이수하는 곳으로 인기가 있었다. 1713년, 토리노가 속한 사보이아공국의 정책을 영국이 지지하면서 두 나라 사이에 우호적인 관계가 형성되었고, 영국인들을 환영하는 도시의 분위기가 많은 여행자를 이 도시로 끌어들였다.

해서, 확실한 명령을 내렸다는 것을 알려주고자 한다. 이 명령은 하트 선생에게 내가 직접 내렸는데, 만약 네가 음주, 도박, 게으름, 또는 하트 선생의 지시에 대한 불복종 등의 징후가 나타날 경우, 즉시 너를 다른 도시로 이동시키고, 내게 그 내용을 보고하도록 지시했다. 물론 하트 선생이 내게 자세한 설명을 하지 않아도, 만약 그런 사건이 일어난다면, 나는 토리노에서 네가 어떤 상태로 생활하는지 알 수 있을 것이다.

만약 그런 사건이 일어나서 토리노를 떠나게 된다면 네게 불미스러운 일이 있었다는 것을 알게 될 것이다. 반면 네가 토리노에서 오래 머문다면 주어진 시간을 잘 활용하고 있다는 징표가 될 것이다. 주어진 너의 시간을 잘 활용하는 것! 이것이야말로 내가 네게 부탁하는 유일한 것이다.

    토리노에는 1년 이상 머물지 않는 것이 가장 이상적이라고 본다. 그 1년 동안 최선을 다한다면 너는 많은 것을 얻게 될 것이다. 1년만 더 공부하면 하트 선생과 함께 수행하고 있는 고전 공부가 잘 마무리될 것이다. 그리고 1년만 더 노력하면 네 신체적 단련도 완성될 것이다. 궁정에서 활동할 준비가 될 것이고, 어떤 사람들과도 어울릴 수 있는 모습을 갖추게 될 것이다. 이것이 네가 토리노에서 1년을 보내면서 얻게 될 행복한 결과이다. 네가 라이프치히에서 보여준 것처럼 잘 행동한다면 이런 좋은 결과를 얻게 되겠지. 만약 네가 나쁜 조언이나 잘못된 사례를 소개받으면 너의 미래는 완전히 망치게 된다. 앞으로 1년이 네가 훌륭한 사람으로 성장하는 데 결정적 해가 될 것이다. 나는 계속해서 널 지켜볼 것이다. 네가 앞으로 1년 동안 괄목할 만한 성장을 이룬다면 너를 향한 나의 아버지로서의 사랑은 영원히 지속할 것이다. 그러나 네가 그곳에서 게으름의 악덕에 사로잡힌다면, 너의 성격이 나빠질 뿐만 아니라, 너의 재산과 나의 희망과 너에 대한 애정이 훼손당하게 될 것이고, 그럼 너의 인생은 끝이다. 너의 자질과 노력을 높이 평가함으로써 얻게 된 너에 대한 사랑은, 네가 그것을 상실했을 때 밀려올 분노와 좌절을 더욱 증대시킬 것이다. 너는 지금까지 열심히 노력하는 모습을 보여주었기 때문에 나의 좋은 감정을 키웠다. 그러나 그런 조건이 없어질 경우, 내가 얼마나 분노할지 너도 쉽게 예상할 수 있을 것이다. 내가 네게 강조하면서 말했던 중요한 내용을 꼭 준수하고, 조금이라도 내가 의심할 여지를 남겨두지 말기를 바란다.

나는 하트 선생의 보고를 바탕으로 널 판단하게 될 것이다. 그는 너를 평가하는 데 있어서 실수하거나 잘못된 판단을 내리지 않을 것이라고 나는 굳게 믿고 있다. 하트 선생은 네가 잘되기만을 바라는 분이시다. 네 나이 때에 잘못 내릴 수 있는 판단을 하트 선생은 범하지 않을 것이기 때문에 너에 대한 그분의 판단은 정확하다고 확신한다. 그가 너의 성장에 대해 만족한다면, 나도 만족할 것이다. 그러나 만약 하트 선생이 네게 실망을 한다면, 나는 하트 선생보다 더 실망하게 될 것이다. 하트 선생이 만약 너의 잘못을 지적한다면 그것은 전적으로 너의 잘못 때문이다. 네가 변호를 위해서 어떤 변명을 해도 나는 하트 선생의 판단을 신뢰할 것이다.

이제 네가 토리노에서 해야 할 일을 적시하마. 첫째, 매일 아침 하트 선생과 함께 고전 공부와 다른 공부에 집중하도록 해라. 공부의 분량을 얼마로 정할지, 어떤 방식으로 할지는 하트 선생의 결정에 따를 것. 둘째, 승마, 댄스, 그리고 펜싱 연마를 쉬지 않고 해라.[3] 셋째, 이탈리아어를 능숙하게 사용할 수 있도록 공부해라. 마지막으로, 훌륭한 사람들의 모임에 참석해 저녁 시간을 보내도록 해라. 물론 토리노 아카데미에서 요구하는 시간과 규칙을 엄격하게 준수해야 한다. 만약 네가 위에 열거한 나의 요구대로 토리노에서 1년을 성실히 보낸다면, 나는 네게 추가로 요구할 것이 없을 것이고, 네가 요구하는 모든 것을 기꺼이 네게 줄 것이다. 그 이후부터는 너만이 너의 주인이 될 것이고, 너 자신을 스스로 통제할 권위를 갖게 될 것이며, 너와 나의 관계는 대등한 우정의 관계로 발전 하게 될 것이다. 내가 요구하는 1년의 구속을 견디면 결국 받게 될 모든 혜택과 완전한 자유에 의해 네가 충분히 보상받을 수 있다는 사실을 신중하게 생각하길 바란다. 너의 뛰어난 판단력이 너의 선택을 조금이라도 망설이지 않게 만들 것이라 확신한다.

하느님의 축복이 너와 함께 하기를! 잘 있거라, 아들아!

> 이전 편지가 1749년 2월 28일에, 그리고 다음 편지가 4월 12일 썼으니, 1749년 3월경에 이 편지를 썼을 것으로 추정된다. 앞뒤 편지의 집필 장소가 같기에 역시 런던에서 썼을 것이다. 베네치아에서 카니발 축제를 즐긴 아들은 토리노로 이동하여 그곳 아카데미에 재학하고 있었다. 본격적인 이탈리아 그랜드 투어가 시작되었지만, 유럽과 지리적으로 가까운 토리노에서 먼저 이탈리아어를 공부하는 것이 일반적인 관례였다. 토리노는 1563년부터 사보이아공국의 수도였고, 북이탈리아의 주요 도시로 발돋움하고 있었다. 아들이 도착하기 전인 18세기 초반, 스페인 왕위 계승 전쟁1701~1714 중에 사보이아공국은 사르데냐섬을 차지하면서 명실상부한 유럽의 주요 국가로 성장하고 있었고, 대대적인 도심의 왕궁 건축이 이어지고 있었다. 이때부터 사보이아공국의 왕은 '사르데냐 왕국의 왕'을 겸직했다. 토리노는 지리적으로 남프랑스와 알프스 남단에 있어, 그랜드 투어리스트들의 이탈리아 여정에 꼭 포함되었다. 사보이아공국의 화려한 궁정 문화가 펼쳐지던 곳이기 때문이다. 하트 선생의 보고를 전적으로 신뢰한다는 경고를 보냄으로써 점점 나이가 들어가는 아들이 선생의 권위에 순응하도록 유도하고 있다.

젠틀맨이 가져야 할 품성에 대하여

68번째 편지
(1749년 4월 19일, 런던에서)

사랑하는 아들에게,

부디 이 편지가 가면무도회와 파티, 그리고 오페라 공연 등으로 분주한 베네치아에 있는 네게 잘 전달되기를 바란다. 저녁 시간의 즐거운 여흥을 재미있게 보낸다면, 오전에 네가 전심전력하는 공부에도 큰 도움을 줄 수 있다고 나는 믿는다. 학문에도 좋고 나쁨이 있듯이 사람이 추구하는 기쁨에도 좋고 나쁨이 있다. 신사의 품격을 타락시키는 것은 스코틀랜드식 음주, 무분별한 폭식, 난폭한 마차 운전, 그리고 여우 사냥이나 경마 등과 같은 저속한 오락이다. 이런 천박한 유흥은 흔히 '비천하다deroger'라고 하는 재단사나 구두장이의 정직하고 성실한 직업보다 훨씬 더 하찮은 것들이다.

너는 이탈리아라는 음악의 나라에 체류 중이다. 노래하고, 바이올린을 연주하고, 피리를 부는 일은 그곳에서 일상적인 대화의 주제 정도가 아니라 모든 관심의 주제라고 할 수 있다. 음악은 인간이 갖추어야 할 소양이지만, 나는 네가 음악에 지나치게 빠져드는 것을 경계하길 바란다. 영국 사람들은 이탈리아를 여행하면서 음악에 너무 깊이 빠져드는 경향이 있다. 음악을 사랑한다면 오페라나 콘서트에 가고, 바이올리니스트에게 대가를 지불하고 연주를 시켜도 좋다. 그러나 네가 직접 피리를 불거나 바이올린을 연주하지 말아라. 그것은 젠틀맨답지 않은 행동으로 보이고, 다른 사람들이 너를 업신여기게 만든다. 또한, 네 주위에 질이 좋지 않은 사람들이 모여들게 된다. 무엇보다 훌륭한 연주를 위해서는 많은 시간을 연습에 쏟아야 하므로, 너에게는 오히려 시간 낭비가 될 수 있다. 연주회장에서 네가 턱밑에 바이올린을 끼고 있거나 입에 피리를 물고 있는 것보다 수치스러운 일은 없을 것이다.[4)]

나는 최근에 널 만났다던 몇몇 지인들로부터 너의 근황을 전해 들었다. 그들은 네가 젠틀맨의 품성에 대해 관심이 많고, 그렇게 행동하고 있다고 말해주었다. 정확한 판단을 내릴 수 있는 그 사람들이 너에 대해서 좋게 평가해주니 나는 무척 기뻤다. 네가 계속해서 좋은 사람들과 어울린다면 곧 이 품격을 습득하게 될 것이라고 믿는다. 젠틀맨의 품성을 준수하지 않는다면 다른 어떤 것도 소용이 없다는 사실을 덧붙이고 싶구나. 내가 말하는 '젠틀맨의 품성'은 단순한 세련됨이 아니다. 그것은 지키지 않으면 모임에서 축출될 그런 태도를 말하는 것이 아니다. 내가 말하는 '젠틀맨의 품성'이란 매사에 적극적으로 대처하고, 자신의 의도를 노골적으로 밝히는 것이 아니라 진중한 언행을 하고, 밝은 태도를 지니는 것이다. 여기에 특출한 친절함과 상대방이 거절할 수 없는 정중함이 더해져야 한다. 다시 말하자면, 네 말과 행동 모두가 최고의 우아함을 갖추고 있어야 한다는 뜻이다. 오직 이런 태도만이 너의 다른 모든 재능에도 진정한 광채와 가치를 더해줄 수 있다. 이것이 바로 네가 그랜드 투어를 하는 동안 주목해야 할 지점이다.

어디를 가든 고매한 행동을 하는 사람의 모델을 찾아보고 또 확립해 가면서, 너 자신이 젠틀맨이 되기 위해 노력하는 모습을 다른 사람들에게 보여주도록 해라. 다른 사람의 모습에서 네가 기쁨을 느끼는 것처럼 너의 그런 모습을 통해 다른 사람들이 기쁨을 느끼게 될 것이다. 내가 이런 얘기는 너무 자주 했지? 이제는 이것을 네가 실천에 옮길 때다.

하트 선생에게 나의 칭찬과 안부를 전해라. 그가 빈에서 내게 보낸 편지를 받았지만, 지금 당장은 그의 추가 편지를 독촉하지 않는다고 전해주어라. 다만 네가 토리노에 정착한 후에는 꼭 편지를 보내달라고 해라. 네가 토리노에서 지내게 될 몇 달은 매우 중요한 시간이 될 것이기 때문이다. 토리노 아카데미에서 네가 받을 훈련과 궁정 예법은 반드시 주의 깊게 습득해야 한다. 동시에 다른 공부도 잘 이어가야겠지. 네가 게으름을 피우거나 유혹에 넘어가지 않고, 시간을 아끼며 노력하리라고 믿는다. 앞으로 보낼 6개월이, 이어서 다가올 6개월, 아니, 네 생애 전체를 결정하게 될 것이기 때문이다.

이제부터 보낼 편지에서는 네가 로마에서 배워야 하는 것과 남은 이탈리아 여행을 통해 배울 것에 대해서 이야기해주마. 즉, 네가 가는 모든 장소에서 '정신을 추출하는 것extract the spirit' 것이다. 고전이라는 명성으로 빛나는 그 모든 유적지에서 너는 찬란한 옛 시대의 유물을

토리노왕궁의 실내. 지리적으로 프랑스와 인접해 있던 사보이아공국의 수도 토리노는 화려한 궁정 문화가 유지되고 있었다.

보게 될 것이다. 네가 지금까지 공부했던 고전에 대한 지식을 손에 든 책을 활용하고 너의 머리에 담아서 떠오르는 생각을 기록으로 꼭 남겨두어라. 로마는 그런 일을 수행하기 위한 최적의 장소가 될 것이다. 그랜드 투어의 경험은 네게 또 다른 통찰력을 제공해줄 것이다. 예를 들면, 로마 교황청이 소장한 예술 작품의 의미를 통해서 그들의 종교 정책에 대한 정교한 분석이 가능할 것이다.

　잘 있거라, 아들아!

아들은 베를린에서 베네치아를 향해 이동하고 있는데, 아버지의 편지는 베네치아에서 아들이 배워야 할 덕목에 관해 미리 이야기하고 있다. 여흥을 즐기는 걸 좋아하고 특히 '음악의 나라'로 불릴 정도로 악기 연주 등에 관심을 가지는 이탈리아의 특징을 열거한 다음 '젠틀맨의 품성'을 배우고 유지하기 위한 아버지의 조언이 이어진다. 그랜드 투어의 핵심이라고 할 수 있는 이탈리아 여행이 본격적으로 펼쳐지기 직전, 아버지는 두 가지 중요한 정의를 내린다. 그랜드 투어의 목적과 젠틀맨이 갖추어야 할 품성에 대한 설명이다. 젠틀맨의 품성의 핵심은 "매사에 적극적으로 대처하고, 자신의 의도를 노골적으로 밝히는 것이 아니라 진중한 언행을 구사하고, 밝은 태도를 지니는 것"이다. 여기에 특이할 정도로 친절한 태도와 상대방을 설득할 수 있는 대화 태도를 겸비해야 한다. 그랜드 투어의 목적도 밝히고 있다. 그것은 고대의 유적에서 "정신을 추출하는 것"이었다. 그래서 이 편지는 체스터필드의 편지 가운데 가장 중요한 핵심 내용을 담고 있다.

아들은 아직 베네치아를 향해 가고 있는데 마음이 급해진 아버지는 벌써 로마에 대한 이야기를 이어간다. 로마는 그랜드 투어의 화룡점정이었다. 중세 성지순례의 최종 목적지였던 예루살렘을 대신하여 로마가 유럽 여행의 종점이 된 것은 1300년부터 시작된 희년Jubilee 제도의 시행과 아비뇽에 체류하던 교황 그레고리우스 11세가 로마로 돌아온 것이 직접적인 계기가 되었다. 르네상스 시대를 거치면서 로마는 새로운 우주의 배꼽, 옴팔로스Omphalós가 되었다. 아버지는 아들에게 "고전적인 명성에 빛나는 그 모든 로마 유적지"에 "찬란히 빛나는 옛 시대의 유물"을 직접 보게 될 것이라고 예고한다. 당시 그랜드 투어는 자국에서의 고전과 예술 공부를 현장에서 확인해야 한다는 교육적 목적이 강했다. 진정한 그랜드 투어는 자국의 서재에서 먼저 시작

로마 교황청이 소장하고 있는 〈라오콘 군상〉. 고대 유적이지만 18세기에 예술의 본질에 대한 논쟁을 불러일으켰다. 독일의 미술사가인 요한 요아힘 빙켈만은 고통 속에서 절규하고 라오콘의 모습에서 고대 예술의 이상인 '절제와 균형'을 읽어냈다. 그러나 역시 독일의 극작가 고트홀트 에프라임 레싱은 고통 속에서 내뱉는 비명이야말로 인간의 본성을 잘 드러낸다고 보았다. 레싱에게 예술의 본질은 '절제'가 아니라 '사실적 표현'이었다.

된 것이다. 로마에서는 그동안 고전을 읽고, 예술의 역사를 공부했던 것을 현장에서 확인하는 절차가 펼쳐졌다.

상대방을 기쁘게 만드는 법

70번째 편지
(1749년 5월 15일, 런던에서)

사랑하는 아들에게,

이 편지가 베네치아에서 보냈던 카니발의 여흥이 끝난 후, 공부와 훈련을 위해 토리노에 정착한 네게 잘 닿기를 바란다. 토리노에서 보내는 공부와 훈련 시간이 네가 받는 교육의 대미를 장식할 것이다. 그러나 솔직히 너에 대한 사랑에 찬 기대감 때문인지 걱정이 먼저 앞선다. 만약 네가 토리노에서 위험에 처한다면 나는 무척 걱정할 것이다. 다행히 하트 선생께서 널 잘 보살펴주고 있으니 위험에 처하지 않겠지만 너의 분별력과 결단을 잘 발휘하기 바란다. 소문으로 듣기에, 토리노에는 많은 영국인이 있다고 하더구나. 영국인이 많으면 많을수록 네가 어려움에 노출될 확률이 높아지기 때문에 걱정이다. 나는 그들이 누구인지 잘 모르지만, 해외로 나간 영국 젊은이들의 일반적인 성향을 비추어 볼 때, 그들이 악행과 음란한 행동을 하고, 비합리적인 견해를 가질 확률이 높다는 것을 잘 알고 있다.

나쁜 본보기 자체만으로도 충분히 위험하지만, 그들은 주위 사람들에게 악행을 부추기는 성향도 있어, 네 나이의 젊은이들이 이를 거절하지 못하도록 만들기도 한다. 자신들이 원하는 대로 하지 못하면 조롱을 퍼붓기도 하는데, 어린 나이와 경험 부족으로 볼 때 네가 견뎌내기 쉽지 않을 것이다. 이런 공격이 너를 향해 퍼부어질 것이니 항상 경계하라. 너는 영국 사람들과 어울리기 위해 외국으로 간 것이 아니다. 내가 장담하건대 너는 그들에게서 어떤 종류의 지식도, 외국어 구사능력도, 젠틀맨의 품성도 배우지 못할 것이다. 그들과 교류하지 말고, 그들이 뻔뻔스럽게 이름 붙이는 '우정'이라는 것도 나누지 말기를 촉구한다. 그들이 말하는 우정이란 선량한 도덕과 예의범절에 어긋나는 음모에 불과하다.

젊은이들은 다른 사람의 부탁을 단호하게 거절하지 못하는 특징이 있다. 거절을 잘못이라고 믿으며 이를 수치로 여긴다. 이런 요인들은 훌륭한 모임에서는 좋은 효과를 내지만, 나쁜 모임에서는 최악의 결과를 가져온다. 사람들은 모이기만 하면 함께 어울리면서 악덕을 키운다. 사람들이 자기만의 악덕만 지니고 있다면, 지금처럼 많은 악덕을 갖는 이는 드물겠지. 무리 안에서 다른 사람의 악행을 따라하느니, 차라리 나는 나대로 살겠다. 나는 네가 아무런 악덕도 갖지 않기를 바라지만, 설사 악덕을 갖게 되더라도 최소한 그것이 네 스스로의 것이기를 바란다. 무리에 휩쓸려 악행을 저지르는 것만큼 불명예스럽고 파렴치한 일은 없다.

 미덕에 등급이 있듯이 악덕에도 등급이 있는데, 솔직히 말해서 나는 영국인들이 대체로 악덕의 수준에서도 매우 낮은 등급에 머물러 있다고 본다. 그들은 '용감한 정신'에 대해 말하지만, 사실 그것은 '방탕'을 미화한 표현일 뿐이다. 건강과 건전한 상식을 파괴하는 행동에 참여하고 그 보상으로 받는 불명예를 '용감한 정신'으로 잘못 간주한다. 그들이 식탁에서 즐거운 시간을 보낸다는 말은, 대부분 야만적인 술주정과 하찮은 언쟁, 산산이 부서진 창문, 그리고 부러진 뼈와 같은 상처로 마무리되곤 한다. 그들은 오락을 즐기는 것이 아니라 악행을 위해 시간을 보낸다. 우리 영국인들은 언제나 과도하게 즐기는 것이 문제다. 결국 다른 나라 사람들이 영국인들을 싫어하게 되는 걸 종종 보았다. 그랜드 투어를 갔던 영국인들은 해외에서 방탕하게 살다가 성장도 못 하고, 소양을 갖추지도 못하며, 비신사적인 행태를 드러낸 채, 고국으로 돌아온다. 그래서 그들은 영국의 거리나 공원에서는 매일 마주치지만, 좋은 모임에서는 결코 보이지 않게 된다. 젠틀맨다운 품격을 갖추지도 못하고, 다른 사람이 존경할 만한 아무런 장점도 갖추지 못했기 때문이다. 하지만 그들이 잔치에 가는 마부처럼 꼴불견으로 차려입고 거리를 활보하는 모습을 너도 본 적 있을 것이다. 때가 낀 푸른색 옷을 입고, 거추장스러운 나무 지팡이를 손에 쥔 채, 단정하지 않는 머리카락을 커다란 모자 아래에 집어넣는 모습을 말이다. 그랜드 투어를 마치고 돌아왔지만, 그들은 공공장소에서 소란을 일으키는 불한당이 되었고, 창문을 깨트리는 깡패짓을 하고, 술집에 모여 술주정이나 하는 신세로 전락한다. 이 여행자들은 자신들이 빛나는 존재라고 착각하지만, 사실은 그저 어둠 속에서 썩은 것이 조금 반짝이는 것뿐이다.

나는 지금 늙은이처럼 종교나 도덕의 오래된 책을 바탕으로 따분한 설교를 하는 것이 아니다. 또한 네게 종교나 도덕의 가르침을 무조건 따르라고 설득하는 것도 아니다. 나는 세상의 일원으로, 네가 아직 젊기에 알 수 없는 것을 조심스럽게 알려주는 친구가 되고 싶다. 젊으면서 늙은이처럼 살지는 말되, 이성이 가리키고 품위있는 즐거움을 모두 누리라는 것이다. 논리 전개를 위해, 위에 언급한 악행은 그 자체로는 무해하다고 가정해보자. 그렇다고 해도 여전히 그것을 실천하는 사람을 비천한 존재로 만들고, 악당으로 만들며, 또 그들의 인격을 밑바닥으로 침몰시킨다. 아무리 회복하려고 해도 그들의 인격은 이미 비천한 존재로 전락했기 때문에 상승은 불가능하다. 개선된 삶이나 위대한 업적을 남기는 것은 더욱 불가능하다.

지금까지 내가 한 말을 통해, 그리고 너 자신의 훌륭한 판단력에 의해, 충분히 정신을 무장했을 것으로 믿는다. 너는 악행을 일삼는 자들의 유혹에 넘어가지 말고, 그들의 초청을 거절하고, 거창한 권고에 마음을 뺏기지 말아야 한다. 그들이 그런 행동으로 너를 유혹할지라도 품위를 유지하면서 단호하게 거절하며 당당한 모습을 보여주어라. 거절에 만족하고, 그들과 논쟁하지 말아라. 그들을 설득해 올바른 길로 인도하기에 너는 너무 젊고 미숙하다. 좋은 모임에서 환영받고 싶다면, 속으로만이 아니라 겉으로도 그들을 멀리하라. 아무리 건강해 보여도 역병이 도는 곳에서 온 사람은 누구나 꺼리기 마련이니 말이다.

만약 토리노에서의 생활이 만족스럽다면, 내년 1750년의 희년을 맞이하기 위해 올 성탄절에 맞추어 로마에 도착할 것을 제안한다. 그 전

사보이아공가의 궁전에 있는 공식 연회장. 로코코와 바로크 양식이 혼합된 화려한 인테리어가 눈길을 끈다.

에 토리노 아카데미에서 춤과 펜싱, 그리고 승마를 통해 체력을 길렀으면 한다. 항상 옷차림에 신경 쓰고, 단정한 인상을 유지하도록 노력해라. 또 토리노에는 유명한 치과의사가 있으니, 그에게 찾아가 네 치아를 점검받고, 또 스스로 치아관리를 잘해야 한다. 치아와 입을 청결하게 유지하지 않는 것은 예의에 어긋나는 일이다.

남을 기쁘게 할 수 있는 것은 무엇이든 소홀히 하지 마라. 모자이크 작품의 여러 유리 조각이 개별적으로는 아름다움이나 가치가 거의 없지만, 함께 모여 모두를 기쁘게 만드는 아름다운 형상을 만드는 것처럼, 수천 개의 이름 없는 작은 것들이 함께 모여 전체를 아름답게 만드는 것이다. 외모, 자세, 태도, 목소리의 톤 등등이 모여서 한 사람의 훌륭한 모습을 만든다. 다른 사람을 기쁘게 만들어주는 기술은 네가 계획하고 있는 미래의 직업에 꼭 필요한 덕목이다. 최소한 생애 초반은 외교관으로 일하고 싶은 네게 '다른 사람을 기쁘게 만들어주는 기술'이 없다면, 외국의 궁정에서 쓸모도 없고, 너를 보낸 영국 정부로서도 쓸모가 없는 존재가 된다. 상대방의 눈과 귀를 만족시키면 그들은 네게 마음을 열 것이다. 그리고 열의 아홉은 마음을 열면서 판단을 이미 결정하게 된다.

토리노의 궁정에서 정중하게 차려입고, 그곳의 남녀 고위 공직자에게 특별한 관심을 보여라. 그들의 옷차림과 행동을 칭찬하고 공공에 대한 그들의 견해를 칭찬해라. 특별히 그들의 등 뒤에서 칭찬하도록 해라. 네가 한 칭찬을 그들이 어떻게든 듣게 될 것이다. 사보이아 공가가 배출한 위대한 인물에 대해서 너의 경탄을 아끼지 말고, 지금 왕가를 지배하는 인물들이 옛 시대의 위인들보다 두 배나 뛰어나다고 칭찬해라. 이 기세가 어디까지 갈지 궁금하다고 말하며, 결국 유럽 전체를 다스리게 될 것이라고 말해라. 이런 말은 반복해서 해도 좋지만, 반드시 호들갑을 떨지 않으면서도, 진심으로 말하는 태도를 지녀야 한다. 이런 작은 아부의 예술은 허용되어야 하며, 특히 세상을 살아가는 데 적절히 활용되어야 한다. 이런 기술은 당사자를 기분 좋게 만들고, 말하는 사람에게는 유용하기 때문에 그 누구에게도 해가 되지 않는 법이다. 앞으로 네가 만나게 될 사람 중에 정말로 칭찬과 존경을 받을 만한 사람이 있으니 그 사람들의 뛰어난 장점, 신분, 행운을 통해 배우도록 해라. 물론 하트 선생이 그런 사람에 대한 판단을 도와줄 것이다.

사랑하는 아들아, 잘 있거라! 너의 성격, 너의 신체, 그리고 너의 미래에 앞으로의 2년이 얼마나 중요한지를 항상 염두에 두길 바란다!

> 베를린에서 베네치아로 이동하던 중, 아들은 오스트리아 빈에 잠시 머무르다가 부상을 입는 사고를 당했다. 다행히 뼈가 부러지는 심각한 사고는 아니었지만, 베네치아로 이동하려는 계획이 연기되었다. 이 사정을 몰랐던 아버지의 편지는 베네치아가 아니라 토리노로 미리 배달되었다. 빈에서의 지체로 인해 베네치아 일정이 단축될 수 있었기 때문에, 편지의 안전한 전달을 위해 토리노로 미리 배달시킨 것이다. 아버지는 아들에게 토리노에 체류 중인 영국 사람들과 자주 어울리지 말라고 조언한다. 외국에 나가서 같은 나라 사람들이 끼리끼리 몰려다니면서 군중 심리로 사고를 치는 사례가 당시에도 만연했던 모양이다.
>
> 이 편지는 아버지가 아들에게 가르치는 '아부의 기술'이 언급되어 있다. 아버지의 가업을 이어, 외교관이 되고자 했던 아들에게 사보이아 공가에게 어떻게 아부해야 하는지를 가르치고 있다. 적절한 아부는 당사자를 기쁘게 만들고, 그들의 마음을 열게 하는 장점이 있다. 유력인사에 대해 '뒤에서' 칭찬하는 기술을 가르친 것은 아버지의 오랜 궁정 경험이 반영된 지혜의 조언이었다.

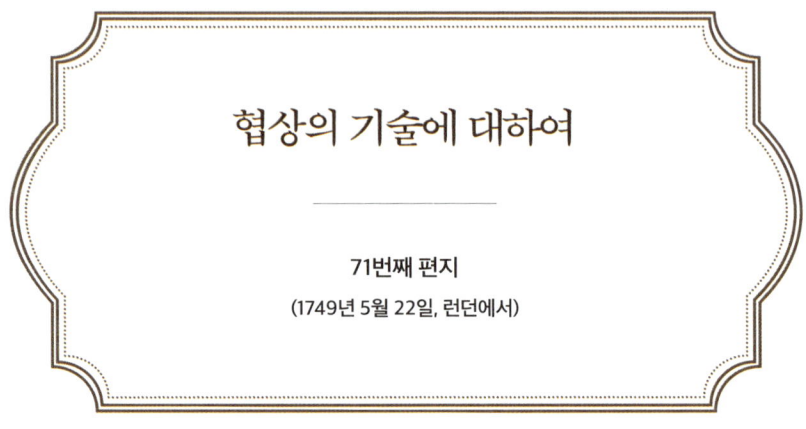

협상의 기술에 대하여

71번째 편지
(1749년 5월 22일, 런던에서)

사랑하는 아들에게,

나는 지난 편지에서 네게 무해한 칭찬의 기술을 소개했다. 네가 출입하고 있는 궁정에서 유력인사를 뒤에서 칭찬하는 것이 네게 어떤 유익을 주는지도 설명했다. 특정 인물에 대해 등 뒤에서 네가 칭찬하는 것을 듣게 된 사람들은 너의 칭찬을 반복하고, 심지어 증폭시킬 것이다. 이런 방식의 칭찬이 가장 뛰어나고 효과적인 기술이다. 세상에는 이런 종류의 다양한 기술이 있는데, 이는 세상을 살아가면서 꼭 필요한 것이고, 가장 빨리 이런 기술을 습득하는 사람이 제일 먼저 성공하게 될 것이다. 젊은 혈기와 정신은 이런 기술을 쓸모없는 것으로 무시하거나 귀찮은 것으로 거부하는 경향이 있다. 그러나 세상의 경험과 삶의 연륜이 쌓이면 이런 기술의 중요성을 깨닫는 법이다.

가장 기본적인 삶의 기술은 마음의 분노를 다스리고 마음의 평정을 유지하며 표정의 우아함을 유지하는 것이다. 이런 기술이 없다면 열정이나 격분에 사로잡혀 말을 더듬거리거나 올바른 행동을 하지 못하게 되고, 심지어 표정이 일그러진다. 그러나 마음의 평정을 유지하고 올바른 행동을 할 수 있는 기술을 가진 사람은 인생의 중요한 과업뿐만 아니라 일상의 모든 일에서 뛰어난 존재가 되는 법이다.

불쾌한 말을 들었을 때 분노나 얼굴빛의 변화를 감추지 못하거나, 기쁜 말을 들었을 때 갑작스러운 환희의 표정을 숨기지 못하는 사람은 교활한 자나 건방진 얼간이들의 손아귀에 놓이게 된다. 사람들은 기분 나쁜 말로 너의 분노를 유도해서 네 심중의 의도를 파악하려고 든다. 너는 그 비밀을 네 마음속 깊이 간직해야 하는데 말이다. 또 사람들은 너에게 기분 좋은 소리를 하면서 자신에게 도움이 될 길을 찾는다.

따라서 너는 마음의 평정과 냉정을 체질적으로 갖추어야 하고, 절대로 의지나 감정에 의존하지 말아야 한다. 사람들은 대개 자신의 성격과 체질을 핑계로 댄다. 그러나 조심하고 숙고하면 성격과 체질을 개선할 수 있다! 자신의 성격이나 체질이 아니라 이성적 판단을 앞세우면 사람들은 대개 자신의 단점을 개선할 수 있는 법이다.

만약 네가 갑작스럽게 열정이나 광기에 사로잡혔다면(열정이나 광기는 둘 다 같은 것이지만, 지속성에서 차이가 있다), 그 감정이 사라질 때까지 어떤 사람에게도, 단 한마디의 말도 하지 않겠다는 결심을 마음속으로 굳게 해라. 그리고 절대로 표정을 바꾸지 않고, 당황하는 모습을 보여주지 않겠다는 결심을 속으로 해라. 무엇을 계속 바라보거나, 혹은 같은 표정을 지으면서 움직이지 않는 것이 이런 습관을 터득하는 데 도움이 될 것이다.

이제 '협상'의 기술도 알려주마. 네 협상의 상대가 격정적이고 성미 급한 사람이라면 무엇보다 바람직할 것이다. 그의 감정을 조심스럽게 자극할 수 있으니까 말이다. 상대방의 진심을 파악하기 위해서는 정교하게 도발하고, 그의 표정을 잘 살펴야 한다. 그 사람의 얼굴에서 일어나는 변화를 통해 그 사람의 의도를 알아차릴 수 있다. 그러므로 '견고한 생각과 함께 부드러운 얼굴volto sciolto con pensieri stretti'을 유지하는 것이 협상에 임할 때 꼭 기억해야 하는 유용한 격언이다. 도박할 때 자신의 의도를 드러내지 않는 무심한 표정을 짓고, 감정에 휩쓸리지 않는 사람이 그렇지 못한 사람을 항상 제압하는 것과 같은 이치다.

협상의 테이블에서 너는 언제나 뛰어난 사람과 대결할 것이기 때문에, 먼저 자신의 약점을 드러냄으로써 상대방에게 이점을 주지 말아야 한다. 이렇게 말하면 내가 네게 '은폐의 기술'을 가르치는 것 같아, 내 생각에 반대하고 싶을 것이다. 그러나 나는 이것이 정당한 기술이라고 확신한다. 그래서 오래전부터 "위장할 줄 모르는 자는 통치할 줄도 모른다Qui nescit dissimulare nescit regnare"라는 말이 전해져 내려오고 있다.5) 나는 오히려 이런 은폐의 기술 없이는 협상이 진행될 수 없다고 생각한다.

시치미를 떼며 '은폐하는 것'과 남을 '속이는 것'은 다른 것이다. 협상의 테이블에서 속이는 것은 거짓되고, 비열하며, 죄를 범하는 것이다. 베이컨 경이 말했듯 속이는 것은 교활함이며 비뚤어진 지혜일 뿐이다. 진정으로 지혜로운 사람은 절대로 속이는 것을 하지 말아야 한다. 베

이런 경은 또 은폐하는 것은 내가 가진 카드를 보여주지 않는 것이지만, 남을 속이는 것은 가짜 카드를 밖으로 드러내면서 상대방의 카드를 역으로 읽으려는 수작이라고 말했다.[6] 볼링브로크 경은 최근 출판한 《애국 왕의 사상 The Idea of a Patriot King》에서 속이는 것은 "단검 Stiletto"이라고 묘사했다.[7] 이는 정당하지 못할 뿐 아니라 불법적인 무기이기 때문에, '단검'의 사용은 절대로 용서받거나 정당화될 수 없다. 반면에 시치미를 떼며 '은폐하는 것'은 비밀스러운 갑옷과 같은 방패로 설명할 수 있다. 이것이 없다면 협상에서 성공할 수 없다. 그는 위장과 비밀이라는 두 가지 기술은 순금 속에 섞인 두 가지 합금과 같아서, 적절히 사용하면 합금으로 만들어진 동전이 가치가 떨어지지 않지만, 과도하게 사용하면, 즉 속이고 교활하게 행동하면 동전은 가치를 상실하게 된다고 보았다. 동전의 가치가 상실된다는 말은 그 동전을 만든 사람의 신뢰가 떨어진다는 뜻이다.

따라서 너는 감정과 표정을 절대적으로 통제할 수 있는 너 자신의 주인이 되어야 한다. 속으로 어떤 생각을 하든지, 최소한 그것이 밖으로 드러나지 않도록 하란 말이다. 물론 쉽지 않은 일이지만, 아예 불가능한 일도 아니다. 현명한 사람은 불가능한 것을 시도하지 않는 것이 사실이지만 어려움에 굴복하지 않는 것도 현명한 사람의 특징이다. 그는 어려움에 직면할수록 시도와 노력을 배가하고 인내하며 마침내 성취해내고 만다. 물론 신중함을 추구해 실제 이득이 되는 지점에서 어떤 시도를 할지 판단해야 하겠지만, 어려움 자체가 너의 시도 여부를 규정해서는 안 된다. 한 번 시도했는데 실패했다면, 반드시 다시 시도해야 한다. 적극적으로 대처하고 인내하면 결국 정복할 수 있을 것이다. 어떤 사람에게는 이성적으로 설득하고, 어떤 사람에게는 아부하며, 어떤 사람은 겁을 주고, 어떤 사람은 성가시게 만들어야 하지만, 일반적으로 모든 사람은 끈질기게 공격하고 적절하게 관리하면, 그리고 약점이 있다면 그것을 공략함으로써, 결국 협상에서 승리할 수 있다.

또한 협상할 때는 시간도 신중하게 선택해야 한다. 모든 사람에게 '평온한 시간Mollia tempora'이 있기 마련이지만, 모든 사람에게 그런 평온한 시간이 항상 주어지지 않는다는 것을 기억해라. 어떤 사람이 다른 일을 심각하게 생각하고 있을 때나, 그 사람의 마음에 슬픔이나 분노 혹은 불쾌한 감정으로 가득 차 있을 때 말을 걸었다면, 그것은 시간을 잘못 선택한 것이다.

다른 사람의 내면을 알고 싶다면, 너 자신의 내면을 먼저 연구하면 된다. 이는 사람들 대부분이 본질적으로 다 비슷하기 때문이다. 어떤 사람은 특정 분야에 열정을 가지고 있고, 어떤 사람은 또 다른 분야에 열정을 가지고 있지만, 그것이 나타나는 방식은 모두 비슷하다. 너를 매료시키거나, 역겹게 만들거나, 기쁨을 주거나, 심기를 건드리는 것은 다른 사람에게도 마찬가지다. 따라서 너 자신의 느낌이 작동하는 방식에 주의를 기울이고, 네가 가진 열정의 근원과 네 의지를 결정하는 동기 등을 신중하고 철저하게 살펴보도록 해라. 그러면 너는 세상 모든 사람의 마음을 이해하게 될 것이다.

만약 네가 누군가로부터 좋은 평판, 호의, 이익이나 존경, 우정을 얻고 싶다면, 설령 네가 실제로 그보다 우월하다 하더라도 그가 결코 그렇게 느끼지 않도록 세심히 조심해야 한다. 다른 사람이 너보다 우월하다는 것을 자랑하면 그 사람으로부터 상처받고 모욕감을 느끼지 않았니? 그 사람보다 수준이 낮고, 지식, 신체적 조건이 모두 그 사람보다 못하고, 또 가진 재산이 그 사람보다 적다면, 너는 마음에 상처받고 모욕감을 느끼지 않겠니? 네가 만약 어떤 사람에 비해 그런 우월함을 가졌다고 가정해보자. 그러나 그 상대방이 선한 성품의 소유자이고, 품위 있는 말을 하고, 존경과 우정을 가진 사람이라면, 그가 상처나 모욕감을 느끼지 않도록 너도 신경을 쓰겠지? 불쾌한 암시로 상대방을 곤란하게 만들고, 교활한 비웃음이나 깔보는 말을 계속 반복하면서 너를 놀리고 괴롭히는 것이 싫다면, 너도 좋은 사람들의 모임에서 그런 비열한 방법을 쓰고 싶겠니? 절대로 그렇지 않을 것이다. 좋은 사람들의 모임에서 즐거운 시간을 갖고 싶을 뿐일 것이다.

영리하고 재치 있는 말, 즉 '재담'을 하고 싶은 욕망은 대개 악의적인 박수 소리를 듣게 만든다. 실제로 재담을 할 수 있는 능력을 갖춘 사람은 물론 그럴 능력이 없으면서도 괜히 이를 시도하는 많은 사람들을 다른 사람들의 적으로 만들었다. 그런 상처를 네가 받았다고 가정해보고, 그 불편, 분노, 원한의 감정이 얼마나 클 것인지를 생각해본다면, 다른 사람에게 그런 감정을 불러일으키는 것이 과연 현명한 것인지 판단할 수 있을 것이다. 악의적인 농담 때문에 친구를 잃는 것은 바보가 하는 짓이다. 또 중립적인 사람에게 쓸데없는 농담을 해서 그를 너의 적으로 만드는 행위는 바보가 하는 짓보다 더 한심하다고 생각한다.

너에게 누가 이런 농담으로 상처를 준다면 너는 어떻게 해야 할까? 가장 현명한 방법은 그것이 널 지목한 농담이 아니라고 생각하는 것이다. 또한, 속으로 느끼는 분노가 겉으로 드러나지 않게 적절하게 숨기는 것이 좋겠지. 그러나 냉소적인 농담의 내용이 너무 명백해서 그 숨겨진 의도를 모르는 척 넘어갈 수 없을 정도라면, 사람들과 함께 그냥 한바탕 웃어주는 것이 좋을 것이다. 사람들이 너를 조롱한다고 해도 말이다. 오히려 그 냉소적인 농담이 적절하고 재치가 있으며, 재미있다고 칭찬해주어라. 너도 가벼운 농담으로 호응해주는 것이다. 그러나 절대로 상대방에게 보복하기 위해 같은 방식으로 냉소적인 농담을 해서는 안 된다. 그렇게 하면 네가 상처받았다는 것을 공개하는 것이 되고, 또 상대방이 승리했다는 것을 인정하는 것이다. 만약 상대의 그 농담이 너의 명예나 도덕적 인격을 해친다면, 적절한 대답은 단 하나뿐이다! 너는 절대로 그런 헛소리를 듣지 않도록 명예와 도덕을 지키며 살아라!

또, 이성은 남성에게 종종 너무나 큰 영향을 미친다. 그러므로 이성에게 보일 행동 양식에 대해서도 언급하고 싶다. 이성에게 말할 때에는 동성에게 말할 때보다 더 세심할 필요가 있다. 때로는 이성에게 보이는 칭찬과 관심이 형식적인 수준에 머물러야 할 때도 있다. 물론 어떤 이성이 처해 있는 특정한 상황, 독특한 관심, 혹은 인맥이 네게 어떤 도움을 준다면, 우호적인 관심을 가질 수 있을 것이다. 여기서 중요한 것은 최소한의 절제된 관심을 보이는 것이 가장 큰 매력이라는 사실이다. 정직하지만 기분 좋은 칭찬은 상대방에게 오랫동안 큰 기쁨을 줄 것이다. 그러나 그들의 이해를 존중하고, 그들로부터 조언을 구하고, 그들을 존경하는 모습을 보이고, 그들의 도덕적 덕목에 대한 지지와 확신을 보낸다면, 그들은 언제나 네게 호의적인 태도를 보일 것이다. 하지만 상대가 만약 자신의 능력을 과소평가하거나 의심이나 경멸의 태도를 보인다면 그들은 큰 충격을 받게 된다. 따라서 네가 이성과 우정의 관계를 맺고 싶으면, 그들의 가치를 진심으로 존중해야 한다. 이를 위해서는 약간의 위장도 허용된다. 이성을 기쁘게 하는 것은 너에게 유용한 일이고, 아무에게도 상처를 주지 않는 행동이기 때문이다.

너에게 보내는 편지를 너무 길게 쓰다 보니 편지지가 찢어졌구나. 처음에는 그렇지 않았는데, 길게 쓰다 보니 이렇게 되었다. 이만큼 너에 대한 내 마음이 절실하다는 것을 알아주길 바란다. 늙어가고 있는 내가 이 모든 것을 경험한 후에 쓴 편지가 아직 경험해보지 못한 젊은 너에게 유용하리라 위로하면서 이 편지를 쓰고 있다. 네게 도움이 된다면 이 수고가 전혀 괴롭지 않고, 따라서 널 원망하지도 않는다. 내가 같은 말을 자꾸 반복하는 경향이 있지? 너의 젊은 마음에, 때로는 혼란스러운 마음에 자주 새겨 넣는 것이 좋다고 믿기 때문이란다. 만약 네가 내 조언을 잘 받아들이고 성장한다면, 나는 지금 내 인생에서 시간을 가장 잘 활용하고 있다고 믿는다. 하느님께서 우리 아이를 축복하시길!

베네치아 해변에서 데이트를 즐기고 있는 연인. 아버지는 아들에게 이성을 만났을 때 처음에는 최소한의 관심만 보여주라고 조언한다. 또 이성에 대한 호의적인 태도를 잊지 말라는 것이 체스터필드의 조언이었다.

70번째 편지에서 '아부의 기술'을 전수해준 아버지는 이 편지에서 '협상의 기술'까지 논의를 확대한다. 아들이 외교관으로 성장하기를 원했던 아버지는 외교 협상의 테이블에서 자신의 의도를 숨기고 상대방의 의도를 파악해 낼 수 있는 협상의 기술을 소개한다. 본인이 유능한 외교관이었으며, 1728년 네덜란드 대사로 임명되어 영국과 합스부르크 왕가의 우호 관계를 수립하는 데 결정적인 역할을 했던 체스터필드는 자신의 의도를 '은폐하는 것'과 '상대방을 속이는 것'의 차이를 자세히 설명하고 있다. 모욕적인 상황에서도 흔들리지 않고 위기를 넘기며, 협상을 지속할 수 있는 해법까지 제시한다. 이는 모두 본인의 경험에서 우러난 조언으로, 다방면에 적용할 수 있는 통찰력을 담고 있다. 비판의 여지가 없지는 않지만, 이성을 대하는 태도에 대해서도 조언하고 있는데, 아부의 기술의 중요하고, 절대로 이성으로부터 증오를 받지 않는 것이 중요하다고 썼다. 지나치게 긴 편지를 쓰다 편지지가 찢어졌다는 소박한 일화 속에는, 아들을 향한 아버지의 절절한 사랑과 진심 어린 가르침의 열정이 스며 있다.

예술을 다양하게 감상하는 법

73번째 편지
(1749년 6월 22일, 런던에서)

사랑하는 아들에게,

지난 7일에 네가 직접 써서 보낸 편지는 내가 받았던 그 어떤 편지보다 날 기분 좋게 만들었다. 적시에 편지가 도착한 것도 나를 기쁘게 했다. 지난 4~5일 동안 몸에서 열이 나서 고생했는데, 내가 의사의 진료를 받고 있을 때 네 편지가 도착했다. 하트 선생이 전해준 소식에 의하면 네가 폐에 약간의 통증을 느끼고 있고, 최근에 몸이 부었다가 정상으로 회복되었다고 하더라. 하트 선생은 너의 증상을 설명하면서 기침을 하거나, 침의 분비가 늘거나, 땀을 과도하게 흘리는 것 등에 대해 언급하지 않았기 때문에 나를 진료하던 의사들은 그 편지 내용을 보고 병이 낫고 있는 증거라고 말했다. 의사들은 네가 가끔 느끼는 폐의 통증은 류머티즘 관절염의 증상이라는 견해를 제시했고, 폐의 활동을 방해하는 근육의 압력 때문에 통증을 느끼는 것이라고 설명했다. 그러나 폐는 중요하고 섬세한 인체 기관이므로 어떤 경우에도 하루 두 번 우유를 마시고, 염소젖의 유청乳淸을 자주 마실 것을 권했다. 일반적인 식사 때 도움을 받을 수 있는 음식은 야자나무 녹말, 보리, 순무 등인데 가슴 근육에 좋은 것이라고 한다. 이런 음식은 류마티즘 관절염과 관련 질병에도 좋지만, 소화에도 도움을 준다고 한다. 그러니 의사들의 조언에 따라 음식 조절을 잘하길 바란다. 어리석은 사람들처럼 어리석은 취향에 빠져 건강이 나빠지는 일이 없도록 자신을 엄격하게 통제해라.

 나는 네가 스위스로 가지 않고 대신 베네치아로 가겠다는 계획에 찬

베로나 전경. 베네치아에서 서쪽으로 약 120킬로미터 떨어져 있는 베로나는 맑은 공기로 유명했다. 셰익스피어는 이 도시를 무대로 《로미오와 줄리엣》을 썼다.

성한다. 아마 너는 지금쯤 베네치아에 도착했을 테니, 그곳으로 이 편지를 보낸다. 하지만 지금 더위가 너무 심하거나 수질이 해롭다고 느껴지면, 즉시 베로나로 가서 더위를 피했다가, 다시 베네치아로 돌아오는 것도 좋은 생각이다.

베네치아에서 시간을 보낼 동안, 너는 보통 여행자들은 알아차릴 수 없는 독특하고 복잡한 그곳의 정체 제도에 대해 정통하게 될 것이다. 이것과 관련된 정보를 얻기 위해 읽고, 물어보고, 또 직접 관찰해라. 베네치아에는 고대의 귀중한 유적과 이에 뒤지지 않는 중세와 르네상스 시대의 유적이 많이 남아 있다. 이런 것들은 보통의 영국 사람들이 보이는 관심의 차원을 넘어 더욱 세심하게 관찰해야 한다. 영국에서 온 여행자들은 "베네치아에 가서 사자와 왕을 보고 왔다"라고 말하기 위해 그들을 보러 갈 뿐이다.[8]

너는 그와 다른 각도에서 베네치아를 관찰해야 한다. 시를 읽듯이 관찰하는 것이 좋은데, 실제로 그곳엔 시와 유사한 점이 많다. 조각가들이 어떻게 돌에 생기를 불어넣었는지, 또 화가들이 어떻게 캔버스에 활력을 불어넣으며 인물의 특징을 묘사하고 감정과 열정을 표현했는지 관찰해야 한다. 또, 화가들이 무리를 그렸을 때, 행동의 통일성과 상호 관계, 그리고 복장과 태도의 일관성을 어떻게 표현했는지 살펴야 한다. 조각과 회화는 인문학으로 불리는 것이 맞다. 탁월한 조각과 회화 작품을 이해하기 위해 활기차고 강력한 상상력과 올바른 관찰력이 절대적으로 필요하기 때문이다.

내 생각이지만, 음악은 그 정도는 아니다. 하지만 이탈리아에서는 음악이 워낙 인기가 있어, 때로 조각이나 회화를 압도하며, 심지어 인문학으로 불리기도 한다. 이것이야말로 이탈리아가 퇴락했다는 증거다. 베네치아 학파는 뛰어난 예술가들, 특히 베로네세, 티치아노, 팔마 등을 배출했으며 그들의 탁월한 작품을 베네치아의 가정집이나 성당에서 쉽게 볼 수 있을 것이다. 성 조지 성당에 전시되어 있는 파올로 베로네세의 〈최후의 만찬〉은 그의 걸작으로 평가된다.9) 코르나로Cornaro 가문의 유명한 그림도 마찬가지로 주목할 가치가 있는 작품이다.10) 조각과 그림에 대한 취미는 사람을 성장시키지만, 바이올린을 연주하고 플루트를 부는 것은 사람을 성장시키지 못한다. 조각과 그림은 역사와 시를 반영하는 반면, 음악은 '질이 좋지 않은 사람들의 모임'이라는 것 말고는 내가 아는 것은 없다.

로마와 나폴리로 가기 전에 이탈리아어를 최대한 빨리 배워, 어느 정도는 이해하고 말할 수 있을 정도가 되어야 한다. 이탈리아어를 사용했던 훌륭한 역사가들의 책을 읽을 수 있기 때문이다. 위대한 고대 그리스와 라틴 작가들의 뛰어난 번역본도 많이 있는데, 이를 콜라나Collana(컬렉션)로 부르기도 한다. 그러나 네가 반드시 익혀야 할 뛰어난 이탈리아 시인은 아리오스토와 타소다.11) 이 두 작가는 의심의 여지 없이 뛰어나다.

베네치아를 대표하는 화가 티치아노의 영묘. 프라리성당에 안치되어 있다.

하트 선생에게 내 감사를 전하고, 그가 고통받고 있는 다리의 염증 치료를 위해 아픈 부위를 당분간 붕대로 단단히 감고, 무리하지 말라고 전해주렴.

잘 있거라, 아들아! 부디 안녕!

> 이전 편지에서 아들이 토리노로 갈 것을 예상했지만 아들의 그랜드 투어 여정은 베네치아에서 지체되었다. 아들에게 류머티즘 관절염 증상과 흉통이 나타났던 모양이다. 하트 선생도 다리가 불편해서 여행이 순조롭지 않았다. 아버지는 베네치아에 체류하고 있는 아들을 위해 그곳에서 배워야 하는 것을 일러준다. 조각과 회화에 대해서는 긍정적이지만, 음악에 대해서는 "이탈리아의 쇠락"을 상징한다는 다소 편파적인 설명이 이어졌다. 이탈리아 그랜드 투어의 목적은 "정신을 추출하는 것"이었고, 이를 위해 조각과 미술은 중요한 교육적 과제를 제시했다. 73번째 편지에서 언급된 "조각과 회화는 '인문학'으로 불리는 것이 맞다"는 표현은 예술 이해에 비판적 성찰이 요구된다는 점을 강조한 것이다. 베네치아에서 여름을 나는 것은 고역이었다. 답답하고 숨 막히는 더위와 좁은 골목길에서 퍼질 수 있는 전염병의 창궐을 피해 아버지는 아들에게 베로나로 가서 여름을 날 것을 권한다. 이탈리아를 한 번도 여행해보지 않았던 셰익스피어조차 "상쾌한 베로나fair Verona"라고 그 도시의 맑은 공기를 칭찬할 정도였으니, 아버지의 조언은 적절했던 것으로 보인다.12)

삶의 기쁨을 누리며 세상을 배워라

77번째 편지
(1749년 8월 7일, 런던에서)

사랑하는 아들에게,

지난번 우편으로 배달된 하트 선생의 7월 18일 편지를 통해 네가 폐와 관련된 급성 전염병으로 고생했다는 것과 또 너의 이동 계획 변경에 대한 자세한 설명을 들었다. 전자의 경우, 내 주치의인 쇼Shaw 박사와 상의해 본 결과, 너의 폐에 약간의 증상이 나타났지만 큰 문제가 아닐 것이라고 한다. 그러나 항상 건강에 신경을 쓰고, 특히 폐와 관련해 늘 조심해라. 가슴을 차갑게 하는 것이 치료에 효과가 있다고 한다. 차가운 음식을 먹는 것이 아니라, 음식을 먹음으로써 몸을 식히는 것이다.

몸이 뜨거울 때 찬 포도주를 마시는 것은 좋지 않다. 완전히 익은 과일은 몸에 좋지만, 그것도 양을 조절해야 한다. 나는 많은 영국인이 외국에서 과일에 탐닉하다가 이질에 걸려 죽는 것을 보았다. '어떤 일이든 지나치지 않게Ne quid nimis'는 매사에 적용되어야 하는 가장 탁월한 규칙이다. 그러나 너 같은 젊은이들은 이 규칙을 잘 따르지 않지.

네가 세운 여행 계획이 매우 잘 결정되었다고 믿고, 또 기쁘다. 베네치아로 가기 전에 먼저 베로나에 머물기로 한 것은 탁월한 선택이기 때문이다. 여름철에는 공기가 순환되지 않고 한곳에 머물러 있기에 베네치아는 건강에 좋지 않은 곳이다.

베로나는 공기가 맑고 깨끗하며, 듣기로 아주 훌륭한 사람들이 많이 모여 있다는구나. 마페이 후작Marquis Maffei 한 사람을 만나기 위해서라도 베로나는 방문할 가치가 있는 곳이다.[13] 베로나에서 여름을 보내고, 더위가 한풀 꺾인 9월 중순쯤에 나폴리로 이동하는 것이 좋다고 생각한다. 그곳에서 (괜한 걱정에 불과하기를 바라지만) 네게 남아 있는 폐 질환 증상이 사라지면 좋겠다.

베로나에 있는 원형 경기장은 방문할 가치가 있는 곳이니 자세히 살펴보거라. 베로나와 함께 비첸차Vicenza에도 중요한 건물이 많이 남아 있는데, 그중 안드레아 팔라디오의 건물은 뛰어난 감각과 구조로 진정한 고전적 건물이다. 건축의 다섯 가지 양식을 공부하기 위해 서너일을 투자한다면, 일반적인 비례의 원칙을 포함해서 네가 알아야 할 고전 건축의 모든 것을 습득할 수 있을 것이다. 건축에 관한 팔라디오의 책은 이것을 공부하기 위한 최고의 정보를 담고 있다.[14] 다만 건축 재료나 시멘트 등을 다루고 있는 건축의 기계적인 설명 부분은 읽지 않고 넘어가도 된다.

하트 선생의 편지에 따르면, 네가 고전 공부를 다시 시작했다더구나.

베로나 원형 경기장은 기원후 30년에 건축되었고, 3만 명을 수용할 수 있었다. 이곳은 현재 야외 오페라 공연 시설로 활용하고 있다.

비첸차에 있는 팔라디오의 건물 바실리카 팔라디아나. 1549년부터 팔라디오가 사망한 이후인 1614년에 완성된 바실리카는 기존의 고딕 양식에 르네상스 고전주의 건축이 도입한 혁신적인 설계였다. 처음으로 로지아(회랑)가 정면 벽에 설치되었다. 팔라디오는 고대 로마의 '바실리카' 양식을 도입하여 '바실리카 팔라디아나'가 되었다. 원래 지상층은 상점으로, 위층은 정치 회합의 공간으로 사용했다.

네가 잠깐 고전 공부의 공백기를 가졌지만, 그 기간이 짧았기 때문에 참고 넘어가려고 한다. 다시 공부를 시작했으니 하루에 두 시간씩 집중해서 고전 공부에 전력을 다하길 바란다. 너는 이미 어느 정도 고전 공부에 숙달되어 있으니, 1년 혹은 2년만 더 노력하면 만족할 수 있을 것이다. 사실 이제부터 네가 관심을 가져야 할 부분이 많기에, 고전 공부에 시간을 더 할애할 수 없을지 모른다. 예를 들면 이탈리아어를 말하고 쓸 수 있어야 하고, 논리학, 기하학, 천문학을 공부해야겠지. 체력 증진을 위해 운동을 하는 것도 포함되어야 한다. 세상에 대해서 알아야 하는데, 그게 쉽게 깨달을 수 있는 성질의 공부가 아닌 것이 문제란다. 결국 좋은 사람들과 다양하게 어울리면서 배우는 것이 유일한 방법이겠지.

따라서 너는 지금 순간이 얼마나 소중한지를 늘 깨달아야 한다. 배우고 익히면 익힐수록, 너는 더 많은 기쁨을 누리게 될 것이다. 아침 시간에 열심히 공부하면서 마음을 훈련하면 저녁 시간에 즐기는 기쁨이 훨씬 늘어난다. 마찬가지로, 낮에 하는 육체의 단련이 저녁 식사 자리에서 음식을 맛있게 만들어 준다. '일하고 공부를 하는 것'은 '삶의 기쁨'과 상호작용을 일으킨다. 어리석거나 게으른 사람들은 이 둘이 서로 상극이라고 잘못 생각한다. 열심히 일하지 않는 사람은 절대로 진정한 '삶의 기쁨'을 누릴 자격이 없다.

또한 '삶의 기쁨'을 누리지 못하면서 일을 성공시키는 사람은 극히 드물다. 내가 '삶의 기쁨'이라고 말할 때, 그것은 이성적 존재가 누리는 고상하고 감각적인 기쁨이라는 것을 꼭 기억해라. 절대로 돼지 같은 인간들이 추구하는 야만적인 것이 아니다. 따라서 내가 말하는 '좋은 음식'이란 폭식하지 않고, 술에 취해 주정을 부리지 않고, 기분 좋을 정도만 마시는 포도주 등을 말한다. '오락'이란 게임을 하되 최소한으로 하고, 방탕에 빠지지 않는 것을 의미한다.

훌륭한 감각을 지닌 사람은 안전을 위해 이것들 사이에 있는 가느다란 경계선을 잘 분별하고, 반대편에 있는 질병, 고통, 경멸 그리고 불명예를 멀리한다. 물론 훌륭한 감각과 장점을 가진 사람이라고 해도 때로 실수할 것이다. 그러나 너는 그런 실수를 보면서 그것을 모방하지 말고 스스로 조심하길 바란다. 다른 사람의 실수를 보고 그것으로부터 교훈을 얻는 사람이 되어라. 나는 멋진 사람이 때로 한두 개 악덕을 가진 것을 보았다. 그러나 악덕에 빠져 방탕한 사람이 세련된 인물인 경우는 아직 내 인생에서 한 번도 보지 못했다. 범죄와 버금가는 악덕은 인간을 타락시키는 것이다.

하느님이 함께 하시기를! 내 사랑하는 아들아!

아들의 폐 관련 질환으로 인해 여정이 변경된 것으로 보인다. 여름철의 습한 공기가 건강에 좋지 않기 때문에 아들은 아버지의 조언에 따라 베네치아에서 베로나로 이동했다. 로미오와 줄리엣의 무대로 널리 알려진 베로나는 맑은 공기로 유명했고, 로마 시대의 원형 경기장은 답사의 가치가 있는 곳이었다. 아버지는 아들에게 인근 도시인 비첸차를 방문하고 르네상스 시대의 건축가인 팔라디오의 건축물을 관찰해보라고 권한다. 또 고전 건축의 정수가 남아 있는 베로나에서 다섯 가지 고전 건축 양식에 대해서 알아 둘 것을 주문했다. 잠시 중단했던 고전 라틴어 공부를 조속히 끝마칠 것을 독려했고, 이탈리아의 그랜드 투어에서 배울 것에 대해 열거했다. 한마디로 그것은, "세상에 대해 배우는 것"이었다.

철저한 자기 단련으로 예의를 갖춰라

78번째 편지
(1749년 8월 20일, 런던에서)

사랑하는 아들에게,

인간에 대해서 한번 생각해보자. 한 인간이 세상을 대하는 방식과 성격에 대한 고찰은, 결국 세상을 어떻게 이해하고 살아갈 것인가에 대한 통찰이기도 하다. 그것을 알면 너의 인격을 형성하는 데 도움이 될 것이고, 또 사람을 이해하는 데도 도움을 줄 것이다. 이런 지식은 매우 유용하지만 네 나이에는 얻기 힘들다. 이런 얘기를 젊은이들에게 들려주면 관심을 보이지 않기 때문이다. 그들의 선생들은 과학이나 어학의 여러 분야를 가르치지만, 실제 '세상'에 대해서는 가르칠 능력이 없다. 그들의 부모도 가르칠 능력이 없는 것은 매한가지다. 그 필요성을 무시하거나, 중요하게 생각하지 않거나, 무관심하기 때문이다.

어떤 부모는 자식들을 세상에 던져 놓으면 알아서 배울 것이라고 주장한다. 이것이 그들이 말하는 최선의 교육방식이다. 사실 이 방식은 대단히 일리가 있다. 세상은 이론만으로 무언가를 배울 수 있는 곳이 아니니까. 따라서 실전 연습이 필요한 것은 맞다. 그러나 젊은이가 새로운 나라를 여행할 때, 미로와 협로, 그리고 험로가 가득한 여정 앞에 서 있을 때, 이런 것들을 경험해본 적이 있는 노련한 여행자가 지도를 제공해준다면 큰 도움이 될 것이다.

아무리 존경받을 만한 성격과 가치를 지닌 사람이라고 해도 위엄과 품위는 반드시 지켜야 한다. 도박 경마장을 들락거리고, 요란스레 뜀박질하고, 유난히 큰소리로 웃고, 쓸데없는 농담을 지껄이고, 광대시늉을 하고, 무분별한 친근함을 과시하는 사람은 아무리 존경받을 만한 성격과 가치를 지녔다 해도 결국 몰락해, 다른 사람들로부터 경멸을 받게 된다. 그런 사람은 기꺼해야 '유쾌한 사람'일 뿐, 존경할만한 가치가 없다. 무분별하게 친근하게 대하는 것은 높은 사람들을 기분 나쁘게 만든다. 또 그런 방식으로 아랫사람을 대하면, 결국 그들을 버릇없는 사람으로 만들게 된다. 농담을 심하게 하는 사람은 그저 광대일 뿐이다. 지나친 농담을 하는 사람이나 광대는 둘 다 진정한 재치를 갖추지 못한 존재일 뿐이다. 설령 그가 탁월한 장점과 품위 있는 태도를 지녔다 해도 속한 집단 안에서는 존중받기보다는 도리어 이용당할 뿐이다. 어떤 사람은 노래를 잘 불러서 모임에 초대받고, 어떤 사람은 춤을 잘 춘다는 이유로, 어떤 사람은 농담을 잘하고 항상 웃는다는 이유로 저녁 식사 자리에 초청을 받는다. 또 도박에 능숙하거나 술을 잘 마시는 사람을 초청하기도 한다. 그러나 이렇게 초대받는 사람은 존경이나 존중이 아니라 단순히 이용당하는 불명예를 겪는 것뿐이다. 한 가지 재주 때문에 모임에 데려다 쓰이는 경우, 그는 그 재주 하나 말고는 다른 면에서 존중받지 못한다.

내가 너에게 그토록 권하는 품위를 갖춘 예의범절은 '교만'과는 완전히 다른 것이다. 그것은 마치 고함을 친다고 해서 '용기'가 생기는 것이 아니고, 부질없는 농담을 잘한다고 해서 '재치' 있는 사람이라 부를 수 없는 것과 같다. '교만'처럼 악하고 사람을 비천하게 만드는 것도 없다. 교만한 사람의 요구는 다른 사람의 분노를 일으키는 것이 아니라 비웃음과 경멸을 초래한다. 또 비열한 아첨과 무분별한 동조는 이유 없이 무조건 반대하거나 시끄러운 논쟁을 일삼는 것만큼이나 사람의 품위를 떨어뜨리는 일이다. 그러나 자신의 의견을 정중하게 제안하고 다른 사람의 견해를 존중하면, 그 사람의 품위는 잘 유지될 수 있다. 저속하고 수준이 낮은 표현, 어색한 동작과 말투는 그 사람의 비천함을 드러낸다. 그런 사람은 생각에 깊이가 없는 사람이거나 교육을 받지 못한 사람, 혹은 저속한 무리와 어울리는 사람이다. 사소한 일에 경솔한 호기심을 보이지 말고, 가치가 없는 작은 사물이나 현상에 대해 지나친 관심을 표현하지 말아야 한다. 생각할 필요도 없고 가치도 없는 일에 관심을 가지는 사람은 절대 큰일을 할 수 없다.

표정을 짓고 동작을 취할 때 어느 정도 진지함을 유지한다면 네게 품위를 더해줄 것이다. 물론 재치도 있어야 하고 진지하고 적극적인 성격도 겸비해야 한다. 능글맞은 웃음이나 과도한 몸짓은 그 사람의 알맹이가 비어 있다는 강력한 징표다. 매사에 서두르는 사람은 자신이 맡은 일이 능력에 비해 벅차다는 사실만을 증명할 뿐이다. 일을 재빠르게 처리하는 것과 서두르는 것은 완전히 다른 행동이다.

지금까지 나는 세상의 관점에서 볼 때 사람의 인격을 낮추거나 파산시킬 수 있는 것들에 대해 말했다. 그러나 도덕의 관점에서 사람의 인격에 영향을 주고 심지어 그 사람을 침몰시킬 수 있는 것에 대해서는 아직 언급하지 않았다. 이런 것들은 너무 자명하기 때문이다. 다른 사람에게 쫓겨났지만, 용기를 가진 사람처럼 행동할 수 있고, 사악함과 범죄에 휩싸인 사람이지만 품위 있는 것처럼 행동할 수 있다. 그러나 잠시 사람을 속인다고 해도, 결국 품위와 행동의 고매함은 밖으로 드러나기 마련이다.[15] 부디 바라건대, 아니 자주 읽고, 주목하고, 그냥 외우도록 해라. 키케로의 《의무론》에 나오는 비교 불가한 명문장, 즉 데코룸Decorum에 관한 문장에, 품위 있는 예의범절에 대해 알아야 할 모든 것이 담겨 있다.[16]

다음 편지에는 이탈리아 궁정에서 지켜야 할 예의범절의 지도를 그려주마. 궁정은 네가 아직 완전하게 탐험하지 못했지만 언젠가는 들어가서 살게 될 곳이다. 궁정의 길은 구불구불한 미로이며, 때로는 꽃으로 뒤덮여 있지만 때로는 가시나무 덩굴이 가득하다. 썩은 땅 아래에 깊은 구덩이가 있는데, 그 위를 매끄럽고 쾌적한 포장이 덮고 있다. 모든 길은 미끄러지기 쉽고, 한 번 넘어지면 그것으로 끝이다. 따라서 너는 첫 출발부터 주위를 잘 둘러보고 신중하게 나가야 한다. 그러나 충분한 경험이 쌓이고 숙달될 때까지 너는 때로 미끄러지고, 때로 넘어질 것이다.

체스터필드 부인이 네가 독일어로 쓴 편지를 읽고 크게 칭찬했다.[17] 그녀는 편지를 써 보낸 너의 정성이 고맙고, 네가 구사한 독일어가 정확했다고 말했다. 내가 대충 보기에도 너의 독일어 문체는 잘 구성되어 있었다. 심지어 너의 영어 문체보다 나았다. 앞으로도 계속해서 독일어 문장을 써서 익숙해지도록 해라.

잘 있거라, 아들아!

사실 아버지 체스터필드의 어린 시절은 불행했다. 친아버지는 아들 교육에 무관심했고, 어머니는 일찍 죽었다. 명문가 출신의 귀족이었던 할머니의 손에 키워졌지만, 개인 가정교사를 통해 기초 교육을 받아야 했고 사회성을 익힐 기회가 없었다. 케임브리지에서의 대학 생활도 1년을 겨우 넘기고 중단했다. 본인이 경험했던 양육기의 결핍으로 인해 체스터필드는 자기 아들에게 더 철저한 자기 단련과 예의범절을 강조한 것으로 보인다. 78번째 편지에서 체스터필드는 아들에게 강조한다. 다른 사람의 업신여김을 받지 않기 위해서 어떻게 행동해야 하는지를. 당대 최고의 귀족 가문에, 왕실의 사위였던 체스터필드가 이 점을 강조한 것은 다소 의외다. 사생아로 태어났던 아들에 대한 염려도 이런 간곡한 편지의 원인이 되었을 것이다.

다방면으로 뛰어난 사람이 되어라

82번째 편지
(1749년 9월 22일, 런던에서)

사랑하는 아들에게,

사람에게 호감을 불러일으키는 전설적인 물약이나 사랑의 묘약을 믿는다면, 네가 찰스 윌리엄스 경에게 그것을 먹이지 않았나 싶다.[18] 윌리엄스 경이 나와 주위에 있던 사람들에게 네가 광범위한 지식과 품위 있는 행동을 보여주었다고 극찬했으니 말이다. 하지만 나는 그가 그토록 칭찬했던 너의 광범위한 지식의 정확성에 대해 반복해서 묘사하지 않을 것이다. 그것은 너를 자만하게 만들거나, 더 노력해야 한다는 사실을 잊어버리게 만들 수 있기 때문이다. 내가 윌리엄스 경에게 너에 대해서 얼마나 많은 질문을 던졌고, 얼마나 심각한 주제로 함께 상의했을지 너는 쉽게 짐작할 것이다.

나는 너에 대해서 정말 많은 질문을 던졌고 너의 현재 상태를 파악하기 위해 본질적인 문제까지 파고들었다. 일상생활에 임하는 너의 태도와 지금 집중하고 있는 공부에 관해 물었고, 당연히 다른 문제에 관해서도 다양한 질문을 던졌다. 내가 너를 완전히 알기 위해서 부차적인 문제까지 물어봤는데, 이는 본질적인 것은 아니지만 모든 사람에게 영향을 미치고, 특히 너에게 큰 영향을 미치는 일이었기 때문이다. 즉, 너의 말하는 태도, 품행, 그리고 풍기는 분위기에 대한 질문이었다. 아쉽게도 그가 내게 들려준 너에 대한 평가는 그리 좋지 않았다. 윌리엄스 경은 너와 맺고 있는 관계도 중요하지만 나와의 우정도 소중하게 생각하여, 너에 대한 부정적인 의견도 긍정적인 평가와 함께 밝혀야 한다는 의무감을 느낀 것 같다. 나도 같은 원칙에 따라, 너에게 그것을 이야기하고자 한다.

그는 내게 이렇게 말했다. 너는 사람들 사이에서 짜증이 날 만큼 산만하고, 다른 생각에 몰두하거나, 다른 사람과 어울리려고 하지 않는다는 것이다. 사람들이 있는 방으로 들어왔을 때 너는 매우 어색하게 자신을 소개했고, 식사 테이블에서는 예의범절을 지키지 않았으며, 나이프, 포크, 냅킨, 빵 등을 떨어뜨렸다는 것이다. 또 지위에 맞지 않은 옷차림을 하고 다녔는데, 사람들에게 용납될 수 없는 수준이라고 말했다.

세상 돌아가는 이치와 인간성의 본질을 모르는 사람들에게는 하찮아 보일 수도 있지만, 이런 일들이 지극히 중요하다는 것을 알고 있는 내게는 너무나 큰 걱정거리다. 나는 오랫동안 이 문제들에 대해 네게 불편한 마음을 가지고 있었고, 따라서 자주 너를 훈계해왔다. 너의 달라진 모습에 관한 얘기를 확실히 들을 때까지 내 마음은 편치 않을 것이다. 모임에서 부주의하고 산만한 태도만큼 무례한 건 없다. 그것은 다른 사람을 경멸한다는 뜻이다. 어떤 사람도 그 경멸을 용서하지 않는다. 어떤 사람도 자신이 두려워하는 남자나 사랑하는 여자를 무심하게 대하지 않는다. 아들아, 명심하거라. 사람을 대할 때 그 사람에게 집중할 만한 가치가 있다고 믿는 태도는 무관심보다 훨씬 많은 이익을 네게 준단다. 나는 내게 무관심한 사람과 대화하느니, 차라리 죽은 사람과 대화하는 쪽을 택하겠다. 죽은 사람은 내게 즐거움을 주지 못하더라도 최소한 나를 경멸하지는 않기 때문이다. 그러나 내게 무관심한 사람은 조용하지만 명백하게 나를 가치가 없는 사람으로 보면서, 나를 경멸하고 있다.

게다가 매사에 관심이 없는 사람이 그가 속한 모임의 관습과 품행에 대해서 무엇을 배울 수 있겠니? 당연히 아무것도 배우지 못할 것이다. 나라면 산만한 사람을 모임에 받아들이지 않겠지만, 설사 평생 최고 수준의 모임에 다닌다고 하더라도 그는 조금도 더 나아지지 않을 것이다. 나는 무심하여 딴생각에만 몰두하는 사람과는 대화하고 싶지 않다. 그들은 남의 말을 듣지 않기 때문에 대화할 가치가 없다. 사실 우리 말을 듣지도, 생각하지도, 이해하지도 못하는 사람과 대화한다는 것은 가치가 없는 일이다. 나는 현재의 문제에 무관심하거나 성실히 주의를 기울이지 않는 사람은, 그 일의 책임을 지거나 업무를 맡는 데 적합하지 않다고 확신한다. 너도 알다시피 나는 네 교육에 드는 비용에 대해서 불평해본 적이 없다. 그렇지만 네 교육을 위해 '망나니Flapper'를 고용하는 것을 허용할 수 없다.[19)]

아마 너는 조너선 스위프트 박사의 책《걸리버 여행기》에서 망나니

이탈리아로 보낸 편지

에 대한 묘사를 읽었을 것이다. 그들이 너처럼 공허한 이론에만 빠져 있던 라푸타Laputans족에게 어떻게 행동했는지도 기억할 것이다. 너는 다른 사람들과 말도 하지 않고, 다른 사람의 대화에도 관심 없이 혼자만 상념에 빠져 있는 라푸타족과 닮았다. 어쨌든, 여유가 있는 사람들은 항상 집안에 망나니를 한 명씩 식구처럼 두었고, 그가 동행하지 않으면 외출도 하지 않았다고 한다. 그를 고용한 주인이 만약 상념에 빠지거나 다른 사람에게 관심을 기울이지 않으면 망나니는 가볍게 손뼉을 쳐서 주인의 정신이 돌아오도록 만들었다. 왜냐하면 그 주인은 항상 생각에 사로잡혀 있어서 주변 환경에 관심을 기울이지 않기 때문에 절벽에서 떨어지거나, 기둥에 머리를 박거나, 거리에서 다른 사람과 부딪히거나, 개집으로 들어갈 수 있기 때문이었다. 아무리 내가 너의 교육에 투자를 아끼지 않는다고 해도, 그런 '망나니'까지 고용해서 너의 나쁜 습관을 고치게 하고 싶지 않다.

아들아, 정중히 경고하노니 우리가 다시 만날 때는 네가 사람들에게 관심을 기울이고, 주변 상황에 적극적으로 대처하기를 바란다. 만약 네가 그렇게 행동하지 않으면 나는 당장 그 방에서 나가버릴 것이다. 식탁에서 네가 예절을 지키지 않고 나이프, 접시, 빵을 집어 던지거나 닭고기를 나이프로 썰기 위해 허튼짓하고 너의 소매를 다른 접시에 빠뜨리는 행동을 한다면 나는 당장 그 방에서 뛰쳐나가 버릴 것이다. 너의 행동을 도저히 참을 수 없으니까. 반면에 만약 네가 나를 찾아왔을 때, 두 발이 다 왼발인 사람처럼 어설프게 서고, 헐렁한 옷을 늘어뜨린 채 들어온다면 나는 경악할 것이다. 반대로 네가 세련된 교양인답게 편안하면서도 우아한 태도를 보여준다면 얼마나 좋을까? 나는 너가 그러기를 기대한다.

　아들아, 나는 네가 그냥 옷을 잘 입는 정도가 아니라 아주 빼어나게 잘 차려입기를 바란단다. 어떤 행동을 하든지 우아하게 행동하고, 특히 말할 때 우아했으면 좋겠다. 네가 관심을 가지고 신경을 쓴다면 이런 것은 충분히 이룰 수 있다. 만약 그렇게 하지 못하면 나는 너와 만나거나 함께 대화를 나누고 싶지 않다. 이것이 솔직한 내 심정이다. 나는 절대로 무관심하게 행동하거나 부적절하게 행동하는 널 용납할 수 없다. 나는 네게 다른 사람에게 관심이 없고 부적절하게 행동하는, 이름이 'L'로 시작하는 사람의 잘못을 사례로 든 적이 있다. 그는 라푸타족처럼 혼자만의 생각에 빠져 있거나 생각하지 않고 행동했기 때문에 아무리 가까운 지인을 만나도 알아보지 못하거나, 상황에 어울리지 않는 엉뚱한 말을 꺼내곤 했다. 그는 또 모자는 이 방에 두고, 장식용 칼은 저 방에 두며, 신발을 세 번째 방에 벗어두곤 했다. 무엇에 얻어맞은 것처럼 그의 머리는 늘 혼란스럽고, 좌우로 정신없이 흔들곤 했던 것을 너도 기억할 것이다. 나는 그 사람의 일정 부분, 즉 성취한 학문과 도덕적 삶을 진심으로 존경하지만, 내 영혼을 지키기 위해 그 사람과 일행이 되고 싶지는 않다. 주변 일에 관심이 없고 부적절하게 행동하는 사람은 대개 이런 대우를 받게 되는데, 이는 사필귀정이다. 그 사람의 업적과 지식이 아무리 크다고 해도 말이다.

　너처럼 젊었을 때, 나는 가능한 한 삶의 모든 부분에서 빛나는 존재가 되고 싶었고 나의 품행과 복장, 그리고 나의 분위기를 모두 최고로 만들고자 했다. 아침에 선생님들과 공부할 때도, 저녁에 친구들과 어울릴 때도 그랬다. 젊은이는 모든 면에서 최고로 빛나는 존재가 되겠다는 야심을 품어야 한다. 모자라는 것보다 넘치는 것이 훨씬 낫다. 이런 태도는 결코 사소한 것이 아니다. 그런 젊은이가 세상에 던져졌을 때 얻게 되는 결과는 상상을 초월한다. 위대한 인물이 되거나 엄청난 행운의 부를 이루게 될 것이기 때문이다. 좋은 대우를 받을 자격이 있는 것만으로는 충분하지 않다. 사람들의 마음을 얻어야 한다. 어색하게 행동하거나 친하게 지내기 어려운 성격을 가진 사람은 절대로 동료를 얻을 수 없다.

하트 선생이 전한 내용에 따르면, 네가 병에서 회복한 후로 키가 많이 자랐고, 바라기는 네 키가 5피트 10인치(178센티미터) 정도, 아니면 5피트 9인치(175센티미터)까지만 자라준다면 좋은 체격이 될 것이며, 멋진 옷을 입을 수 있는 몸이 될 것이라 했다. 이런 것은 사람들이 일반적으로 생각하는 것보다 훨씬 더 중요한 이점으로 작용한다. 그래서 프랜시스 베이컨 경은 적당한 키를 "좋은 추천서"라고 말했다.

나는 네가 다재다능하고 '모든 분야에 관심을 가진 뛰어난 인간 l'homme universel'이 되기를 바란다. 비록 너는 아직 어리지만 또래에 비해 이미 상당한 수준에 도달해 있다. 내년 한 해만 더 그렇게 전력을 기울이면 내가 바라는 사람, 즉 '보기 드문 사람'이 될 수 있을 것이다. 부디 한 해만 더 아침에 열심히 공부하고 저녁에는 예의를 지키며 온화한 분위기 속에서 대화하고 행동하는 법을 배우기를 바란다.

서로 주고받는 편지가 자주 전달되지 않기 때문에 몇 가지 내용을 반복해서 확인해주마. 지난 9월 8일에 하트 선생에게 이미 보낸 내용이지만, 다시 한번 전한다. 만약 네가 베로나에서 이 편지를 받았다면, 내 뜻은, 지체하지 말고 나폴리로 갔으면 한다는 것이다. 물론 하트 선생이 네가 베로나에 좀 더 머무는 것이 좋다고 판단하거나, 희년을 맞이하게 될 로마 주변으로 가는 것이 좋다고 판단하면, 그 뜻을 따라야겠지.[20] 그래, 만약 하트 선생이 그렇게 생각한다면 지금 베네치아에서 바로 로마로 가는 것이 좋겠다. 로마는 언어, 유적, 사람들 어느 면으로 보나 오래 머물수록 좋다. 내가 나폴리로 가라고 추천한 이유는 네 몸이 아프다는 소식을 듣고, 쾌청한 나폴리 날씨가 건강 회복에 도움을 주리라 판단했기 때문이다. 그러나 하트 선생이 너의 건강이 완전히 회복되었다고 판단한다면, 굳이 나폴리로 가지 말고 하트 선생과 함께 너의 적절한 행선지를 정하기 바란다.

나는 네가 로마에서 최대한 오래 머무는 것을 추천한다. 하트 선생이 로마에서 잘 인도해줄 것이다. 로마로 간다면, 교황청을 방문하여 먼저 적절한 정도의 헌금을 하고, 필요한 종교의식에 참석하고, 필요하다면 교황의 구두에 입 맞추는 것도 잊지 말아라. 나는 특정 지역의 풍습을 따르고자 하고, 꼭 참여해보고 두 눈으로 보아야 하는 것을 놓친 적이 없다. 또 나는 가톨릭 국가에서 머물렀을 때 주교님이 지나가시면 성당이나 다른 곳에서 무릎을 꿇는 것을 거부해 본 적이 없다. 그것은 그 지역과 장소의 관습에 따르는 것일 뿐, 몇몇 사람들이 오해하듯이, 결코 그들의 교리를 암묵적으로 승인하는 것이 아니다. 외관상으로 다른 풍습과 관례 때문에 나는 다른 사람과 절대로 다투지 않는다.

이번 편지가 너무 길고, 어쩌면 지루하게 느껴질 수도 있겠다는 생각이 든다. 하지만 네가 완벽한 사람이 되기를 바라는 내 마음이 간절하고, 특히 네가 중요한 시기를 보내고 있어 그랬으니, 부디 아버지의 마음을 이해해주길 바란다. 했던 이야기를 반복하는 것에 대한 두려움보다, 꼭 해줘야 할 말을 빠뜨리지 않았을까 하는 두려움이 더 크다. 네게 이렇게 길게 이야기를 들려주는 것이 더 도움이 되지 않을까 판단했다. 내 걱정과 판단을 이해해주길 바라는 마음이다. 잘 있거라, 내 아들아!

로마 바티칸의 성베드로대성당에서 미사를 집전하고 있다. 체스터필드는 개신교도였으나 가톨릭 신앙에 대한 존경심을 잃지 않았다.

베네치아 혹은 베로나에 있는 아들에게 쓴 편지다. 드레스덴에서 아들을 만났던 영국 대사 찰스 윌리엄스로부터 아들 소식을 들은 아버지는 매사에 무관심한 태도를 보였던 아들을 질타하는 길고 심각한 편지를 썼다. 아버지가 줄기차게 강조하고 있는 것은 매사에 적극적인 관심을 기울이는 태도였다. 68번째 편지에서 "젠틀맨의 품성"을 "매사에 적극적으로 대처하고, 자신의 의도를 노골적으로 밝히는 것이 아니라 진중한 언행을 하고, 밝은 태도를 지니는 것"이라고 설명한 바 있다. 여기서 "매사에 적극적으로 대처하는 자세"를 다시 강조하고 있는 것이다. 82번째 편지에서는 "하는 것이 무엇인지 아는 젊은이"로 설명하고 있다. "모든 분야에 관심을 가진 뛰어난 인간"이 될 것을 요구하는 것도 주요한 내용이다. 건강 회복이 되었다면 로마로 가서 1750년 희년을 맞이하는 로마로 가라는 조언을 하고 있고, 그렇지 않다면 기후가 좋은 나폴리로 갈 것을 조언하고 있다. 괴테가 "거대한 학교"라고 표현했던 로마 그랜드 투어에 대한 설명이 시작된다.[21]

고귀한 사람의 태도에 대하여

83번째 편지

(1749년 9월 27일, 런던에서)

사랑하는 아들에게,

천박한 말과 행동은 결국 부족한 교양과 저급한 인간관계를 드러낸다. 이런 습관과 행동 방식은 학교에서 배우거나, 하인들과 어울리면서 배우게 된다. 좋은 사람과 어울리면서 습관을 바꿀 수는 있지만, 끊임없는 노력과 관심이 필요하다. 조속히 개선되지 않는다면, 훌륭한 사람들이 모인 모임에서 배제될 수도 있다. 저속한 것들의 사례를 모두 나열하는 것은 거의 불가능한 일이지만, 몇 가지 예를 들어주마.

저속한 사람은 남 흠잡기를 좋아하고 시샘이 많으며, 하찮은 것에 과도한 관심을 보이고, 조급한 성격을 띤다. 그는 자신이 무시당하고 있다고 항상 의심하고, 늘 다른 사람이 자신에 대해 험담을 한다고 생각한다. 다른 사람이 웃으면, 그는 그것이 자신을 향한 비웃음이라고 여긴다. 이런 사람은 화를 잘 내고, 무례한 말을 함부로 하고, 자신이 옳다고 고집함으로써, 스스로를 곤경에 빠뜨린다.

반대로 품위 있는 사람은 공연히 남의 시선에 예민하지 않다. 자신이 어떤 잘못을 범하지 않았다면, 교양 있는 사람은 다른 사람이 자신을 무시하거나 비웃는다고 생각하지 않는다. 설령 어리석거나 무례한 누군가가 그에게 노골적으로 무례하게 굴어도, 참을 수 없을 만큼 심각한 모욕이 아닌 한 대수롭지 않게 넘긴다. 교양 있는 사람은 사소한 것에 대해서는 화를 내거나 언쟁으로 대응하지 않는다. 저속한 사람의 거친 말은 그 사람이 못 배우고, 또래의 저속한 무리와 어울리고 있다는 사실을 증명할 뿐이다. 그들의 대화는 가족, 하인들, 가족 간의 관계, 이웃에 관한 과장되고 단편적인 흥미를 끄는 주제로 한정되어 있다. 한마디로, 저속한 사람은 '뒤에서 험담하는 사람'이다.

저속한 언어의 사용은 나쁜 환경과 교육의 결과를 뚜렷이 보여준다. 언어의 저속함은 교양 있는 사람이 반드시 피해야 할 악덕이다. 한물 간 속담이나 진부한 격언은 저속한 사람이 말할 때 사용하는 상투적인 버릇이다. 그는 "누군가의 음식은 다른 사람에게는 독이다What is one man's meat is another man's poison"라는 옛 속담을 말하면서, 사람마다 취향이 다르다는 것을 주장한다. 어떤 사람이 그에게 똑똑한 척하면서 도발하면, "눈에는 눈, 이에는 이Tit for Tat"라고 하면서 강하게 맞대응한다. 또 저속한 언어를 사용하는 사람들은 특정 단어를 남발하는 경향이 있다. "진짜Vastly, 화났다" "진짜, 친절하다" "진짜, 잘생겼다" "진짜, 못생겼다"라고 말하는 것처럼 같은 단어를 계속 반복하는 것이다.

어떤 사람의 발음을 들어보면, 그 속에서 저속함의 흔적을 발견할 수 있다. 유식한 척, 어려운 단어를 자주 사용하면서 발음을 이상하게 꼬는 사람이 있다. 그러나 교양 있는 사람은 진부한 속담이나 저속한 격언을 사용하지 않고, 특정 단어를 남발하거나 어려운 단어를 사용하지 않으며, 분명하게 말하고, 문법을 지킨다. 또 훌륭한 사람들의 모임에서 사용하는 정확한 발음을 구사하기 위해 노력한다.

어색하게 말하는 습관, 품위 없는 태도와 행동, 또는 왼손을 주로 쓰는 것은 자신이 제대로 배우지 못했다는 사실과 나약하고 게으른 사람이라는 걸 만천하에 알리는 것이다. [22] 좋은 사람과 어울리고 있다면 무엇인가를 배우지 않는 것은 거의 불가능한 일이다. 만약에 신병이 훌륭한 기율을 가진 부대에 들어갔다면, 최악의 경우가 아니라면, 한두 달의 경험만으로도 그 부대에서 무언가를 배울 것이고, 점차 진정한 군인의 모습을 갖추게 될 것이다.

교양 있는 사람이 취하는 몸가짐은 저속한 사람들에게는 고통스러운 굴레다. 교양이 없는 사람은 모자를 어떻게 쓰고, 어떻게 들고 다녀야 하는지 몰라 당황한다. 지팡이를 짚고 다녀야 한다면, 커피나 차를 마실 때 어디에 지팡이를 놓아야 할지 몰라서 땅바닥에 떨어뜨리거나 식기에 부딪히기도 한다. 제복과 함께 차는 칼 역시 다루는 법을 몰라, 자기 칼에 자기가 걸려 넘어지기도 한다. 또 걸치고 있는 옷은 몸에 맞지 않아서 마치 법정의 죄수복처럼 활동을 방해한다. 그가 평소에 풍기는 분위기가 그의 평판을 망치고, 사람들은 그와 어울리기를 주저한다. 결국 그 사람은 수준이 낮은 사람들과 어울리게 되고, 일정한 나이가 되면 절대로 그 무리 속에서 벗어나지 못하게 된다.

'품위 있고 자연스러운 태도Les manieres nobles et aisees와 신분에 걸맞은 자세la tournure d'un hommer de condition를 유지하고, 속해 있는 훌륭한 모임의 분위기le ton de la bonne compagnie에 자신을 맞추며, 우아함les graces을 갖추고, 자신이 원하는 것이 무엇인지 아는 젊은이les jeunes qui savent ce qu'ils veulent'가 되어야 한다. 이런 덕목들은 네 인격과 지식을 더욱 빛나게 해줄 것이다. 이런 것들은 다이아몬드 원석을 깎고 다듬는 것처럼 네가 열심히 노력해서 얻어야 할 덕목이다. 다이아몬드 원석은 다듬지 않으면 아무리 무게가 많이 나간다고 해도 쓸모가 없다. 이런 것은 여성만 갖추어야 하는 것이 아니라 남성도 갖추어야 한다.

대중 집회에서 점잖은 태도, 준수한 외모, 자연스러운 분위기를 갖춘 채 우아한 연설을 구사하는 연설자는 얼마나 멋지게 보이겠니? 그런 모습을 갖추지 못한 연설자와는 비교조차 되지 않을 것이다. 이런 실제 상황에서 품위 있는 행동이 얼마나 중요한지 설명할 필요도 없겠지. 궁정에서 활동할 때나 협상 테이블에 앉았을 때도 마찬가지다. 세련된 태도를 지닌 사람은 부탁을 거절하면서도, 다른 이가 호의를 베풀 때보다 상대방의 기분 더 좋게 만든다.

너는 지금 한때 예술과 군사력으로 유명했던 나라를 여행 중이다. 지금은 비록 쇠락을 거듭하고 있지만 그래도 네가 주의를 기울이고 관찰하며 숙고할 것들이 많은 곳이다. 세밀하게 살피면서 왜 위대했던 나라가 이렇게 쇠락하게 되었는지, 과거와 현재의 모습을 비교하면서, 흥망성쇠의 원인을 깊이 탐구해보길 바란다.[23]

문제를 단편적으로만 보지 말고, 고전을 참고하며 역사적으로 관찰

315년에 건축된 콘스탄티누스 황제의 개선문. 그랜드 투어의 목적 중의 하나는 쇠락의 원인을 모색하고, 타산지석의 교훈을 얻는 것이다. 에드워드 기번의 《로마제국쇠망사》 역시 그랜드 투어의 산물이었다.

하고, 또 정치적 관점에서 비교해보아라. 많은 영국의 젊은이들이 이탈리아를 가볍게 관찰하는 경향이 있는데, 너만은 그렇게 하지 말아라. 호기심만 불러일으키는 로마 시대의 사소한 카메오 장식을 구경하느라 시간을 낭비하지 말아야 한다. 사소한 것까지 박식할 필요는 전혀 없다. 그 대신 고대와 현대 거장들의 작품을 면밀히 살펴 회화, 조각, 건축의 안목을 길러라. 인문학을 통해 진정한 지식의 기쁨을 맛볼 수 있다면, 그것이 바로 교양 있는 사람의 척도이다. 그러나 그것도 지나치면 안 된다. 취향을 지나치게 따르다 보면 쓸데없는 일에 시간을 낭비하게 되니 말이다.

어제 멘데스라는 멋진 친구와 저녁 식사를 했다. 그는 성격이 좋고 너그러운 사람이다. 널 만난 적이 있다던 멘데스는 네가 나보다 더 큰 것 같다고 이야기했는데, 그 말을 듣고 내 기분이 좋아졌다. 아들인 네가 다른 모든 면에서 아버지인 나를 능가하고 뛰어넘기를 바란다. 네가 나를 이기면, 나는 정말 기분이 좋다. 멘데스는 네 친구 스티븐스도 극구 칭찬했다. 네가 훌륭한 친구와 사귄다니 나도 기뻤다. 그와 맺은 우정이 앞으로 큰 도움이 될 것이다. 외국에 있을 때, 장차 훌륭한 일을 맡게 될 영국 출신 친구와 교제하고, 그들이 너에 대해 좋은 평판을 갖게 된다면 정말 좋은 일이니, 더 노력해라.

찰스 윌리엄스 경이 너를 너무 과도하게 높이 평가한 것 같기는 하다. 만약 재능 있는 사람들 서너 명만 더 네가 돌아오기 전에 그렇게 말해준다면, 네가 런던에 처음 등장할 때 큰 이점이 될 것이다. 사람들은 대체로 이미 굳어진 평판을 그대로 믿고 따른다. 다른 사람의 평판에서 벗어나서 성공을 거두는 사람은 극히 드물다는 사실을 꼭 기억하길 바란다. 잘 지내거라!

> '저속한 사람'과 '교양 있는 사람'의 삶의 태도를 비교하면서 아들을 위한 조언을 이어간다. 배우지 못하고 저속한 무리와 어울리는 사람의 특징을 자세히 열거하고 있다. 로마에서 계속될 그랜드 투어에 대해서, 과거의 영광과 오늘의 쇠퇴를 비교하고 검토하여 문명의 흥망성쇠 이유를 관찰하라고 가르친다. 그랜드 투어의 궁극적인 목표가 "고귀하고 자연스러운 태도, 신분에 걸맞

런던의 웨스트민스터궁전은 상·하원이 열리는 영국 정치의 중심지다.

은 자세를 유지하고, 자신이 속해 있는 훌륭한 모임의 어조를 모방하고, 우아함을 갖추며, 스스로가 원하는 것이 무엇인지 아는 젊은이가 되는 것"이라고 강조하고 있다. 아버지는 아들이 이런 덕목을 길러 장차 영국 정치의 중심인 런던의 웨스트민스터궁전에서 활동하는 날을 학수고대했다.

건강한 신체와 건강한 정신을 지켜라

84번째 편지

(1749년 10월 2일, 런던에서)

사랑하는 아들에게,

네가 9월 22일 자 편지에서 언급한 하트 선생의 편지는 아직 받지 못한 상태다. 네가 베로나를 떠나 다시 베네치아로 돌아온 이유에 대해서 나는 알 수가 없구나. 최근 너와 내가 주고받은 20통의 편지가 우체국의 부주의와 실수로 자주 전달되지 못해서 무척 화가 난다. 네 현재 상황을 알 수 없고, 내가 보낸 조언과 지시가 잘 전달되지 않으니 말이다. 최근에 나는 너와 하트 선생에게, 총 18통의 편지를 보냈는데, 회신으로 돌아온 편지를 자세히 검토해보니 한 통도 네게 전달되지 않았던 것 같다. 이제부터 편지를 쓸 때마다, 내가 보낸 편지의 날짜를 기록해 두거라. 내 편지가 잘 전달되어야 지금처럼 앞으로의 행선지에 대해 혼란스러워할 일이 없을 것이다. 이 편지를 네가 받았다면 너는 지금 나폴리에 있는 것이겠지? 상황이 확실하지 않지만 각 상황에 맞게 대처하는 게 좋겠다.

이 편지를 받으면 가능한 한 빨리 로마로 출발해라. 희년1750이 다가오기 전에 서둘러 그곳으로 가는 편이 좋겠다. 희년을 맞이하면 로마에서는 숙소를 빌리기 힘들고 여러 가지 부대 시설도 이용이 어려워진다. 나는 네게 선택권을 주겠지만, 편지에서 살짝 암시한 것처럼, 희년 행사만 참석하고 서둘러 로마를 떠나겠다는 네 생각을 지지하지는 않는다. 반대로 나는 네가 최소한 6개월은 로마를 근거지로 삼으면서 마치 로마 시민권을 얻은 것처럼, 진정한 로마 사람이 되는 경험을 쌓기를 바란다. 유럽의 어느 도시보다 보고 배울 것이 많은 곳이 로마란다. 너를 가르쳐줄 최고의 스승이 있고, 너의 부족한 부분을 보충해줄 훌륭한 사람들의 모임이 로마에 있다. 네가 원한다면 봄에 잠시 나폴리를 다녀올 수 있겠지만, 여름 더위가 너를 그곳에서 몰아내지만 않는다면, 로마를 근거지로 삼고 그곳에 머물러야 한다. 로마의 여름 더위를 피해 이탈리아의 어느 지역으로 도피해야 하는지는 그때 가서 얘기하도록 하자.

네가 편지에서 언급한 교육비 부담에 대해 잠시 얘기하마. 나는 네가 어릴 때부터 지금까지 단 한 번도 너를 위한 교육비 지출에 대해 불평해본 적이 없다. 지금이 너의 교육에서 가장 중요한 시기이기 때문에 더욱 그러하다. 나는 교육비가 '어떻게' 사용되는지가 중요할 뿐, '얼마나' 사용되는지는 생각하지 않는다. 다만 나는 너의 체면이 망가지는 일, 돈을 낭비하는 일, 그리고 정신을 잃는 일에는 일절 교육비를 지출하지 않을 것이다. 다시 말하면, 여자 문제, 도박, 술주정을 위한 돈은 한 푼도 주지 않을 것이다. 나는 너의 생활비는 물론 삶의 기쁨을 위해 드는 정당한 비용을 즐거운 마음으로 부담할 것이다. 또 나는 네가 최고의 스승을 구할 수 있다면 기꺼이 비용을 지출할 것이다. 교양 있고 세련된 사람은 여행할 때 적절하게 차려입고, 깨끗한 숙소와 숙련된 하인들의 도움을 받아야 한다. 네가 '품위 있는 사람'으로 행동하는 데 필요하다면, 나는 기꺼이 그에 필요한 비용을 지원할 것이다. 요약하자면, 네가 부도덕하거나 어리석은 목적으로만 사용하지 않는다면, 네게 드는 교육비의 지출을 환영하는 바이다.

토리노의 경우, 여행자로서 한두 달 머무는 것은 괜찮지만, 공부를 하기 위해 가는 것은 적절하지 않다. 하트 선생과 그의 친구가 토리노에서 보낸 편지를 보면, 그곳은 학업을 위한 도시가 아닌 것 같다. 로마를 떠난 후, 피렌체는 네가 철두철미하게 알아야 할 장소 중 하나이다. 그곳에 많은 도박장이 있지만, 아버지는 네가 도박에 빠져들지 않을 것이라고 확신한다.

로마로 가는 길을 선택하는 것은 하트 선생의 판단에 맡기겠다. 이탈리아 동부의 아드리아해 해안을 따라가든지, 아니면 서부의 지중해 해안을 따라가든지, 내게는 같은 길로 보이지만 말이다. 다만 돌아올 때는 갈 때와 다른 길을 선택하길 바란다.

네 건강이 회복되었다니, 네가 베네치아로 돌아온 것을 크게 걱정하지 않는다. 나도 큰 수도를 좋아하기 때문이다.[24] 최고의 스승, 최고의 동반자, 최고의 품행을 배우는 데 큰 수도가 최고다. 이탈리아의 다른 작은 도시는 '볼 가치'가 있지만, 베네치아와 같은 큰 수도는 '살 가치'가 있는 곳이다.

내가 쓴 많은 편지가 네게 전달되지 않았기 때문에 나는 너의 근황에 대해서 아는 것이 거의 없다. 그래서 내가 자꾸 했던 말을 반복하는 것인지도 모르겠다. 하트 선생에게 두 번이나 부탁한 내용을 다시 반복하마. 베네치아에 있는 네 모습을 그린 작은 그림을 편지와 함께 보내다오. 너를 닮았다면, 유화든 수채화든 상관없다. 엉뚱하게 화려한 옷을 걸친 모습이 아니라 그냥 너의 현재 모습을 담고 있는 그림이면 된다. 나는 화가의 과도한 해석이 들어간 그림보다 사실주의적인 그림을 더 선호한다. 만약 그 그림이 아직 완성되지 않았다면, 베네치아를 떠나기 전에 꼭 그려서, 편지에 동봉해주기 바란다. 네 모습이 어떨지, 정말 궁금하구나. '건강한 신체에 깃든 건강한 정신Mens sana in corpore sano'은 가장 큰 축복이다. 나는 여기에 '그리고 아름다운et pulchro'을 더해 문장을 완성하고 싶다. 나는 내 아들이 이 모든 것을 갖추기를 바란다. 잘 지내거라!

> 아버지가 18통의 편지를 연달아 보냈지만, 아들에게는 한 통도 전달되지 못한 모양이다. 오랜 연락 두절로 인해 걱정하던 아버지는 다시 베네치아로 돌아온 아들에게 로마로 갈 것을 추천한다. 1750년의 희년을 맞이한 로마에서 최소한 6개월을 보내면서 로마 시민법을 공부하는 시간을 가지라고 조언했다. 교육비에 여행 경비에 드는 비용에 대한 아버지의 각오가 설명되어 있고, 대신 적절하게 사용할 것을 부탁하고 있다. 아들에게 초상화를 그려달라고 부탁하는 아버지의 모습에서 따뜻한 부정父情이 느껴진다.

베네치아에서 로마로 가는 길은 당시 두 가지 길이 있었다. 하나는 이탈리아 동부 해안선을 따라 안코나와 로레토를 거쳐 가는 것이고, 또 다른 하나는 내륙으로 들어가 대 도시인 볼로냐와 피렌체를 거쳐 로마로 가는 것이다. 이는 1756년에 출간된 토머스 누전트의 《그랜드 투어 The Grand Tour》의 내용에 나오는 내용이다.[25] 아버지는 동부 해안선으로 로마로 갔다가 돌아오는 길은 내륙을 선택할 것을 추천한다.

가톨릭교회의 역사를 공부하라

85번째 편지

(1749년 10월 9일, 런던에서)

사랑하는 아들에게,

만약 네가 이 편지를 읽는다면, 확신할 수 없지만, 아마 너는 베네치아에서 로마로 떠날 채비를 하고 있을 것이다. 하트 선생에게 이전에 보낸 편지 내용대로, 네가 만약 리미니, 로레토, 앙코나 등을 거쳐 아드리아 해안을 따라 로마로 간다면, 그런 도시들은 볼 가치는 있지만 머물 필요까지는 없다는 것을 기억하길 바란다.[26)] 그 도시들은 눈만 바로 뜨고 살펴보면 충분하다. 오래된 유적지, 공공건물들, 그림, 조각 등은 적절한 주의를 기울여봐야 하지만, 겉모습만 드러내고 있기에 짧은 관찰로도 충분하다. 그러나 진정으로 중요하고 가치 있는 것들, 곧 내면을 성찰해야 하는 일들에는 더욱 깊은 관심과 충분한 시간이 필요

토리노왕궁의 정원에 설치된 조각. 고대 건축물의 잔해 속에서 한 청년이 공부를 하고 있다. 18세기 유행했던 그랜드 투어의 장면을 묘사하고 있다.

하다.

  사람의 인격, 생각, 그리고 본성은 매우 유용한 학문 분야이기 때문에, 네가 그것을 완벽하게 깨닫는 사람이 되길 바란다. 그런 학문은 대도시에서 완벽하게 배울 수 있다. 인간의 온갖 욕망이 갖가지 대상에 매달려 온갖 힘과 기술을 발휘하는 곳이 바로 그곳이기 때문이다. 그리고 세상 어디에도 로마만큼 인간의 욕망이 분주하고, 다채로운 형태로, 또 교묘하게 드러나는 곳은 없을 것이다. 따라서, 로마에 가면 네 관심을 카피톨리노 언덕, 바티칸, 판테온으로만 제한하지 말아야 한다.

그것에 1분을 투자했다면, 정부의 형태, 권력 부침浮沈의 역사, 궁정 정치학, 추기경들의 음모, 콘클라베의 절차와 수법, 즉 거대한 종교 정치 제도의 은밀한 내부 구조에 대해서 열흘은 투자해야 한다. 교황청 권력은 본래 인류의 무지와 미신에 기반을 두고 세워졌고, 몇몇 군주의 허약함과 또 다른 군주의 야망으로 확장되었으며, 최근에는 지식이 늘어남에 따라 쇠퇴하고 있다. 최근에 더욱 위태로워 보이는데, 이는 종교나 감정, 혹은 일시적인 정치 세력에 대한 두려움 때문이 아니라, 서로 질투하고 경계하는 마음 때문인 것 같다. 파문에 처하겠다는 교황의 협박은 더는 두려운 것이 아니고, 면죄부는 호소력을 상실한 채 싼값에 팔리고 있다. 교황령은 더는 위협적이지 않으며, 오히려 강대국이 서로 탐내고 있다. 조만간 교황령은 강대국 차지가 될 것이고, 이미 영토를 나눠 먹기 위해 이탈리아반도로 진입한 나라도 있다.[27]

여러 세기에 걸쳐 펼쳐진 교황과 교황청의 역사를 철저하게 공부해 두어라. 이런 문제를 다루고 있는 최고의 책을 읽되, 특히 짧지만 매우 중요한 책인 파올로 사르피 신부의 《교회의 혜택에 관한 역사》를 읽도록 해라.[28] 너는 로마에서 가톨릭교회에 소속된 많은 수도회를 보게 될 것이다. 각 수도회의 기원, 창립자, 수도회칙, 개혁의 역사, 심지어 특유의 복장까지도 관찰해라. 모든 수도회를 살펴보되, 특히 내가 세계에서 가장 유능하고 가장 잘 관리되고 있는 집단이라고 생각하는 예수회에 대해 잘 알아두거라. 로마에 상주하고 있는 예수회 총장과도 가능하다면 친해지도록 해라. 그들은 아무런 세속적인 힘을 소유하지 않은 것처럼 보이지만 사실은 어떤 권력자보다 더 큰 영향력을 세상에 미치고 있다. 그들은 젊은이 교육에 전적으로 몰두했고, 유럽의 거의 모든 왕자가 고해성사를 바치는 사제들을 배출했으며, 비유럽 세계를 위한 다수의 선교사를 파송한 수도회다. 교육, 정치 권력과의 긴밀한 관계, 그리고 선교 활동을 통해 예수회는 지대한 영향력을 발휘하면서, 최근에는 파라과이를 차지했다. 가톨릭의 다른 수도회들은 예수회에 반대하지만, 실상은 그들에 의해 통치되고 있다. 그들은 차례차례 유럽 거의 모든 국가에서 추방당한 적이 있으나, 항상 복귀해 때로는 승전가를 울리기까지 했다.29) 나는 예수회보다 더 철저한 정책 원리를 가지고 있는 집단을 본 적이 없다. 물론 그들의 도덕성에 대해서는 더하고 싶은 말이 없다. 가능하면 자주 예수회와 접촉하고, 만나도록 해라. 그러나 더 중요한 것은 그들의 실체를 정확하게 파악하는 것이다.30)

종교재판소의 끔찍한 상황도 알아보아라. 물론 로마 종교재판소는 스페인과 포르투갈 종교재판소처럼 그 폐해가 심각하진 않다. 하지만, 한 사람의 악행과 한 사람의 어리석음이 만나 하나의 제도를 이루면서, 어떻게 인간의 이성과 정의, 그리고 평등의 정신을 무너뜨릴 수 있는지, 그 사례를 볼 수 있을 것이다. 지금까지 내가 언급한 것들은 의식이 있는 사람들이 로마 여행을 통해 관심을 기울여야 할 유용한 주제이다. 이것이 바로 네게 그랜드 투어의 기회를 준 목적이기도 하니, 이 내용을 철저히 배우고 돌아오기를 바란다.

하트 선생이 10월 1일에 내게 쓴 편지를 받았지만, 네가 베로나를 빠르게 떠난 이유나 너의 치료 상태에 대해 알려주는 내용이 없었다. 독일을 여행했던 지난 3개월 동안 너와 내가 쓴 편지는 운이 없게도 네게 전달되지 못한 것 같아 아쉽구나. 하지만 하트 선생이 보낸 편지를 통해 네가 베네치아에서 아침 활동과 저녁 행사를 훌륭하게 수행하고 있바티칸 입구의 교황 근위대. 체스터필드는 로마에서 교황청의 역사를 공부하라고 여러 차례 강조한다. 로마의 예술에 대한 지식을 쌓는 것보다 가톨릭교회의 정치적 구조에 대한 이해를 더 중요하다고 본 것이다.

다는 내용을 보고 위로를 받았다. 베네치아에서, 그리고 곧 로마에서, 그런 훌륭함을 계속 실천하도록 해라. 12월 초까지 로마에 도착할 수만 있다면 베네치아에 최대한 오래 머물러 있어도 좋다. 잘 있거라!

> 이 책의 서문에서 설명했듯이, 영국 지식인에게 그랜드 투어는 그리스도교의 다른 종파, 즉 가톨릭 세계로의 진입을 의미했다. 헨리 8세의 수장령1534 이래 성공회(개신교) 전통을 이어가고 있는 영국인들은 로마 가톨릭교회에 대한 의심과 경계의 눈초리를 거두지 않았다. 특히 교황제도와 예수회는 영국 지식인들이 예의 주시하던 가톨릭교회의 비밀스러운 행태를 상징했다. 바티칸이 있는 로마에서 영국 그랜드 투어리스트들은 가톨릭교회의 비밀에 접근하기 위해 노력했는데, 이는 바티칸이 직간접적으로 유럽 정치에 깊이 관여해왔기 때문이다. 장차 외교관이 되고자 하는 아들에게 바티칸과의 관계 설정이 중요했기 때문에 아버지는 로마에서 이런 문제에 집중된 조언을 보낸다. 괴테의 《이탈리아 여행기》에서 언급된 고대 문명의 발상지로서의 로마에 대한 언급은 자제되어 있다. 이탈리아 예술에 대한 서론적 소개는 다음 편지에서 펼쳐진다.

예술 작품을 깊이 있게 감상하는 방법

86번째 편지

(1749년 10월 17일, 런던에서)

사랑하는 아들에게,

나는 마침내 하트 선생이 베로나에서 보낸 9월 19일 자 편지를 받았다. 네가 충분히 보고 배웠기 때문에 베로나를 떠나기로 한 결정에 대해 나도 만족한다. 내 생각에는, 큰 도시이자 수도인 베네치아가 네 거주지로 더 적합할 것이다. 큰 도시는 항상 예술과 학문의 중심지였고, 뛰어난 인재들이 머무는 곳이기 때문이다. 나는 평생 대도시와 수도를 선호하는 원칙을 지켜왔고, 너도 그 선례를 따르기를 바란다. 이미 네게 보낸 서너 통의 편지에서 어느 수도를 방문해야 하는지 설명했다. 더 많은 시간을 수도에서 보내도록 해라. 널 성장시키고 발전시킬 수 있다면, 수도에 사는 동안 드는 비용은 기꺼이 내가 감수할 것이다. 사악하거나 어리석은 일이 아니고, 하트 선생이 동의하는 일이라면 금액이 얼마든 상관없다.

카르니올라(지금의 슬로베니아)에 대한 너의 설명을 듣고 매우 기뻤다. 이게 바로 네가 그랜드 투어를 통해 배우고 조사할만한 가치가 있는 것들이다. 합리적인 사람은 여행하는 동안 여러 나라의 농산물, 세금, 무역, 제조품, 장단점, 정부의 형태를 자세히 살펴봐야 한다. 광장의 높은 첨탑, 시장 거리의 풍경, 외국어로 쓴 간판 등은 근면하고 호기심 많은 네덜란드나 독일 여행자들에게 맡기고 말이다.

하트 선생이 현지인을 통해 네게 민간 건축과 군사 구조물에 대해 가르친다는 소식을 전해 들었다. 매우 기쁜 일이다. 그 분야는 자주 대

팔라디오가 건축한 산조르조마조레성당 앞바다에서 곤돌라가 지나가고 있다.

화 주제로 등장하니 잘 배워두어라. 군사 구조물에 대해서는 개념을 배워두는 편이 좋겠고, 민간 건축에 대해서는 감각을 갖추는 것이 좋겠다. 네가 만약 전문가의 도움을 받으면서 팔라디오가 쓴 건축에 관한 책의 삼 분의 일 정도를 읽었다면, 그리고 '팔라디오 원칙'에 따라 세워진 건축물을 검토해보면, 기둥에 따라 비율, 원주 길이, 용도 등이 다르게 적용되고 있다는 사실을 알게 될 것이다.

코린트 양식은 주로 화려한 건물에 사용되고, 문양과 장식 자체가 기본으로 적용된다. 도리스 양식은 견고함이 중요한 건물에 사용되고, 이오니아 양식은 튼튼한 도리스 양식 건물에 코린트 양식처럼 장식을 더한 건물에 쓰인다. 통합 양식Composite과 토스카나 양식은 현대적인 건물인데, 고대 그리스인들과는 관계 없다. 통합 양식을 적용한 건물은 너무 가볍게 느껴지고, 토스카나 양식은 어설퍼 보인다. 너는 민간 건축의 상당 부분에 곧 익숙해질 것이다. 그것의 세세한 부분은 석공이나 벽돌공처럼 건설 현장의 전문가들에게 맡겨라. 군사 구조물에 대해서도 먼저 용어를 이해하고, 일반적인 건축 규칙을 숙지한 다음, 전문가와 함께 실제 요새를 찾아가 관찰해라. 책으로 보는 것보다 직접 요새를 방문해보는 것이 훨씬 더 정확한 지식을 얻을 수 있다.

또한, 인문학적 관심을 바탕으로 회화와 조각이라는 두 개의 인문 예술 영역에도 관심을 가져야 한다. 다만 우리 시대의 예술가들이 깊이 빠져들고 있는 세세한 부분까지 공부할 필요는 없다. 회화와 조각의 역사를 구성하는 큰 줄기를 파악할 수 있으면 충분하다. 자연이 묘사되었다면 사실적인지, 감정이 묘사되었다면 얼마나 강렬한지, 성격이 묘사되었다면 얼마나 치밀한지 살펴보되, 사소한 부분이나 전문 용어를 구사하는 일은 그것을 좋아하는 사람에게 맡기고, 너는 신경 쓰지 말아라. 더 나아가 화가와 조각가의 연대기를 읽어보라고 조언하고 싶은데, 이 분야에서 앙드레 펠리비앵보다 더 뛰어난 사람은 없다고 생각한다.31) 이탈리아어로 된 책도 많고, 아마 어떤 책이 도움이 될지는 네가 더 잘 알 것이다. 그런 책들은 역사적 사실을 다루기에 재미있고, 네 호기심을 자극하기에 충분하며, 유익한 점도 많다. 하지만, 그저 호기심을 충족시키는 정도에 머물러야 한다. 그것은 네가 추구하는 인생의 목표는 아니니까.

베네치아에 있는 네가 훌륭한 사람들의 모임에 참석하는 것을 좋아해 저녁 식사를 포기할 정도라니, 매우 기뻤다. 네가 저녁 만찬을 싫어하지 않는다는 이야기를 들었는데, 그것을 포기할 정도라니 말이다. 그 모임에는 네가 음식보다 좋아하는 사람이나 무언가가 있다는 뜻이 아닐까? 그 모임에는 훌륭한 사람들만 참석한다고 들었는데, 아버지는 그저 기쁠 따름이다. 네가 그 모임에 참석하면서 조금씩 배우고, 또 품격이 다듬어지고 있다고 상상해본다. 네가 가고자 하는 곳에서 환영받기를 바라고, 그곳에서 '신사처럼 행동하되, 부르주아처럼은 되지 않기를en galant homme, et pas in bourgeois' 진심으로 바란다.

혹시 지난 석 달 동안 그 모임에 속한 누군가에게 열정을 다 바쳐 맹세한 적이 있니? 만약 극도의 배려와 공손함, 매력적인 태도가 함께하지 않았다면 결국은 불길한 결말을 맺게 될 것이다. 아들아, 그 모임의 성격에 대해서 내게 말해줄 수 있겠니? 그 모임이 정기적인 연극 관람인지, 음악회인지, 아니면 단순한 대화 모임인지, 아니면 이 세 가지를 모두 합친 것인지 궁금하구나. 그리고 그 모임 안에서 네 역할이 무엇인지도 궁금하다. 어떤 성격과 역할이든, 그 안에서 빛을 발하고 탁월한 인물이 되도록 노력해라. 완벽함을 목표로 삼으면 상상하는 것보다 더 가까이 다가갈 수 있지만, 평범함을 목표로 삼으면 그것에 미치지 못하는 법이라는 걸 명심해라. 잘 지내거라!

> 베로나를 떠나 다시 베네치아로 돌아간 아들의 결정을 지지하고, 그곳에서 훌륭한 사람들의 모임에 즐겨 참석하고 있다는 아들의 소식에 관심을 보인다. 그랜드 투어의 핵심 과제 중 하나인 예술 전반에 대한 이해를 돕기 위해 건축, 조각, 회화의 역사를 공부할 것을 조언하고 있다. 특히 조각과 회화의 이해를 위한 아버지의 조언은 고전주의와 르네상스 시대의 예술에 집중하고, 예술 작품을 감상하는 방법을 가르치고 있다. 건축에 대해서는 군사 구조물에 대한 연구를 주문했고, 팔라디오의 저서에 기초한 민간 건축에 대해서는 상식적인 수준에 만족할 것을 요구했다. 베네치아에서 좋은 사람들의 사교 모임에 적극 참석하고 있다는 아들의 소식에 아버지는 기뻐한다.

탁월하고 명예롭게
예의범절을 지키는 법

88번째 편지

(1749년 11월 3일, 런던에서)

사랑하는 아들에게,

네가 태어난 순간부터 내 삶의 원칙이자 내가 가장 선호하는 목표가 세워졌다. 바로 너를 '완벽한 인간'으로 만드는 것이다. 물론 '완벽한 인간'이란 존재하지 않지만 말이다. 이 목표를 달성하기 위해 나는 네 교육에 수반되는 어떠한 고통이나 비용을 마다하지 않았다. 사람의 특징은 선천적 요인보다 후천적인 교육에 의해 더 좌우된다고 믿기 때문이다. 네가 아직 어렸을 때, 나는 네가 다른 무엇보다 탁월함과 명예를 습관적으로 마음에 품도록 가르쳤다. 심지어 탁월함과 명예가 무엇인지, 그리고 그것의 멋과 필요성에 대해서 세세히 가르치기 전부터 말이다. 마치 복잡한 문법 규칙을 암기로 배우듯 탁월함과 명예의 중요성을 체득하게 만든 것이다.

그때는 암기처럼 배웠던 원칙들이 이제는 네 이성에 의해 굳게 다져졌으리라 생각한다. 이성적으로 판단할 때, 탁월함과 명예를 중요한 것으로 확정하는 과정은 간단명료하다. 조금만 더 깊이 생각해보면 그 중요성을 파악할 수 있기 때문이다. 샤프츠베리 경Lord Shaftesbury, 1671~1713은 아무도 알아주지 않아도 자기 자신을 위해 탁월함을 추구하고, 아무도 보지 않아도 자기 자신을 위해 주위를 청결하게 돌보겠다고 말했다.32) 참 적절한 표현이다. 나도 너의 이성적 판단을 믿기 때문에, 이와 연관된 글은 더 쓰지 않았다. 탁월함과 명예 추구의 필요성은 이성적 판단에 따르면 따로 설명할 이유가 없기 때문이다. 나는 다만 네게 불명예나 악덕의 구렁텅이에 빠지지 말라고만 엄숙하게 경고할 생각이다. 그리고 이 경고의 목적은 이미 달성되었다고 믿는다.

나의 다음 목표는 네게 건전하고 유용한 '배움'의 기회를 주는 것이었다. 이 일은 내가 먼저 시작했고, 하트 선생의 보살핌이 그 뒤를 이었으며, 지금은 늦게나마 너 스스로 잘 적용하며 배워가고 있다. 나는 이 점에서 널 칭찬하고자 한다. 내 기대에 부응했을 뿐 아니라, 그것을 넘어섰고, 내가 바라던 바가 충족될 것이라고 믿게 되었다.

이제 내가 바라는 것 중에서 마지막으로 남아 있는 건 너에게 '고매하게 행동하는 것,' 즉 교양과 품위를 가르치는 일이다. 이것이 내가 네게 바라고, 권면하고, 촉구하고, 지시하고, 주장하는 것이다. 만약 네가 고매하게 행동하는 것을 배우지 못한다면 네가 갖춘 다른 모든 자격은 설득력이 없고, 멋지지도 않으며, 가치가 없는 것이 된다. 내가 진심으로 우려하는 것은, 네게 이 덕목이 부족해 보인다는 것이다. 따라서 이제 내가 네게 보내는 편지에서는 이 문제를 집중해서 다룰 것이다. 그리고 아들아, 그것은 계속 반복될 것이다!

한 친구가 교양 있는 품위를 이렇게 정의했다. '자신의 위치를 잘 파악할 수 있는 판단 능력을 갖추고 있고, 일정 부분 선한 본성을 타고났으며, 다른 사람을 위해 희생을 감수하고, 상대방과 서로를 이해하고 서로 받아들일 수 있는 호혜적 관점을 가진 사람'을 말한다. 나로서는 논쟁의 여지가 없는 정확한 정의라고 생각하는데, 너처럼 분별력 있는 지혜와 선량한 성품을 가진 사람이 교양 있는 품위를 갖추지 못한다는 것은 놀라운 일이다.

고매하게 행동하는 방식, 즉 예의범절을 지키는 방식은 사람과 장소와 상황에 따라 변한다. 따라서 이것은 관찰과 경험에 의해서만 습득할 수 있다. 그러나 중요한 것은 본질은 언제 어디서나 영원히 같다는 사실이다. 올바른 예의범절이란 일반적으로 '선한 도덕성'을 말하고, 그 사회는 선한 도덕성을 통해 하나가 되고, 유지되는 법이다. 법이 선한 도덕성을 강화하고 최소한 나쁜 도덕성의 결과를 방지하려고 하는 것처럼, 어떤 특정한 '시민적 규범Rules of civility'이 선한 도덕성을 증대시키기 위해 수용되고 또 적용된다.

무례와 범죄, 그리고 그것들을 처벌하는 것의 차이는 생각보다 크지 않다. 다른 사람의 땅에 불법적으로 침범한 사람에게는 정당한 교수형이 내려지고, 예의를 지키지 않고 다른 사람이 누리고 있는 사생활의 안락함을 침범한 사람은 사회에서 배척당한다. 상호 존중과 배려, 법을 지키기 위해 작은 불편을 감수하는 일은 마치 왕과 신하가 맺고 있는 보호와 복종처럼, 문명화된 사람 사이에 맺어진 암묵적인 계약이다. 계약을 위반하는 사람은 어떤 경우에서든지 문명으로부터 주어지는 혜택을 박탈당하게 된다.

내게는 선행을 했다는 자부심 다음으로 가장 큰 만족감을 주는 것은 예의 바른 행동을 했다는 데서 오는 만족감이다. 따라서 네가 얻기 위해 최선을 다해야 할 별명은 '아리스티데스Aristides'로 불리는 것이고 다음으로 '예의범절을 지키는 사람'으로 불리는 것이다.33) 지금까지 예의범절에 대한 총괄적인 얘기를 했으니, 이제 그 세세한 요소들과 예의범절이 요구하는 수준에 대해 자세히 설명하겠다.

첫째, 왕이나 왕자, 혹은 높은 관직에 있는 사람처럼 지위가 우월한

베네치아의 산마르코광장. 정면에 산마르코성당이 보이지만 좌우에 늘어선 건물은 관공서로 사용되었다. 베네치아의 통치자였던 도제Doge나 높은 관직에 있는 사람들이 오가던 곳이다.

사람에게 존경심을 보이지 않는 사람은 매우 드물거나, 거의 찾을 수 없다. 존경을 표현하는 방식이 다를 뿐이다. 교양이 있고 세상을 보는 안목이 있는 사람은 존경심을 자연스럽게, 또 최대한 예의를 갖추어 표현한다. 그러나 훌륭한 사람과 어울려본 적이 없는 사람은 그럴 경우, 아주 부자연스럽게 예의를 표현할 수밖에 없다. 그렇게 해본 경험이 없기 때문이다.

존경받을 만한 가치가 있는 훌륭한 사람들과 교제해온 사람은 절대로 예의에 어긋나게 행동하지 않는다. 훌륭한 사람들의 모임에서는 정중하게 예의를 표시하고, 당황하지 않으며, 우아하게 행동한다. 너는 이런 점을 관찰하고 또 배워서 예의범절의 교훈으로 삼도록 해라.

둘째, 누구에게나 입회가 허용되는 모임에서는 다른 사람과 평등한 관계가 형성된다. 특정 인물이 그 모임의 좌장 역할을 하더라도 존경심과 경외를 받는 구조가 아니기에 일부 몇몇 사람들은 함부로 행동하거나 쉽게 판단하려는 경향을 보일 수 있다. 이 경우, 서로 일정한 범주와 규칙을 정해서 타인에게 피해를 주지 않도록 해야 한다. 그렇기에 모든 사람이 시민적 덕목과 예의범절을 지킬 것을 요구받는다. 특별히 존경의 표시를 받을 사람은 없더라도, 모든 이가 정중함과 예절을 받을 권리를 가진다. 부주의한 행동이나 태만은 엄격히 금지된다.

상대가 지루한 얘기를 한다 해도, 대놓고 무시하며 바보 취급하는 태도는 단순히 무례한 것을 넘어선 폭력이다. 또, 예의범절을 갖춘 사람은 이성이 바라는 것, 좋아하는 것, 싫어하는 것, 선호하는 것, 반감, 공상, 변덕, 심지어 무례한 요구까지도 관심을 기울이고, 기분 좋게 만들어주어야 하며, 미리 그것을 예상해서 이성의 기대에 부응해야 한다.

아들아, 너는 다른 사람들이 당연한 권리로 받아들이는 것을 타인에게 양보할 줄 알아야 한다. 더 좋은 자리를 양보하고, 맛있는 음식의 유혹에 넘어가지 말고, 그런 것에 너의 마음을 뺏기지 않도록 해라. 오히려 상석은 정중하게 사양하고, 맛있는 음식은 다른 사람에게 양보해라. 그러면 다른 사람이 네게 그것을 양보할 것이고, 결과적으로 네 몫은 자연스레 네게 돌아오게 될 것이다.

예의범절을 갖춘 사람이 훌륭한 사람들과 어울리며 보여주는 바람직한 사례는 셀 수 없이 많다. 너는 감각을 타고났기 때문에 사례가 주는 교훈을 쉽게 깨달을 것이고, 잘 배울 것이라 믿는다. 실제로 그렇게 행동하는 것이 네게 이익이 된다는 사실도 알 것이다.

이어 세 번째 종류의 예의범절이 있는데, 이는 실패할 가능성이 가장 큰 유형이다. 왜냐하면 자신이 절대 실패하지 않을 것이라고 믿기 때문이다. 특히 가장 친한 친구나 지인, 혹은 너보다 능력이 없는 사람 앞에서 범하기 쉬운 실수다. 우리는 이런 관계 속에서 마음을 놓고 편안하게 행동하며 그들과의 관계를 통해 사회생활의 편안함을 누리곤 한다. 그러나 이런 친구나 지인 사이에서 누리는 관계의 편안함도 한계가 설정되어야 하고, 일정 범주를 절대로 넘지 말아야 한다. 친구나 지인 사이에서 발생하는 사소한 무시나 거친 행동은 자칫 상대방에게 상처와 모욕감을 준다. 사람들 사이에는 외적으로든 내적으로든 열등감이 작용하기 때문이다. 아무리 친한 친구끼리 자유롭게 대화한다고 해도, 짧은 대화 때문에 관계가 깨질 수 있다. '자유'가 종종 쉽게 파괴되듯이 말이다. 강력한 사례로 이 문제의 핵심을 보여주겠다.

너와 내가 단둘이 있다고 치자. 내 기분에 따라 널 무례하게 대하고,

너의 친구들에 대해서 함부로 말한다고 가정해보자. 또 네가 내 앞에서 멋대로 행동한다고 생각해보자. 아무리 자유가 좋다지만, 이런 일이 가능하다고 생각하니? 절대로 그렇지 않다. 아무리 친한 부모 자식 사이라고 해도 예의범절의 범위가 있기 마련이고, 그것을 지켜야 한다. 만약 아버지인 내가 너와 대화 중에 다른 생각을 하고, 하품을 자주 하거나, 너의 친구들 앞에서 분위기를 깨는 말을 반복한다면, 너는 나를 보지 않으려고 할 것이다.

그것은 당연한 일이다. 가장 친하고 친밀한 관계일수록, 예의범절의 범위를 지켜야 한다. 그래야만 관계가 유지되고 오래간다. 매일 함께 지내는 남편과 아내, 혹은 연인끼리 예의범절을 지키지 않는다면 그들이 가지고 있던 친밀감은 곧 경멸이나 혐오로 변할 것이다. 우리가 아무리 훌륭한 사람이라고 해도 일정 부분에서 나쁜 점을 가지고 있기에, 그것을 드러내지 않도록 서로 조심해야 한다. 물론 나는 너를 대할 때, 지나친 격식은 차리지 않을 것이다. 부모 자식인 우리 사이에 어울리지 않는 일이다. 하지만 우리 두 사람 사이에도 올바른 예의범절을 지켜야 한다고 믿는다. 그래야만 우리 둘 사이도 오래갈 것이다.

이 정도면 올바른 예의범절에 관한 논의는 충분한 것 같다. 한 가지 주제로 이번 편지를 모두 채우는 것은 적절하지 않다. 나중에 다시 이 문제에 대해서 논의하겠지만, 지금은 몇 가지 격언을 들려주고 편지를 마무리하마.

"올바른 예의범절을 갖추지 못한 사람이 심오한 학문을 연마한다고 해도, 그 사람은 환영받지 못하고, 자기 잘난 맛에 사는 성가신 존재가 될 뿐이다. 그 사람의 학문은 오직 자기 자신만을 위한 것이고, 결국 아무에게도 쓸모가 없는 것이 된다."

"올바른 예의범절을 갖추지 못한 사람은 좋은 집단에 들어갈 수 없고, 들어간다 해도 환영받지 못한다. 결국 그 사람은 그 집단을 싫어하게 될 것이고, 결국 탈퇴한 후 고립될 것이다. 최악의 경우는 저열하거나 나쁜 사람들이 모인 집단의 일원이 되는 것이다."

"올바른 예의범절을 갖추지 못한 사람은 업무 추진 능력의 한계에 부딪히게 되고, 결국 어떤 집단에서도 환영받지 못하게 된다."

그러니 사랑하는 아들아! 올바른 예의범절을 갖춘 사람이 되기 위해 생각하고 또 행동해라. 하루에 반나절 이상만이라도 올바른 예의범절을 실천하도록 노력해라. 훌륭한 예의범절을 갖춘 사람을 가까이에서 관찰하고, 모방하고, 그 사람을 뛰어넘기 위해 노력해라. 최상의 예의범절을 갖추는 것은 세상의 모든 미덕에서 으뜸가는 것임을 부디 명심하거라. 예절은 세속의 모든 자격에서, 자선이 기독교적 덕목에서 차지하는 것과 같은 위치를 지닌다는 걸 명심해라. 그 덕목을 갖추어야만 너의 능력이 더욱 빛날 것이다. 그것이 너의 부족한 점을 채워 줄 것이다. 아들아, 부디 그 덕목을 갖추어서 너 자신을 더욱 빛나는 존재로 만들기 바란다. 잘 지내거라!

아들을 '완벽한 인간'으로 만들겠다는 삶의 목표에 따라 아버지는 아들에게 최상의 교육을 제공했고, 그랜드 투어도 그 실천의 연장이었다. 탁월함과 명예를 소중히 여기는 삶을 추구하게 만들기 위해 아버지의 조언이 계속 이어진다. 88번째 편지의 핵심 내용은 "고매하게 행동하는 것", 즉 '예의범절'을 지키는 방법이다. 예의범절을 지키는 사람이란 "자신의 위치를 잘 파악할 수 있는 판단 능력을 갖추고 있고, 일정 부분 선한 본성을 타고났으며, 다른 사람을 위해 필요한 희생을 감수하고, 상대방과 서로를 이해하고 서로 받아들일 수 있는 호혜적 관점을 가진 사람"이다. 아버지는 아들에게 신분의 높은 사람과 동등한 사람, 그리고 친구나 지인 사이에 지켜야 할 예의범절을 3단계로 나누어 분석하고 있다.

호감을 얻어야 하는 이유에 대하여

89번째 편지
(1749년 11월 14일, 런던에서)

사랑하는 아들에게,

상식을 가진 사람은 예의범절을 지키고자 하는 본성을 소유하고 있다. 특히 선한 성품을 가지고 태어난 사람들은 모두 예의범절을 지킨다. 예의범절을 지키는 것은 보편적인 덕목이며 시대나 환경의 영향을 받지 않는다. 도덕적 의무라고까지 볼 수는 없지만, 가능한 한 다른 사람을 기쁘게 하고 친절을 베푸는 것이다. 이 예절은 선량한 성품을 지닌 아메리카 원주민도 본질적으로 실천할 수 있으며, 최고의 교양을 갖춘 유럽인도 마찬가지다.

그렇지만, 예의범절을 지키는 일이 다른 사람만을 위하는 것이고, 우리 생활에는 불편만을 초래한다면, 나는 생각을 달리 할 것이다. 예의범절은 실용적 가치가 있기 때문에 강조되는 것이고, 비즈니스 관계에서도 필요하다. 이로 인해 작은 편의와 삶의 즐거움이 만들어진다. 그래서 나도 너를 위해 일정 부분 희생했고, 너 또한 나를 위해 다른 종류의 희생을 한 것이다. 이처럼 서로 주고받으면서 관계가 형성되고, 다른 사람과 더불어 살아가게 된다.

지난 편지에서 설명했던 세 번째 종류의 예절은 다른 나라뿐만 아니라 같은 나라 안에서도 마을마다 다르고, 또 다양하게 변형된다는 특징이 있다. 지난 편지에서 설명했던 앞선 두 가지 종류의 예의범절과 기본적인 원칙은 같지만, 약간의 차이가 있다. 그러나 앞선 두 가지 종류의 예의범절을 잘 갖춘 사람은 주의와 관찰만 잘해도 세 번째 종류의 예의범절을 모범적으로 지킬 수 있다. 이것은 예의범절의 마무리 단계이며, 정확하게 말하자면, 너를 빛나게 해주는 단계다. 이런 덕목은 큰 도시에서만 얻을 수 있다. 물론 도시마다 다양한 방식으로 펼쳐진다. 로마에서 좋았던 예의범절은 어떤 경우 파리의 예의범절과 다를 수 있다. 마드리드와도 다를 수 있는데, 마드리드의 예의범절은 런던의 예의범절과 다를 수 있다.

그러므로 교양을 갖춘 사람은 장소마다 예의범절의 차이가 있다는 걸 인식하고, 그 장소에서 최고의 자리에 있는 사람의 예의범절을 모범으로 삼아야 한다. 그들이 윗사람과 어떻게 대화하는지, 같은 직급에 있는 사람을 어떻게 대하는지, 아랫사람을 어떻게 상대하는지 자세히 관찰해라. 아주 작은 것도 놓치지 말아야 한다. 훌륭한 그림을 완성하는 건 미세한 붓질에 달려 있다. 끊임없이 배워야 한다. 배우려 하지 않는 사람들은 이런 내용을 모르기 마련이다.

이처럼 섬세한 관찰과 실천이 위대한 인물을 만드는 법이다. 위대한 인물이 되고 싶다면 모범이 되는 사람의 분위기, 옷차림, 행동을 주의 깊게 관찰해라. 그들을 모방하되, 배우기 위해 따라하고, 절대로 흉내 내기 위해 억지로 따라하지 말아라. 멋진 분위기를 연출하고, 옷차림과 행동으로 예의범절을 지키며 우아함을 고수하면 좋은 결과를 가져올 것이다. 실제 업적에 대한 이성적인 평가보다 먼저, 사람들은 감정적으로 반응하고 너에게 매력을 느낄 것이다. 그 효과는 너무나 놀라워서, 마치 초자연적인 힘으로 여겨질 정도다.

우아하고 예의범절을 갖춘 남자와 아름답고 온화한 여성은 '사랑의 묘약'을 가진 것이다. 그들에게는 악마의 도움이 필요 없다고 확신한다. 옷을 잘 입는 것이 중요한 게 아니라, 그 옷을 입었을 때 네가 빛나는 존재가 되어야 한다. 화려한 금이나 은으로 자신을 꾸미라는 말은 결코 아니다. 잘 차려입는 정도가 아니라, 멋지게 입어야 한다. 사람들은 이런 것을 좋아하고 바라지만, 만약 동작과 태도가 우아하지 않고 자연스럽지 않다면 좋은 옷은 오히려 그 사람의 어색함만 드러낼 뿐이다. 넌, 그렇지 않을 거라 믿는다. 그리고 지금쯤이면 아마 멋진 사람들과 잘 어울리며 지낼 것이라 믿는다. 네가 그랜드 투어를 시작했을 때는 여러 가지가 어색했고, 라이프치히에서도 그런 덕목을 갖추지 못한 것 같았다. 그곳은 우아함과는 거리가 먼 곳이니까.

그러나 지금은 베네치아에서 멋지고 세련된 사람들의 다리, 팔, 머리, 몸의 동작을 관찰하면서 많은 것을 배웠을 것이다. 어떤 식으로 행동해야 하는지 말이다. 너는 영국에 있을 때도 이미 춤을 잘 췄지만, 집으로 돌아왔을 때는 그보다 더 잘 추어야 한다. 반드시 해야 하는 일이 있다면, 잘하는 것이 좋다. "아름다운 춤솜씨는 청년을 빛나게 한다la belle danse donne du brillant a un jeune homme." 너는 빛나기 위해 노력해야 한다. 너무 차분하고 평온한 성격은 네 나이와 어울리지 않는다. 너는 민첩하고, 능숙하며, 활기찬 사람이 되어야 한다. 주위 사람들에게 필요한 존재이자, 대화의 주제가 되어야 하며, 너와의 만남을 고대하게 만들고, 헤어지는 사람들에게 아쉬움을 남기는 존재가 되어라. 멋진 여성들이 내게 "선생님의 아들은 지금 어디 있습니까? 왜 빨리 돌아오지 않나요? 아드님은 정말 멋진 사람입니다"라고 독촉하는 때가 오길 고대한다. 이런 칭찬은 여성에게만 받는 게 아니라 남성에게도 받으면 좋은 칭찬인데, 네가 그런 칭찬을 받는 사람이 되길 바란다. 섬세한 차이로 여성이 남성을 기쁘게 만드는 것처럼, 남성도 섬세한 노력을 기울이면 사랑받고 서로 마음을 터놓을 수 있는 친밀한 관계를 맺을 수 있다.

아들아, 꼭 기억하거라. 혼자서는 절대 성공할 수 없단다. 너는 다양한 사람과 인맥을 쌓아야 하고, 너의 목적을 달성하기 위해서 서로 다른 성격을 가진 사람들과 잘 지내야 한다. 그들이 네게 의지하도록 만들어야 하지만, 스스로는 의존하고 있다는 사실을 몰라야 한다. 그리고 오히려 그들 스스로가 주도권을 쥐고 있다고 생각할 때만, 그 사람들에게 방향을 제시하도록 해라. 계속해서 그 사람들의 기대에 부응하고, 관심이 있다는 걸 보여주고, 공손하게 대하고, 약간의 강제성을 띨 때, 마침내 네가 필요로 하는 인맥이 형성될 것이다. 그 사람들의 마음을 얻어야 한다. 그 사람들과 '평온한 시간mollia tempora'을 자주 가져야 한다. 여가 시간을 잘 활용하고, 가볍지만 즐거운 대화로 그들의 마음

런던 하이드파크에서 산책하고 있는 아버지와 아들. 체스터필드는 아들이 멋진 사람이 되어 런던으로 돌아오기를 고대했다.

을 사로잡아야 한다. 그러면 그 사람들은 기꺼이 널 위해 일할 것이다. 그들로부터 어떤 도움을 얻고자 한다면, 그들도 네게서 어떤 선물이나 이득을 얻을 수 있어야 한다.

 나는 방금 하트 선생이 보낸 편지를 받았다. 곧 답장할 테니 감사하다는 인사를 전해다오. 너에 대해 칭찬하는 내용으로 미루어볼 때, 하트 선생이 '칭찬만 하는 사람'일지도 모른다는 약간의 의심이 든다. 그러니 네 행동이 하트 선생에게 내려야 할 판단에 얼마나 큰 영향을 미칠지 잘 생각해보아라. 네가 행동을 바르게 하지 않는다면, 하트 선생이 얼마나 힘들겠니? 그런 편지의 결과가 얼마나 심각할지도 생각해 보아라. 잘 있거라!

> 88번째 편지에 이어 예의범절의 중요성 대해 계속 설명하고 있다. 지역별로 예의범절의 기준이 다르다는 것을 알려주고, 인맥을 쌓는 법에 대해서 자세히 설명한다. 성공은 결코 혼자의 힘으로 이룰 수 없기에, 상대방에게 먼저 베풀어 그들의 신뢰와 호감을 얻어야 함을 강조한다. 사람들의 기대에 부응하고, 관심을 보여주고, 공손하게 대하고, 약간의 강제성을 띠고 이끌 때 비로소 때 인맥이 형성된다고 설명했다. 아들에게 "민첩하고, 능숙하며, 활기찬 사람"이 되라는 부탁을 끝으로 런던에서 쓴 89번째 편지가 끝난다.

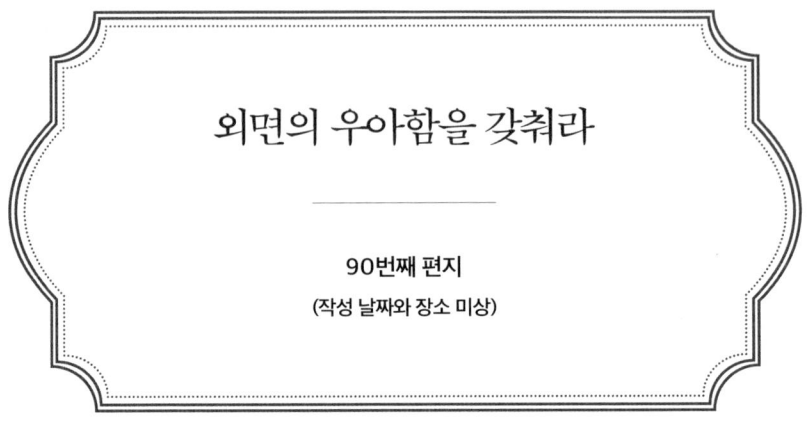

외면의 우아함을 갖춰라

90번째 편지
(작성 날짜와 장소 미상)

사랑하는 아들에게,

나의 지난 편지는 올바른 예의범절에 관한 것이었지만, 부적절하고 예의범절에 어긋난 이야기와 그 결과만 집중했던 것 같다. 좋은 결과보다 나쁜 결과가 더 강조되어 아쉬웠다. 그래서 이번 편지에는 좀 더 적극적으로, 예의를 갖추는 일의 필요성뿐만 아니라, 긍정적인 결과에 대해서도 말해주고 싶다. 이 편지의 목적은 간단하다. 네가 빛나고 특출한 존재가 되어야 한다는 것이다.

아들아, 먼저 네가 처한 상황을 정확하게 파악하고, 다른 사람에게 예의범절을 지키는 것이 너의 이익에 본질적으로 부합하는지를 먼저 검토해보아라. 다른 사람이 네게 예의를 지킨다면, 너도 그렇게 해야 하는 법이다. 반드시 그래야 한다. 사람과 사람은 서로 주고받는 것이 기본이다. 네가 만약 무관심하면 그 사람도 네게 무관심할 것이고, 그를 무시하면 더 심한 무시로 되돌아올 것이다. 결국 너는 곤경에 처하겠지.

나아가 네가 희망하는 외교관이라는 직업은 다른 어떤 사람보다 더 정중하고 품격 있게 예의범절을 지켜야 한다. 협상 테이블에 앉기 전에 상대방에 대한 예절과 친절, 그리고 애정을 보여주지 않는다면 어느 누구와 협상을 하든 네가 원하는 것을 얻지 못한다. 네가 상대방을 기쁘게 하지 못하고, 점잖게 대하지 않다면 누가 너를 믿고 궁정의 비밀을 알려주겠니? 내가 길게 말할 필요가 없겠지? 뛰어난 예의범절, 점잖은 태도, 우아한 연설 능력을 갖추었다면 네가 맡을 외교관의 업무는 이미 반은 성공한 것이라고 말해두마.

만약 네가 꼬인 마음을 가지고 있다면, 아무리 심오한 지식을 가지고 있다고 해도 다른 사람에게 거의 영향을 미치지 못할 것이다. 반면에, 네가 먼저 사람의 마음을 사로잡으면, 그들은 너를 이해하고 받아들이게 된다. 모든 사람이 실천하는 단순한 예의 표현 정도로는 다른 사람의 마음을 사로잡을 수 없다. 네게 인사하는 사람에게 고개만 까딱하고, 네게 말을 거는 사람에게 대충 얼버무리며 답한다면 설령 공격적인 말을 하지 않는다고 해도 예의범절을 지킨 것이 아니다. 그것은 그저 짐승처럼 행동하지 않는다는 뜻이다. 어떤 사람에게서 악취가 나지 않는다고 해서, 그 사람이 청결하다고 칭찬할 수 없는 것과 같은 이치이다.

네가 주도적이고, 쾌활하며, 적극적이고, 열성적이며, 매력적으로 예의범절을 보여줄 때 사람들은 네게 감동하고, 애정을 품을 것이다. 너는 다른 사람들이 원하는 것을 예의주시하고, 그들이 좋아하는 것과 그들의 유머와 약점을 관찰하며, 그들이 '고대하는 것aller au devant'에 관심을 기울여야 한다. 자발적으로 기꺼이 하겠다는 마음가짐과 열정 empressement으로 행동해라. 절대로 그들의 약점을 비꼬는 농담을 하지 말아라.

예를 들어보자. 누군가를 초대하여 같이 식사할 때, 그 사람이 좋아하는 요리가 무엇인지 기억했었다가 "선생님께서 이런저런 장소에서 이 음식을 좋아하시는 것을 보고, 제가 미리 준비해두었습니다"라고 말하는 것이다. 또는 "제가 일전에 보니 선생님께서 이 포도주를 좋아하시는 것 같아 제가 미리 준비해두었습니다"라고 말하는 것이다. 사소한 것일수록, 네가 신경을 쓰면 쓸수록 상대방은 존중받는다는 느낌을 받을 것이다. 사소한 배려가 큰 효과를 낳는다. 가슴에 손을 얹고, 다른 사람들이 네게 보여준 작은 관심이 네게 얼마나 큰 감동을 주었는지 기억해보아라. 모든 세상 사람들은 자기를 사랑해주고 약간의 허세를 충족시켜주는 기쁨에 감동하기 마련이다. 그렇게 해주는 사람과 네가 얼마나 더 가까워졌는지, 그 사람의 언행을 네가 얼마나 더 신뢰하게 되었는지 생각해보아라. 그렇게 해주는 사람은 너의 마음을 얻었을 것이다.

네가 영국으로 돌아왔을 때, 널 왕실 가문 사람 중 한 사람과 같이 지내게 했다고 가정해보자. 물론 실제로 그럴 가능성은 없지만 말이다. 이 경우, 네가 예의범절을 지키고, 적극적으로 대화하며, 궁정 생활에 어울리는 품위를 갖추었다면 너는 총애받는 신하가 될 것이다. 네가 아

영국 정치의 중심인 의사당, 웨스트민스터궁전과 빅벤. 체스터필드의 정치 활동 무대였다.

무리 심오한 지식과 학문을 쌓았다고 해도, 품위가 없다면 너는 절대로 성공할 수 없다. 왕실 사람들의 마음을 얻는 것은 매우 힘든 일이다.

 왕실 사람들의 마음 외적인 모습에 크게 좌우된다. 그러니 그들의 마음을 얻기 위해 지나친 노력을 기울일 필요가 없다고 조언해주고 싶다. 왕자들은 흔히 '보랏빛으로 태어나고 양육된 사람Prophyrogenets'으로 불린다.34) 왕자들은 대개 연약하게 길러진다. 목소리도 가늘고, 부드러운 대화만 들으며 자란다. 따라서 왕족을 대할 때는 최대한 부드럽고 섬세하게 대해야 한다. 왕자들은 눈으로 보기는 보지만, 말과 행

이탈리아로 보낸 편지

동의 깊이를 따지지 않는다. 따라서 너의 강함이 그들의 마음을 사로잡는 것이 아니라, 너의 세련됨이 그들의 마음을 얻게 만든다. 먼저 외적인 매력으로 그들의 마음을 사로잡으면, 네 내면의 진가는 이후 자연스럽게 힘을 발휘하게 된다.

의심의 여지 없이, 세상 사람의 4분의 3은 나약한 사람들이다. 그들에게는 예의범절, 정중하게 말하는 태도, 그리고 우아한 행동이 모든 판단의 기준이다. 그 외의 것은 중요하지 않다. 심지어 최고 학문의 경지에 오른 사람에게도 이런 품행이 중요하다는 것을 강조하고 싶다. 눈이 먼저 감동하지 않으면, 마음의 문은 절대로 열리지 않는다. 이것은 옳고 그름의 문제가 아니다. 솔직히 나 자신도 그렇다는 것을 고백하마. 어색하게 행동하고 예의범절을 지키지 않는 사람을 만나면, 나는 그가 아무리 뛰어난 사람이라고 해도 마음을 두지 않는다. 그를 능력 있는 사람으로 보지 않으며, 미안한 이야기지만, 아예 관심을 꺼버린다.

나는 종종 멀리 떨어져 있는 너의 모습을 상상하곤 한다. 고대와 현대의 고귀한 학문으로 스스로를 단련시킨 멋진 너의 모습 말이다. 또 다른 모습도 떠오른다. 어딘가 어색하고 우아하지 않으며, 예의범절을 지키지 않고, 딴전을 부리며, 산만하게 내 정신을 어지럽게 만드는 모습 말이다. 만약 그렇다면 나는 실망감을 드러내지 않겠다. 다만 예전에 숙련된 화가가 그러했듯 너의 얼굴 위에 검은 베일을 덧그릴 것이다.35)

너는 이미 건축에 대해 많은 것을 알고 있겠지? 토스카나 양식의 기둥은 가장 튼튼하고 견고한 건축 재료이지만 동시에 거칠고 어설픈 모습을 가지고 있다는 것을 네가 알고 있었기 때문이다. 토스카나 양식의 기둥은 큰 건물의 기초나 바닥층의 기초로는 적합하지만, 건물 기둥 전체에 이 양식이 적용된다면 정말 형편없는 건물이 된다. 사람들의 시선을 끌지 못하고 관광객은 건물 내부를 쳐다보지도 않을 것이다. 건물의 정면이자 출입구인 '파사드'가 모두 토스카나 양식으로 장식되었다면 당연히 볼 가치도 없을 것이다. 그러나 만약 견고한 토스카나 양식의 기둥 위로 도리스, 이오니아, 코린트 양식의 기둥을 미적 기준에 따라 비율을 고려해 장식한다면 수많은 관광객의 관심을 끌게 될 것이다. 그것을 보고 싶어 하는 사람도 많을 것이며, 심지어 구매하려는 사람도 있을 것이다.

너의 지금 상태를 고려해볼 때, 너는 코린트 양식보다 토스카나 양식을 닮은 것 같아 걱정이다. 너의 파사드를 바꾸지 않으면, 아무도 너의 정문 앞에 서서 문을 두드리지 않을 것이다. 너의 파사드를 바꾸기 위해서는 우아함, 여유로움, 자연스러움, 탁월한 예의범절, 적절한 대화 능력과 연설 태도, 온화한 표정과 동작, 말과 행동의 부드러움, 활기찬 자세, 세련된 옷차림, 그리고 젊은이다운 매력을 두루 갖추어야 한다.

한 사람의 인격 안에 심오한 학문과 정중한 품성이 겸비되는 것은 매우 힘든 일이라고 말해왔다. 그러나 아주 특별한 경우에는 그것이 가능하다. 나는 네가 바로 그런 여실한 사례가 되었으면 한다. 만약에 그렇게 되지 못한다면, 내게는 다만 걱정거리가 느는 것이지만, 네게는 큰 손실이 될 것이다. 볼링브루크 경은 내가 말했던 모든 것을 성취한 사례일 것이다.[36] 그는 심오한 학문, 우아한 성품, 탁월한 예의범절을 골고루 갖추어 모든 궁정 신하와 시민들의 찬사를 받았다. 알렉산

작자 미상, 〈볼링브루크 자작의 초상화〉, 1712~1714년, 런던국립초상화미술관 소장. 본명이 헨리 세인트 존이었기 때문에 교황은 그를 "모든 것을 이룬 요한"이라 높이 평가했다. 영국 의회의 보수파였던 토리당의 정신적 지도자였다.

더 포프는 그가 갖춘 지식과 품행의 탁월함을 칭찬하면서 "모든 것을 이룬 요한"이라고 높이 평가했다. 물론 그에게도 약점은 있었는데 그것은 끝없는 야심과 성급한 열정에서 비롯된 것이었다. 그러나 지금은 나이와 경륜에 의해 그 약점이 현저하게 줄어들었다. 부디 너는 볼링브루크 경의 지금 모습을 닮고, 예전 모습을 따르지 말기 바란다. 그의 연설은 시작 전부터 사람의 마음을 사로잡고, 그의 우아한 연설이 시작되면 사람을 설득시키며, 그의 심오한 지식은 주변 사람들을 계몽시킨다.

정리하자면, 저녁 식사 후부터 잠자리에 들 때까지 너는 예의범절을 지키는 법, 연설하는 법, 그리고 우아하게 품행을 지키는 법에 대해 연마하길 간절히 바란다. 이것이 너의 목표이며, 사실상 유일하게 신경을 써야 할 일이다. 그런 것을 갖추지 못한다면 너는 아무것도 아니고, 반대로 네가 그런 것을 갖추게 된다면, 너는 무엇이든 될 수 있다. 잘 있거라, 내 사랑하는 아들아! 하트 선생에게 고맙다는 말을 전해다오.

예의범절에 관한 편지가 계속 이어진다. "주도적이고, 쾌활하게, 적극적이고, 열성적이며, 매력적으로" 행동하면서 동시에 예의범절을 지킬 것을 주문하고 있다. 자신의 직업을 이어 외교관으로 공직을 맡게 될 아들에게 아버지는 예의범절이 외교적 협상의 성공 비결임을 알려주고 있다. 왕실 사람들을 대하는 태도에 대한 설명도, 본인의 경험과 관찰이 반영되어 있다. 외면적인 우아함이 먼저다. "눈이 먼저 감동하지 않으면, 마음의 문은 열리지 않는다"는 아버지의 조언을 통해 먼저 사람의 마음을 얻는 것이 중요하다는 교훈을 얻었을 것이다.

체스터필드는 아들에게 예의범절을 지킬 것을 강조하고 있지만, 우아한 옷차림에 대해서도 거듭 강조하고 있다. 학자들은 체스터필드가 외모에 천착한 이유를 나름대로 분석해냈다. 영국 왕실과의 관계가 틀어지면서 그의 외모에 대한 공격이 자주 제기되었기 때문이라는 것이 학계의 분석이다. 체스터필드를 공격했던 사람들은 그를 '성장이 멈춘 거인 a stunted giant'이라고 비난했는데, 이는 그의 키가 작았기 때문이다.

영국의 국왕 조지 2세가 체스터필드에게 품었던 불편한 심정에 동조했던 허비 공은 체스터필드의 외모에 대해 "키가 작고, 신체의 균형이 망가져 있으며, 뚱뚱하고 항상 뒤뚱거리고, 못생긴 얼굴에, 변색된 치아와 외눈박이 괴물 폴리페무스를 닮은 큰 머리를 가졌다"고 악평했다.[37] 물론 정치적 의도가 포함한 묘사이지만, 체스터필드의 외모에 대한 동시대의 폄하는 다수 발견되고 있다. 이런 열등감을 극복하기 위해 체스터필드가 얼마나 열심히 노력했는지를 발견할 수 있는 편지이기도 하다.

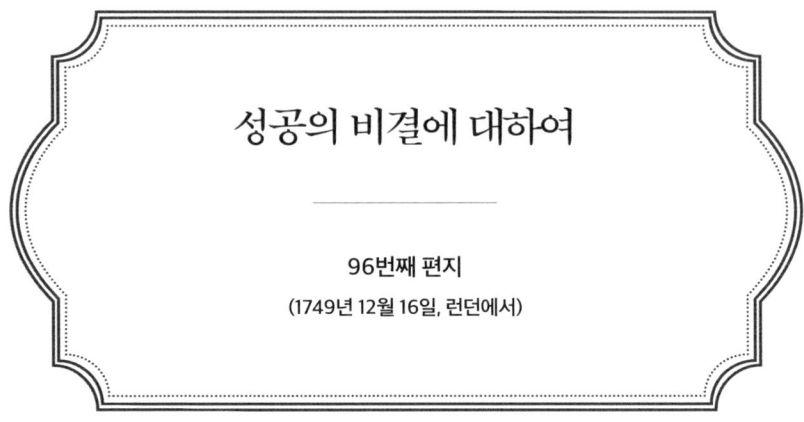

성공의 비결에 대하여

96번째 편지
(1749년 12월 16일, 런던에서)

사랑하는 아들에게,

이 편지가 로마에 무사히 도착한 네게 잘 전달되기를 바란다. 한겨울에 로마로 이동하느라 고생이 많았을 것이다. 부디 이런 어려움을 극복하는 과정을 통해 인내심을 배웠기를 바란다. 로마에서 체류하는 기간이 네 인생에서 정말 중요한 시기가 될 것이다. 또 네가 그곳에서 모든 일을 잘해내리라 믿는다.

오전에 하트 선생과 함께 열심히 공부해서 지식을 축적하고, 저녁에는 로마 최고 수준의 고위층과 친교를 나누면서 너의 경험을 빛나게 해라. 고리타분한 아버지라면 저녁 시간에도 아들에게 촛불을 켜고 책을 읽으라고 추천하겠지만, 나는 네가 저녁 시간을 마음껏 즐기기를

데이비드 앨런, 〈로마 카니발을 위해 스페인광장에 도착한 젊은 여행자〉, 1775년, 런던내셔 널갤러리 소장. 1760년대 로마에 체류했던 데이비드 앨런의 스케치는 체스터필드의 아들이 로마에 도착하는 장면을 연상시킨다.

권한다. 오전 공부 시간이 중요한 만큼 저녁 교제 시간도 너의 성장을 위해 꼭 필요하단다. 교양을 갖춘 사람들이 가는 모임이나 중요한 행사에 꼭 참석해서, 그들이 취하는 행동을 배우도록 해라. 그곳에서 가장 뛰어난 사람보다 더 뛰어난 사람이 되기 위해 노력하고, 특히 이탈리아 사람들의 '친절함' '상냥함' '우아함'을 배워야 한다. 앞으로 만날 이탈리아의 독보적인 아름다움을 사랑해야 한다. 나머지는 네 소신껏 행동하면 된다.

이탈리아어를 사용하되 어법이 틀린 것에 대해 너무 신경 쓸 필요 없다. 어색한 표현도 네가 먼저 웃어넘길 수 있다면, 아무도 널 비웃지 않을 것이다. 이것이 이탈리아어를 완벽하게 구사할 수 있는 유일한 방법이니, 로마를 떠나기 전에 반드시 그렇게 해서 이탈리아어 실력을 키워라. 또 로마에서는 고전적인 정신을 반영하고 있는 진귀한 옛 시대의 유물을 자세히 관찰하도록 해라. 옛 시대의 작가들이 책에서 언급했던 많은 요소들을 현장에서 이해할 수 있을 것이다. 로마에 있는 트라야누스 원주나 마르쿠스 아우렐리우스의 원주를 관찰해보면 그 시대의 군사 무기, 복장, 개선문 장식 방법 등을 알 수 있을 것이다. 또 지금 시중에 팔리고 있는 로마의 웅장한 유적에 대한 설명과 인쇄물을 사서 실제 고전의 내용과 비교해보아라.

대부분의 젊은 여행객들은 고대 유물을 대충 살펴보고, 정말 멋있다고 말한 다음 이내 일상으로 관심을 돌린다. 너는 완전히 다른 방식을 선택해라. 심화된 방식으로 보고, 듣고, 배워야 한다. 가능하다면, 왜 그것이 존재하고, 그것의 목적이 무엇이었는지를 숙고해라. 로마에서 펼쳐지는 다양한 시가 행진의 종류가 무엇인지, 그 의미가 무엇인지 살펴보아야 한다. 의식이나 전통에 참여할 때는 그 행사의 의미를 분명히 이해하고, 그 행사가 진정으로 의도하는 것이 무엇인지 파악해야 한다. 물론 네가 보기에 다소 이상한 행사나 행진이 진행될 수 있겠지만, 그래도 최대한 정중하게 행동하고, 질문할 때는 반드시 예의를 지키도록 해라.

네게 간절히 부탁한다. 로마에 있는 영국 사람들과 어울리지 말고, 로마 사람들과 시간을 보내거나 최소한 로마에 주재하고 있는 영국 대표부 사람들과 어울리도록 해라. 네가 지금 외국에 있는 이유가 외국의 풍습과 언어를 배우기 위함인데, 영국 사람과 어울려 영어를 쓴다면 무슨 소용이 있겠니?

나도 그렇게 했지만, 진중한 교제를 원한다면, 예수회 사람들과 어울리는 것을 추천하마. 그들의 지식이나 언행은 네게 즐거움과 가르침을 동시에 줄 것이다. 최대한 예수회의 역사, 정책, 현황을 공부하되, 창립자 이그나티우스 로욜라의 시대부터 살펴보는 것이 좋다. 원래 그는 주류에서 완전히 벗어난 사람이었다.

예수회가 추구하는 도덕성을 알고 싶다면 저명한 파스칼이 쓴

루카스 포어스테르만, 〈이그나티우스 로욜라의 초상화〉, 1621년, 메트로폴리탄박물관 소장. 루벤스의 작품을 따라 데생으로 그렸다.

《시골 친구에게 보내는 편지》에 충분히, 그리고 훌륭하게 서술되어 있다. 꼭 읽어볼 만한 가치가 있는 책이라고 생각한다.[38] 보통 사람들은 보고도 인식하지 못하고, 듣고도 이해하지 못한다. 피상적으로 보고, 마음으로 듣지 않기 때문이다. 예수회 사람들은 보고 들은 내용을 남들보다 더 깊이 이해하고 현실에 잘 적용한다.[39] 지금도, 앞으로도, 네가 그런 사람이 되길 바란다. 네가 보고 들은 것들을 잘 이해하고, 이를 숙고하며, 네 삶에 잘 적용하기를 바란다.

세상에서 두각을 나타내기 위해 훈련받을 수 있는 시간은 이제 2년 정도 남았다. 네가 그랜드 투어를 마치고 영국으로 돌아오면 두 달 만에 너에 대한 대중의 평판이 판가름 날 것이다. 그러니 남은 2년 안에

이탈리아로 보낸 편지

그것을 모두 갖추어야 하니, 끝까지 완벽을 추구하라. 모든 사람이 반드시 지켜야 할 덕목을 전부 가꾸어야 하지만, 어떤 부분은 얻기 힘들지도 모르겠다. 그러나 최선을 다해 노력하고 애쓰는 사람이 그 목표에 제일 가까이 다가갈 수 있음을 명심해라. 또 많은 덕목 중에서도 말하는 방식과 상대를 즐겁게 만드는 방식을 먼저 배워야 한다. 이 두 가지가 없다면 네가 아무리 많은 재능을 갖추었다고 해도 아무 쓸모가 없게 된다.

그 두 가지는 네가 다른 사람들보다 더 높이 날아오를 수 있도록 도와주는 날개가 될 것이다. 만약 그것이 없다면 너는 지적으로 둔한 사람들 사이에서 기어 다니게 될 것이다. 정중한 태도와 설득력 있는 말투, 그리고 예의범절을 갖추어야 하지만, 우선 그것을 말로 잘 표현할 수 있어야 한다. 그래야만 네가 생각하는 바를 실행에 옮길 수 있다. 로마에서 보고 배운 것을 내게 자세히 적어 보내다오. 무엇을 보았는가보다, 누구를 만났는지가 더 중요하다. 특히 네게 행복과 즐거움을 주는 사람에 대해서 말해주렴. 로마에서 어떤 사람들과 어울리는지, 그리고 그 사람들이 널 어떻게 대하는지도.

> 아들은 이제 로마에 도착했다. 누가 뭐래도 그랜드 투어의 궁극적인 목적은 로마 방문이다. 아버지는 로마에 도착한 아들에게 이탈리아인의 장점을 배우라고 말한다. 그것은 '친절함' '상냥함' '우아함'이다. 또 역사 유적지를 방문할 때 고전에서 배운 내용과 비교 검토하는 자세를 유지해야 한다, 고대 정신의 원류를 찾는 작업과 현재의 문명이 쇠락한 숨겨진 원인을 파악하는 것이

다, 그랜드 투어는 관광이 아니라 탐구 여행이 되어야 한다, 로마에서 영국인과 어울리는 행동을 다시 금한다, 예수회를 포함한 유력 인사들의 모임에 자주 참석하되, 말하는 방식과 상대를 즐겁게 만드는 방식을 배우라고 조언하는 등 진심을 담아 호소하고 있다.

이 편지에서 강조된 "말하는 방식과 상대를 즐겁게 만드는 방식"은 체스터필드의 관직 경력을 관통하는 큰 장점이었다. 그는 의미를 정확하게 전달하면서 동시에 연설을 듣는 사람들의 마음을 즐겁게 만드는 데 특출한 재능이 있었다. 1727년 6월 11일, 전임 국왕 조지 1세가 서거했을 때 상원을 대표하여 조사弔辭를 발표한 것이 대표적인 사례였다. 체스터필드는 이때 연설에서 서거한 선왕에 대한 추모와 더불어 새로 취임하게 될 왕자의 덕목에 대한 적절한 찬사를 더했다. 죽은 자는 그 연설을 듣지 못했지만, 오직 귀를 가진 산 자들이 그 연설을 들었고, 무엇보다 왕위를 이어받을 왕자가 체스터필드의 연설을 들었다. 말하는 것은 화자의 입이지만 받아들이는 것은 청자의 귀다. 체스터필드는 아들에게 "말하는 방식과 상대를 즐겁게 만드는 방식"을 배우라고 강조한다. 이것이 성공의 비결이기 때문이다. 이것이 바로 아버지가 아들에게 은밀히 가르쳐준 "다른 사람들보다 더 높이 날아오를 수 있도록 도와주는 날개"를 다는 법이다.

복잡한 인간의 유형과 우정에 대하여

97번째 편지
(1749년 12월 19일, 런던에서)

사랑하는 아들에게,

역사와 함께 인류가 축적해온 지식은 이 세상 모든 사람에게 유용하다. 특히 활동적이며 공적인 삶을 살게 될 네게 이 지식은 꼭 필요할 것이다. 너는 다양한 사람을 상대해야 하고 그들을 능숙하게 인도해야 하므로 다양한 지식을 충분히 축적해야 한다. 이런 지식은 어떤 체계를 통해 얻을 수 있는 것이 아니라 너 자신의 관찰과 현명한 판단에 의존해 스스로 습득해야 한다. 네가 그것을 얻을 수 있도록 몇 가지 조언을 해주마.

내가 자주 말했지만, 인간에 관해서 판단할 때 어떤 특정 원칙으로만 일반적인 결론을 도출해서는 안 된다. 비록 그것이 대부분 참이라고 해도 말이다. 이것은 명백한 진실이다. 예컨대 '인간은 이성적 동물이다'라는 원칙에 따라 모든 사람이 항상 이성적으로 행동 할 것이라고 판단하는 것은 잘못된 일이다. 또 어떤 사람이 매우 열정적이라고 해서, 그 사람이 끝까지 열정적으로 행동할것이라고 기대해서도 안 된다. 아들아, 인간이란 마치 회중시계처럼 아주 복잡한 기계란다. 우리는 회중시계의 전체 움직임에 영향을 주는 태엽과 같지만, 무수히 많은 작은 기계장치와 연결되어 있어, 때로 작동이 늦어지기도 하고, 빨라지기도 하고, 심지어 멈추기도 한단다.

예를 들어보마. 일반적으로 그렇듯이, 수상이 되고자 하는 사람은 반드시 야망과 열정을 가져야 한다고 말한다. 만약 어떤 사람이 수상이 될 만한 능력을 갖추었다고 치자. 그렇다고 해서, 그 사람이 끝까지 야망과 열정을 유지할 수 있을까? 그 사람이 수상으로서 마땅히 해야 할 바를 변함없이 해낼 것이라고 확신해도 될까? 그렇지 않다. 병에 걸리거나 우울한 기분이 그의 강력했던 열정을 꺾을 수 있고, 농담이나 비웃음 하나 때문에 무너질 수도 있으며, 심지어 그가 가진 사심이 자신의 열정을 압도할 수도 있다.

만약 사랑에 빠진다면 그 사람은 실수를 범할 것이다. 자기 아내나 애인에게 경솔하게 행동하거나 과도한 자신감을 지닌 채 행동하다가 원래 품었던 계획을 완전히 망치는 경우도 자주 발생한다. 그가 탐욕스럽다면 어떻게 될까? 갑자기 많은 보상이 주어진다면 자신이 원래 계획했던 일을 뒤집으려고 할 것이다. 상황이 교묘하게 꼬이거나 누군가가 의도적으로 도발해 온다면, 그가 성급하고 신중치 못한 표현이나 행동을 함으로써 그가 원래 품었던 계획을 완전히 망칠 수도 있다.

만약 그가 허영심이 많고 아부하는 사람들을 곁에 두는 것을 좋아한다면 어떻게 될까? 교묘하게 아첨하는 사람들이 그를 잘못 인도하게 될 것이다. 어떤 순간에는 게으름도 변수가 될 수 있다. 목표에 도달하기 위해 반드시 거쳐야 할 단계를 소홀히 해 일을 망칠 수도 있다.[40]

그러므로 상대의 지배적인 열정을 우선 살피고 접근해야 한다. 그리고 너를 여기에 맞추도록 해라. 하지만 그보다 덜한 사소한 열정들도 무시하지 말고 오히려 네 편으로 만들어라. 때때로 그것들이 힘을 발휘하기도 한다. 목표에 도달하는 길은 여러 가지가 있으니, 대로大路로 갈 수 없다면 구불구불한 길로 가더라도 마침내 목표에 도달할 수 있을 것이다.

서로 충돌을 일으키는 열정이 존재하기 마련이다. 남편과 아내처럼 동반자로 살아가지만, 서로 대화가 되지 않는 경우처럼 말이다. 서로 충돌을 일으키는 열정 중에 '야심'과 '탐욕'이 있다. 탐욕은 사실 야심의 원인이기도 하고, 결국 야심은 사라지고 탐욕만 남게 되는 경우가 많다. 탐욕스러웠던 쥘 마자랭 추기경이 좋은 사례이다. 그는 남의 것을 빼앗기 위해서라면 어떤 일도 주저하지 않았고, 권력에 아부했으며, 어떤 조건이든 받아들였다. 그는 궁정의 권력을 흠모했고, 결국 자기가 차지했으며, 이익이 있다면 사악한 고리대금업자처럼 닥치는 대로 빼앗았다. 마자랭 추기경의 야심을 알아차리고 그에게 대응하고자 했던 사람은 모두 낭패를 보았다. 이를 간파한 몇몇 사람들은 그에게 일부러 도박에서 속임수를 쓰도록 내버려두는 식으로 오히려 자기들의 재산을 쌓기도 했다.[41]

반대로 '야심'이라는 지배적인 열정으로 가득했던 리슐리외 추기경은 막대한 부를 가졌다.42) 그가 축적했던 엄청난 부는 그가 품었던 야심의 자연스러운 결과였다. 물론 그가 탐욕으로부터 자유로웠다는 말은 아니다. 리슐리외 추기경은 인간 본성이 모순으로 가득 차 있다는 것을 보여주는 강력한 사례다. 가끔 너에게서도 이런 모순이 드러나지만 말이다. 그는 자신이 섬기는 왕과 프랑스를 완전히 장악하고 있었고, 유럽의 운명을 좌우할 정도로 힘이 컸지만, 스페인

피에르 미냐르, 〈마자랭 추기경의 초상화〉, 1660년경, 콩데박물관 소장.

의 권력보다 프랑스의 위대한 작가 코르네유의 명성을 더 부러워했다. 자신을 위대한 작가라고 생각했던 리슐리외 추기경은 유럽의 위대한 정치가라는 평가보다(이 평가가 맞다) 유럽에서 가장 위대한 작가라는 (이 평가는 사실이 아니다) 아부를 들었을 때 더 기뻐했다. 어떻게 이런 일이 일어날 수 있는 것일까?

우리는 모두 인간이라 불릴 수 있는 하나의 구성 요소로 이루어져 있지만, 각 개인은 정말 다양한 요소로 이루어진 복합체이다. 즉, 모든 인간은 다르고, 동일한 구성 요소를 가진 사람은 존재하지 않는다. 능력 있는 사람도 때때로 약한 모습을 보이고, 훌륭한 사람도 비열한 행동을 하며, 정직한 사람이 나쁜 일을 하고, 심지어 악한 자라 할지라도 때로는 선한 행위를 할 수 있다. 따라서 사람을 판단할 때, 그 사람의 지

이탈리아로 보낸 편지

배적인 열정을 먼저 파악한 뒤, 나머지를 관찰할 때까지 그 사람에 대한 최종 결론을 유보하는 것이 낫다.

그 사람의 사소한 열정, 좋아하는 것, 심지어 유머를 들어보고 나중에 판단해도 절대 늦지 않다. 최종적으로 그 사람이 이 세상에서 가장 정직한 사람으로 판명될 수도 있으니, 섣불리 그 사람을 판단하지 말아야 한다. 네가 지금 그 사람을 질투하고 있다는 오해를 받을 수 있으니 말이다. 비록 그 사람이 세상에서 가장 정직한 사람이라고 해도 너의 운명을 그 사람에게 전적으로 맡기거나 너의 명성을 전적으로 그 사람의 통제권 아래에 두어서는 안 된다. 그 정직하다는 사람이 권력, 이해관계, 또는 사랑 앞에서 너의 경쟁자가 될 수도 있기 때문이다.

여기서 언급한 권력, 이해관계, 사랑, 이 세 가지는 정직성의 정도가 판가름 되는 가장 심각한 영역이란다. 따라서 너는 사람의 정직성을 판단할 때 신중에 신중을 기해야 한다. 이 세 가지 영역에 관한 판단에 따라, 그 사람의 정직성을 얼마나 믿을지, 아니면 믿지 않을지를 선택해라.

일반적으로 이런 사람은 의심해봐야 한다. 즉, 다른 사람에게 특정 미덕의 실천을 유독 강조하는 사람이다. 이런 사람은 마치 자신만 그 미덕을 독점하고 있는 것처럼 행동한다. 다시 말하지만, 이런 사람을 조심해라. 대부분 사기꾼일 뿐이다. 물론 사기꾼이 아닌 경우도 간혹 있지만, 어쨌든 너무 믿지 말아라. 실제로 나는 대단히 경건한 종교 지도자를 본 적이 있고, 대담무쌍한 주장을 펼치면서도 동시에 용기를 가진 사람도 보았고, 정직한 개혁자도 만났으며, 정숙함을 주장하는 사람들이 실제로 순결할 수 있다는 것을 보았다. 그러니 가능한 한 그들의 마음을 천천히 관찰하되, 흔히 알려진 사회적 통념에 따라서 그 사람을 판단하지 않도록 해라. 사회적 통념이란 그 사람에 대한 대략적인 성격을 설명해줄 수 있지만, 세부 사항에서는 항상 실제와 다를 수 있다는 것을 늘 명심해야 한다.

잘 모르는 사람은 철저히 경계해야 한다. 네가 부탁하지도 않았는데 아는 척하며 도움을 주겠다고 끼어드는 사람을 조심해라. 그런 사람은 자신의 이익을 달성하기 위해서 네게 접근하는 것이다. 그렇다고 해서 그렇게 접근하는 사람을 통상적인 추정만으로 무조건 내치지는 말아야 한다. 예상치 못한 도움을 주겠다는 사람이 정말 따뜻한 마음을 품고 있는지, 단순히 어리석은 사람인지, 아니면 흑심을 품고 접근하는 사람인지를 철저하게 살피도록 해라.

단순히 어리석은 사람과 흑심을 품고 냉정한 계산을 하며 다가오는 사람은 종종 같은 모습으로 네게 다가올 것이다. 단순히 어리석은 사람들이라면 그들이 '능력만큼만 실력을 발휘하도록 valeant quantum valere possunt' 거리낄 것 없이 받아들이면 된다. 그러나 만약 흑심을 품고 다가오는 자들이라면, 겉으로는 그들을 받아들이는 척하면서 오히려 역이용하는 편을 택해라.

만약 한때 즐거움만을 위해 친구가 된 사람이 있다면 그 우정은 오래가지 못하고, 결국에는 나쁜 결과를 초래할 것이다. 서로 마음을 주고받기는 하지만 경험이 없는 우정은 즐거운 추억만 남길 뿐이다. 지나친 음주와 함께 영원한 우정을 맹세하고 영혼을 그 우정에 부어 넣지만 최소한의 절제를 유지하지 않으면 아무런 의미가 없다. 헛된 우정의 확신은 순식간에 만들어지고 또 순식간에 사라진다. 이런 잘못된 관계는 새로운 자극이나 장소를 찾아 곧바로 해체되고 만다. 그로 인해, 성급하게 나눈 우정의 확신은 악용되기 마련이다.

그러니, 아들아. 젊은이들 사이에서 네가 마땅히 해야 할 바를 지켜라. 아니, 할 수만 있다면 또래 젊은이들이 나누는 모든 사교와 기쁨의 축제 속에서 그들을 능가하는 사람이 되어라. 만약 그것이 즐겁다면 네 사랑의 비밀을 그 친구들과 나누어도 좋다. 하지만 네가 품고 있는 진지한 생각은 절대로 그들에게 드러내지 않도록 해라. 친구를 가려서 사귀고, 반드시 검증된 오래 사귄 친구들만 믿어야 한다. 너보다 경험이 많은 친구를 사귀는 것이 더 낫다. 너와는 다른 삶의 길을 걸어가는 친구가 더 좋다. 그래야만 그와의 경쟁을 피할 수 있기 때문이다. 네게 우정에 관한 인류의 영웅적인 미덕에 의존하지 말라고 조언해주고 싶다. 너의 경쟁자가 너의 둘도 없는 친구가 될 것이라고 믿거나 희망하지 말아야 한다. 너는 언제나 신중하고 경계심을 가져야 하지만, 그렇다고 해서 겉으로 드러내는 것은 현명하지 못한 행동이다. 그들을 대할 때, 항상 '여유로운 표정volto sciolto'을 지어야 한다. 잘 지내거라!

아마 체스터필드가 아들에게 보낸 편지 중에서 가장 중요한 내용을 담고 있는 편지일 것이다. 사람을 판단할 때 지켜야 할 원칙을 제시하고 있기 때문이다. "모든 인간은 '야망' 아니면 '열정'에 의해 사람됨을 가늠해볼 수 있다. 모든 인간은 약한 존재이기 때문에, 설령 원했던 열정을 이루었다고 해도 보통 인간이 일상적으로 요구하는 부수적 열정을 간과하면 안 된다."

아버지는 아들에게 일러 말하길, 타인의 품성과 됨됨이에 대한 평가는 경솔히 내려서는 안 되며, 시간이라는 가장 정직한 시험대 위에 올려두고 천천히 살펴보아야 한다고 충고하였다. 첫인상은 종종 거짓의 옷을 입고 나타나기에, 진실은 오랜 관찰과 신중한 분별을 통해서만 비로소 드러나는 법이다. 그 사람이 권력, 이해관계, 사랑을 각각 어떻게 다루는지 시간을 두고 살피라는 것이다. 신뢰할 수 없는 친구를 가까이 두지 말고 오래된 친구를 계속 사귀라고 조언한다. 97번째 편지의 마지막 부분은 진정한 우정에 대한 것이었다.

모든 사람의 사랑과 애정을 얻는 법

98번째 편지
(작성 날짜와 장소 미상)

사랑하는 아들에게,

네가 반드시 갖추어야 할 '위대한 재능과 탁월함'은 다른 사람들의 존경과 찬사를 불러일으킬 것이다. 그러나 네가 다른 사람들로부터 '사랑과 애정'을 얻기 위해서는 상대적으로 덜 중요하게 보일 수도 있는 온화함의 미덕이 꼭 필요하다. 위대한 재능과 탁월함을 갖추면 사람들의 칭찬을 받겠지만, 사랑과 애정이 더해지지 않으면 공포와 질투심을 불러일으킬 수 있다. 반면 사랑과 애정을 통해 온화함의 미덕을 보여 준다면 공포와 질투심은 설 자리가 없어진다.

카이사르는 인간이 가질 수 있는 최대 악덕의 소유자였고, 카토는 최대 미덕을 가진 인물이었다.[43] 그러나 카이사르는 카토가 그렇게 갖고 싶어 했던 더 온화함의 미덕을 갖추었기에 그의 적을 포함해 모든 사람의 마음을 사로잡았다. 뛰어난 미덕을 가진 카토는 존경과 존중을 받을 수밖에 없는 인물이었지만 지나치게 엄격하게 행동해서 사실 친구들조차 그를 좋아하지 않았다. 카이사르가 '온화함의 미덕'을 갖추지 못했다면 혁명에 성공하지 못했을 것이고, 카토가 그런 덕목들을 갖추었다면 로마의 자유를 지킬 수 있었을 것이라고 나는 생각한다. 그래서 조지프 애디슨은 《카토, 하나의 비극》에서 아래와 같이 말했는데, 나도 그의 주장이 맞는다고 생각한다.44)

"카이사르의 미덕은 저주받으리! 그것이 로마를 망쳤다네!"

애디슨이 그의 책에서 이야기했던 "온화함의 미덕"이란 부드러움, 상냥함, 정중함, 유머 감각 등이다. 학자의 지식, 영웅의 용기, 금욕주의자의 정신 등은 매우 중요한 덕복이다. 그러나 지식에 오만함이, 용기에 잔혹함이, 미덕에 융통성 없는 엄격함만 동반된다면, 그 사람은 결코 사랑받지 못한다. 스웨덴의 칼 12세가 보여준 영웅주의는 모든 사람의 존경을 받았지만, 그가 가졌던 용기의 잔혹성 때문에 아무에게도 사랑받지 못했다.45) 반면에 프랑스의 앙리 4세는 큰 용기를 가진 인물이었고, 훨씬 더 긴 세월을 전쟁터에서 보냈지만, 많은 사람의 사랑을 한 몸에 받았다.46) 그가 가진 '온화함의 미덕'과 주위 사람들과 잘 어울리는 타고난 성격 덕분이었다.

아들아, 우리 인간은 그렇게 만들어졌단다. 즉, 우리가 무언가를 이해할 때 이성적 판단이 아니라 마음의 판단에 속아 넘어가는 경향이 있다는 것이다. 인간은 때때로 '감정'이 더 중요하다. 따라서 무엇을 이해시키고자 할 때는 먼저 상대방의 감정과 마음을 얻어야 한다. 이때 온화함의 미덕이 꼭 필요하다. 여기에 정중한 태도를 더하면 최고의 결과를 얻을 수 있을 것이다.

교만한 자가 베푸는 건방진 친절은 그의 노골적인 무례보다 더 불쾌할 수 있다. 그는 자신이 전혀 누릴 자격 없는 관용을 베푸는 것처럼 행동할 것이기 때문이다. 그는 보통 아닌 은혜를 베푸는 듯한 끄덕임으로 보호를 시사하며 당신이 앉고, 걷고, 먹고, 마시는 것을 초대한다기보다 허락한다는 뉘앙스의 태도를 보일 것이다.

재산을 과시하는 부자가 인색하게 베푸는 시혜는 도움을 주는 동시에 모욕을 남긴다. 그는 상대

프란스 푸르뷔스, 〈앙리 2세의 초상화〉, 1610년경, 루브르박물관 소장. 프랑스의 왕 앙리 4세는 뛰어난 친화력으로 국민의 사랑을 받았다. 독설가였던 볼테르조차 그를 '위대한 왕'으로 예찬했다.

가 처한 불행을 굳이 느끼게 하고, 자신의 유리한 처지와의 간극을 더욱 강조하며, 그 모든 것이 마땅한 결과라고 넌지시 알린다. 즉, 누군가의 불행은 그의 어리석음 때문이고, 그의 번영은 지혜 덕분이라는 식이다. 오만한 학자는 주변 사람과 소통하지 않고 큰소리만 치면서 자신의 지식을 자랑할 것이다. 그는 지식을 나누는 것이 아니라 마치 형벌처럼 들이닥치게 하고, 자신의 학문을 보여주기보다는 오히려 상대의 무지를 드러내는 데 더 열심이다.

지금까지 설명한 것 외에도 사람이란 일반적으로 그렇게 행동하는 것임을 기억해라. 이런 오만한 행동은 모든 인간이 품고 있는 작은 자부심과 허영심을 자극하고 반발심을 불러일으킨다. 이런 사람의 행동은 그가 아무리 좋은 일을 해도 감사하고 싶은 마음을 소멸시킬 뿐이다. 그가 도와주는 것은 숨겨진 의도가 있으며, 그가 베푸는 선행도 사실은 다른 저의가 깔려 있기 때문이다. 이런 잘못은 그들이 가진 완벽함에 흠집을 낸다. 너는 이것을 잘 기억하면서 반면교사로 삼도록 해라.

그러나 이런 '온화함의 미덕' 외에도 '간과하기 쉬운 재능과 업적'이 있다. 이것은 모든 위대한 사람을 더 멋지고 돋보이게 만들어 준다. 모든 사람이 한 가지 면에서는 뛰어나지만 모든 점에서 뛰어날 수 없기에 더욱 그렇다. 정중한 태도, 상대방의 호감을 유도하는 대화, 느긋한 친절함이 바로 그것인데, 이런 덕목은 모든 사람에게 깊은 인상을 남길 것이다. 이런 덕목을 보여준다면 사람들은 널 환영하게 될 것이다. 잘 있거라!

> 재능이 뛰어나고 탁월한 사람이라고 해서 모든 사람이 좋아하지 않는다. 카토는 카이사르보다 훨씬 뛰어난 재능과 도덕성을 가졌지만, 친구들조차 그를 좋아하지 않았다. 성격이 지나치게 엄격했던 카토에게는 '온화함의 미덕'이 부족했기 때문이다. 뛰어난 재능과 도덕성은 오히려 공포와 질투심을 유발한다. 그러나 '온화함의 미덕' 즉 '사랑과 애정'을 갖추어야 사람들의 호감을 불러일으킨다. 부자는 가난한 자를 불러 친절을 베푸는 척하면서 자신의

우월함을 과시하며 만족감을 느낀다. 이런 사람에게는 '사랑과 애정' 즉 '온화함의 미덕'이 부족한 것이다.

단단한 내면과
우아한 외면의 조화에 대하여

102번째 편지

(1750년 1월 18일, 런던에서)

친애하는 벗이여,

견고하게 갖추어야 할 너의 기초가 거의 완성에 가까워지고 있기에, 이제 나의 유일한 관심사는 너의 외적인 부분이다. 이것이 너의 주된 관심사가 되어야 마땅하다. 모든 종류의 우아함과 기품으로 너 자신을 멋지게 보이도록 해라. 물론 단단한 내면의 힘이 없다면 외적인 장식은 가벼운 것에 불과하다. 그렇지만, 외적인 장식 없이 이룩한 내면의 단단함은 무의미한 것으로 전락한다는 사실을 기억하거라.

적당한 수준의 지식을 갖춘 사람이지만 외적으로 볼 때 멋진 사람이 있다고 치자. 그는 호감형의 외모를 가지고 있고, 언행이 우아하고 친절하며 상냥하다. 한마디로 외적인 부분이 잘 갖추어진 사람이다. 또 다른 사람을 상상해보자. 그 사람은 건전한 판단력과 심오한 지식을 가지고 있지만, 앞서 말한 외적인 장식이 부족하다. 두 사람 중 어떤 사람이 더 나은 대접을 받게 될까? 당연히 먼저 언급한 사람일 것이다. 거의 모든 면에서 그 사람이 더 나은 대접을 받게 된다. 그렇다면 누구나 노력하면 외적인 장점을 얻을 수 있을까? 나는 가능하다고 본다. 훌륭한 사람들과 어울리고 그들과 친밀하게 지내면서 그들의 언행을 관찰하고 배운다면 분명히 그럴 수 있을 것이다.

어떤 사람을 만났을 때, 그가 강렬한 인상을 주고, 널 매료시켜 그 사람에 대해 좋은 말을 하게 만든다면, 처음에는 그 이유를 알 수 없을 것이다. 너는 그 사람의 좋은 인상의 원인을 분석해보고, 그 사람의 장점을 여러 각도에서 살펴보게 될 것이다. 그러면 그 사람이 어색하지 않게 상대방을 존중하는 태도를 보여주고, 항상 친절하고, 자연스러운 몸가짐을 지녔으며, 개방적이고, 쾌활하며, 억지 웃음을 짓지 않고, 화려하지 않지만 남루하지 않고, 단정한 옷차림을 하고 있다는 장점을 발견하게 될 것이다. 이 모든 요소들이 매우 적절하게 조화를 이루고 있다.

그런 사람을 닮도록 해라. 하지만 저급하게 따라해서는 안 된다. 위대한 예술가들이 대가의 작품을 모사하듯이, 모방이 진품과 같은 높은 수준이 되어야 한다. 위대한 모사품은 아름다움과 자유로움에서 원작과 대등한 것처럼 말이다. 만약 네가 너무나 유명한 인물들, 즉 모든 사람이 존경하고, 좋은 가문에서 태어나 자랐으며, 진정으로 젠틀맨이라는 평가를 듣고 있는 사람을 만난다면, 그를 자세히 관찰하고 그가 상관에게 언행을 어떻게 하는지 살피고, 동료들과 지내는 법에 대해 배우고, 하급자들을 어떻게 다루는지 배우도록 해라. 니베르네 공작이 그런 인물일 것이다.47) 그런 사람이 아침 식탁에서, 커피를 마시는 휴식 시간에, 그리고 저녁 만찬 때, 어떻게 대화하는지 살펴보아라. 그를 무작정 모방하란 말이 아니다. 그는 다른 사람을 만났을 때, 결코 상대를 낮추어 보거나 무시하는 언행을 절대로 하지 않는다는 것을 발견하게 될 것이다. 어떤 일이 있어도 그는 다른 사람의 허영심이나 자부심을 무시하거나 상처 주는 일이 없다는 것을 알게 될 것이다. 오히려 그는 사람들을 기쁘게 만들어 주고, 상대방이 먼저 기쁨을 누리도록 배려한다. 그는 언제나 상대방에게 존경심을 먼저 보여주고, 관심을 기울이며, 자긍심을 북돋워주고, 친밀하게 대화한다. 그는 신중하게 씨앗을 뿌리고, 풍성한 곡식을 거두어들인다.

이런 바람직한 성취는 노력과 모방을 통해서 얻을 수 있다. 우리가 그들의 성취를 따라하기만 하면 반은 이미 성공한 것이다. 그러니 가장 중요한 것은 모범이 될만한 사람을 찾고, 그를 주의 깊게 연구하는 것이다. 우리는 함께 어울리는 사람들의 대화 분위기, 태도, 심지어 미덕까지도 무의식적으로 닮아간다. 훌륭한 점을 무의식적으로 모방하며 심지어 생각하는 방식까지도 닮아간다. 나는 아주 평범한 수준의 사람이 뛰어난 재치를 가진 사람들과 끊임없이 대화하면서 그들을 닮아가는 모습을 본 적이 있다. 그러니 너도 최고 수준의 사람들과 어울리다 보면 그들을 닮아갈 것이고, 주의와 관찰을 기울인다면, 너도 곧 그들 중의 하나가 될 수 있을 것이다. 훌륭한 사람들과 어울리면서 얻는 결과를 생각하면, 나쁜 사람들과 어울리지 말아야 한다는 것도 당연히 알겠지?

네가 지금까지 예의 바른 사람들과 지낼 기회가 거의 없었다는 것을 나도 잘 알고 있다. 네가 다녔던 웨스트민스터 학교는 의심할 여지 없이 너의 자유를 제한했고, 잔혹한 훈육을 제공했다. 라이프치히도 교양 있고 우아한 예의의 중심지는 아닌 것 같다. 베네치아는 어느 정도 도움이 되었을 것이고, 로마는 훨씬 더 많은 것을 줄 것이라 기대한다. 그리고 파리는, 감히 말하건대 네가 원하는 모든 것을 줄 것이다. 항상 훌륭한 사람들과 어울리도록 노력하고, 너 자신을 항상 개선 시키며 미래를 준비해 나가도록 해라. 그런 의도와 노력이 없다면, 어떤 것도 성취할 수 없다는 것도 기억해라. 자, 이제 나는 네게 필요한 외적인 장식의 결과물을 제시하고자 한다. 이것이 없다면 어떤 사람도 호감을 얻을 수 없고, 어떤 인물도 위대해질 수 없다.

파리를 아름답게 수놓고 있는 뤽상부르 공원. 마리 드 메디시스에 의해 1612년 조성되었다. 청동 작품은 아르튀르 부르주아가 1868년에 조각한 〈그리스 배우 L'Acteur Grec〉이다.

'항상 우아하게 말할 것'. 어떤 언어를 사용하든 상관없다. 우아하게 말하지 않으면 누구도 너의 말을 경청하지 않을 것이다. 그러면 너의 말은 어떤 결과에도 아무런 영향을 미치지 못하게 된다.

'이해하기 쉽고 정확한 발음을 구사할 것'. 그렇지 않으면 사람들은 네 말을 오래 듣지 않을 것이다. 신체적 어려움이 없는 한 모든 사람에게 명료하게 말하는 방식이 요구된다. 네게는 그런 제약이 없으니 반드시 또렷하게 말해야 한다. 데모스테네스가 했던 고생을 너는 하지 않아도 될 것이다.[48]

'몸가짐과 태도에서 정중함과 공손함을 항상 유지할 것'. 상식을 지키고, 뛰어난 사람들을 관찰하며, 훌륭한 사람들과 어울리고, 그들을 모방하면 이것을 얻을 수 있다.

'점잖은 태도와 우아한 몸동작을 취할 것, 그리고 멋을 아는 세련된 사람이 될 것'. 훌륭한 본보기와 너의 주의 집중, 그리고 뛰어난 사람들의 태도와 몸동작에 대한 모방을 통해 이를 얻을 수 있다.

'항상 청결을 유지하고, 옷을 잘 갖추어 입을 것'. 학창 시절에 옷차림에 소홀히 한 것은 용서받을 수 있었지만, 지금은 그렇지 않다.

이런 외적인 장식을 갖추지 못한다면 네가 알고 있는 모든 것과 네가 할 수 있는 모든 행동이 별 의미가 없다는 것을 잊지 말아라. 잘 지내거라!

1750년 1월 11일에 쓴 편지부터 아버지는 '친애하는 벗이여'라는 인사말을 사용하기 시작했다. 이 편지에서 두 번째로 그 인사말이 사용되었다. 이

전까지 사용하던 '사랑하는 아들에게'라는 표현에서 친근감이 느껴졌다면, 1750년 아들이 열여덟로 성년이 되던 해부터는 존중하는 느낌을 주는 어투로 바뀌었다. 그랜드 투어를 마쳐가던 아들이 곧 현실 세계로 진입할 예정이었기 때문에 아버지는 그를 사회의 일원으로 받아들이겠다는 의지를 내비친다. 지금까지 'Dear Boy'를 '사랑하는 아들에게'로 옮겼는데, 'My Dear Friend'는 '친애하는 벗이여'로 옮기기로 한다.

내면의 단단함과 더불어 외적인 장식을 강조하고 있다. 어색하지 않게 상대방을 존경하는 태도를 보여주고, 항상 친절하고, 자연스러운 몸가짐을 지니며, 개방적이고, 쾌활하며, 거만한 표정을 짓지 않고, 화려하지 않지만 남루하지 않고, 대신 단정한 옷차림을 유지하는 것이다. 우아함의 목록이 편지 끝부분에 자세하게 설명되어 있다.

삶과 사랑 앞에서의
희생과 보답에 대하여

103번째 편지
(1750년 1월 25일, 런던에서)

친애하는 벗이여,

네 소식을 들은 지 너무 오래되었구나. 네가 로마에 완전히 빠져 있기에 연락이 없을 것이라 짐작해본다. 네가 만약 내가 원하는 방식으로 로마에 빠져 있다면, 연락이 되지 않아도 충분히 이해한다. 그렇게 하는 것이 네게 더 큰 도움이 될 것이기 때문이다prodesse quam conspici. 너의 시간을 로마에서 집중해 사용하되, 부디 가치 있는 일에 투자해라. 사실 고대의 유물을 통한 공부에 전념하고 저녁 시간의 여흥을 즐기자면 편지를 쓸 시간이 없을 것이다. 또 그래서도 안 된다. 너는 아마 다시는 로마를 보지 못할 것이다. 그러니 지금 최대한 집중해서 로마를 관찰하고 배우도록 해라. 잘 관찰하라는 말은 단순히 오래된 건물을 보고, 조각상과 그림을 이해하란 말이 아니다. 물론 그럴 가치가 충분히 있지만 말이다.[49] 내가 보라고 하는 것은 로마 교황청의 제도와 운영 방식을 말한다. 내가 이렇게 강조하지 않아도, 상식적으로 그 중요성을 알고 있으리라 믿는다.

로마에서 어떤 즐거움을 누리고 있니? 그곳의 유행을 즐기고 있니? 어떤 사람과 어울리며 지내니? 유력한 가문에 드나들며 그들과 식구처럼 가까워져 '작은 스탠호프'라 불리고 있지는 않니? 멋지고 품성이 좋은 여성과 교제하면서 혹시나 어려움을 겪고 있지는 않니? 좋은 하인을 구했니? 이런 것들이 갖추어져야만 네가 세련됨에 대해 배우고 또 베풀 수 있다. 요즘 마음에 드는 사람이 있는지, 물어보지 않겠다. 네가 이런 문제까지 나와 상의하지 않겠지? 그러나 만약 애정을 품고 있는 사람이 있다면 네게 이런 말을 들려주고 싶다. '주의를 기울이고 작은 배려로 보답해야 한다il faut bien payer d'attentions et de petits soin'. 네가 먼저 희생하지 않으면, 보답은 없다.

"그대, 사랑에 빠지고 싶은가?
가장 부드러운 태도로 그녀를 대하고
다정한 눈빛과 부드러운 자세로
가장 따뜻한 어조로 그녀를 맞이하라.
사랑의 시가 아무리 아름다워도
뮤즈의 화살은 실패할 것이다
우아함의 여신이 도와주지 않는다면.
시의 창조자도 실패할 터이니

로마의 콜로세움 앞에서 연인이 사랑을 속삭이고 있다.

사랑에 빠진 여성을 절대로 잡을 수 없다.
관심을 기울이고, 또 기울여야 한다.
진심을 다하고 또 다시 진심을 다했을 때만
사랑의 요정이 너의 수고에 보답할 것이다."

　네가 시간을 사용하는 방식에 대해 나는 매우 만족하고 있단다. 그렇지만 네가 모든 시간을 항상 잘 활용하고 있는지 염려가 되는구나. 항상 같은 방식으로 시간을 보내라는 것이 아니다. 네 나이와 환경에 맞게 적절하게 조절하라는 것이다. 너는 지금 매일 아침 다섯 시간씩 공부에 전념하고 있는데, 평생 그렇게 하라는 것이 아니다. 그렇게 하지도 않을 것이다. 앞으로 맡게 될 업무나 여가의 필요에 따라 공부 시간은 줄어들 수밖에 없다.

그렇다면 자투리 시간을 활용해서 공부하는 방법은 없을까? 만약 하루에 딱 한 시간의 여유가 있다면, 그 시간을 낭비하지 않고 너의 발전을 위해 활용할 수는 없을까? 너의 친구이자 조언자인 하트 선생이 곁에 있다면 그렇게 할 수 있을 것이다. 그러나 6~7개월 안에 하트 선생이 널 떠나야 할 상황이 펼쳐진다면 넌 어떻게 될까? 네가 혼자 남게 되었다면, 네게서 무엇을 기대할 수 있을까? 네가 지식을 더 축적하기 위해 매일 일부 시간을 떼어내 공부할 것이라고 확신해도 될까? 사려 깊은 사람들이 그러하듯 자신의 성장을 위해 삶의 질서를 유지하고 더 노력할 것이라고 믿어도 될까? 네가 어떤 즐거움을 추구하더라도 그것이 훌륭한 사람들과 세련된 집단 속에서 이루어질 것이라고 확신해도 될까? 물론 네게 그런 즐거움을 누리는 시간을 추천하며, 이를 위해 기꺼이 비용을 지불할 의사가 있다. 하지만 네가 비천하고 방탕한 사람들과 어울리면서 부적절하고 수치스러우며 수준이 낮은 즐거움을 추구한다면 그 비용을 지불하지 않을 것이다.

차원이 높은 삶의 행복이 항상 엄정한 철학을 추구하는 것만은 아니라는 걸 나도 인정한다. 나는 이제 55세가 되었지만, 결코 금욕주의자가 아니다. 18세인 너는 더더욱 그렇지 않을 것이다. 우리 사회의 가장 뛰어난 사람들과 저녁 식사를 함께하다보면 때로는 혹은 우연히 과도한 즐거움을 추구하게 될 때가 있다. 그렇다고 해서 그런 모임이 모두 폭식이나 지나친 음주로 이어져서는 안 된다. 상류층에 속한 사람들도 지나치면 문제가 되겠지만 대개 절제하는 덕분에 다른 사람이 보기에

토리노대학교 도서관에서 공부에 집중하고 있는 학생의 모습. 아버지는 아들에게 주체적으로 공부하는 습관을 길러야 한다는 것을 강조했다.

민망한 일은 잘 일어나지 않는다. 그것으로 인해 마음이나 건강이 손상되지 않으며, 명성에 해가 되지도 않고, 오히려 개선될 여지도 있다. 오락은 오락에서 그칠 뿐, 과도한 도박으로 발전하지 않는다. 그냥 즐기는 것이기 때문에 위험하거나 불명예스러운 것으로 전락하지 않는다. 그것은 인생을 즐기는 또 다른 방식일 뿐이다.

분명히 말하지만, 이것은 잔소리나 하는 노인의 입장에서가 아니라 오래된 친구의 자격으로 말하는 것이다. 내가 너에게 요구하는 것은 사실 실천하기 어려운 일이 아니다. 나에게는 이런 요구를 할 합리적인 자격이 있고, 너에게 그 요구가 유익하다는 것을 네가 충분히 이해할 것이라고 확신한다. 그러나 네가 이러한 요구를 실천에 옮길 만한 결단력을 갖추고 있을까? 타락한 사람들과 불명예스러운 영향력을 퍼뜨리는 자들의 유혹을 견딜 수 있을까? 나는 젊은이들이 부끄러워하며 거절하지 못하고, 유혹에 넘어간다는 사실을 잘 알고 있다. 너는 정중히 거절하는 법을 배워야 한다. 이것을 꼭 익혀야 한다. 특히 친구의 보호나 멘토의 도움을 없을 때도 너 자신의 판단에 따라 거절할 수 있도록 꾸준히 실행해야 한다. 지금 당장에는 친구나 멘토의 도움을 받는 것이 좋다. 그에게서 배울 수 있는 것을 지금 모두 배울 수 있도록 최대한 활용해라. 그가 떠나기 전에 그의 좋은 점을 완전히 이어받는 사람이 되어야 한다.

넌 로마를 정말 좋아하는 것 같구나. 그곳에서 어떻게 지내고 있니? 상상을 초월하는 교황청의 내부 행정 구조에 대해서 좀 알게 되었니? 포지니 수도원장이 네게 많은 비밀을 알려주었니?[50] 저명한 예수회 신부들과도 친하게 지내고 있니? 나는 예수회 신부보다 배울 게 많은 사람을 본 적이 없단다. 매일 그런 사람들을 집으로 초대해서 저녁을 함께하는 것도 좋은 방법이다. 정성을 다해 음식을 대접하면서 서너 시간 만찬을 함께 나눌 수 있다면, 짧은 대화로 얻을 수 있는 정보와는 비교할 수 없는 효과를 얻게 될 것이다. 대부분 그런 사람들은 식사 초대를 꺼리지 않는다. 어떤 분야든 뛰어난 사람을 만날 때마다 그를 잘 대접하고, 동시에 그를 통해 배우도록 해라. 이것은 너 자신의 자질을 향상시킬 뿐만 아니라 네가 지혜를 추구하고 사랑한다는 평판을 만들어줄 것이다.

하지만 무엇보다도, 네가 배우는 모든 것, 말하는 모든 것, 행하는 모든 것을 우아하게 해야 한다. 우아함이 없으면 모든 것이 불완전하고, 최소한 우아함이 있다면 무엇이든 괜찮은 법이다. 네가 우아함을 실천하지 않는 인간이 된다면 나는 큰 상처를 받겠지. 만약 우리가 다시 만났을 때, 네가 우아함 없이 내게 다가온다면 얼마나 충격일까! 그러니 우아함을 갖추기 위해 노력하고 매 순간 정성을 바쳐라. 우아함은 언제나 정성을 다할 때 찾아온다. 간설히 소망하는 것은, 네가 모든 면에서 완벽을 추구하는 것이다. "어떤 것이 하나라도 미완성으로 남아 있다면, 결국 아무것도 이루지 못한 것이다Nil actum reputans si quid superesset agendum."

잘 지내거라. 너를 사랑하는 아버지가.

> 로마에 '빠진' 아들에게 아버지는 무소식을 푸념하지만, 로마에서는 그럴 수 있다고 스스로 위로한다. 어쩌면 마지막이 될지 모르는 로마 생활을 마음껏 즐기되, 사람을 상대할 때 품행을 단정하게 하고 우아함을 유지할 것을 다시 촉구한다. 103번째 편지는 아버지가 아들에게 주는 일종은 연애 상담이다. 이성을 대할 때는 세심하게 배려하고 스스로 희생하겠다는 자세를 갖추어야 한다. "너의 언행과 태도는 지극히 정중해야만 하지만, 동시에 편안하고 과장되지 말아야 한다"라는 조언도 이어지고 있다. 로마 그랜드 투어에서 빼놓을 수 없는 과제로, 교황청의 구조를 이해하는 것과 예수회를 비롯한 주요 인사들과 교류하는 것도 다시 강조하고 있다.

올바른 도덕 기준을 확고히 세워라

113번째 편지
(1750년 5월 17일, 런던에서)

친애하는 벗이여,

그랜드 투어를 통한 너의 훈련 기간이 거의 끝나가고 있으며, 곧 독립할 때가 다가오고 있다. 그 시간은 너에게는 중요한 전환점이겠지만, 나는 조금 걱정스럽다. 성공하려는 사업가는 우선 진실성이 있어야 하고 훌륭한 품행을 지녀야 한다. 진실성이 없다면 아무도 그의 가게를 찾지 않을 것이며 품행이 바르지 않다면 다시는 그 가게를 찾지 않을 것이다. 이런 사업의 원칙이 있다고 해도, 공정한 거래의 기술을 지켜야 하는 것은 당연한 일이다. 사업가는 자신의 상품을 가능한 최고의 가격으로 팔 수 있다. 물론 일정한 가격 범위 내에서 말이다. 그는 고객들의 취향을 잘 살펴야 한다. 또한 그가 좋은 것이라고 보증한다면 실제로도 그래야 하고, 그가 진지하게 주장하는 것은 반드시 사실이어야 한다. 그렇지 않으면 부정한 방법으로 얻은 첫 이익은 곧 파산으로 끝날 것이다. 이는 상류층의 삶이나 국제적인 큰 사업에도 모두 적용되는 원리다.

진실성과 정직성, 신실한 품행, 그리고 올바른 도덕적 기준을 확고히 세우지 못하고, 실제로 자격을 갖추지 않은 채, 세상에 첫발을 내딛는 사람은 잠깐 유성처럼 빛날 수는 있지만, 매우 짧은 시간 안에 사라져버릴 것이다. 다른 사람들의 경멸을 받으면서 말이다. 사람들은 감각이나 본능에서 비롯하는 방종이나 기행은 쉽게 눈감아주지만, 마음에서 비롯되는 악덕은 아주 작은 것조차도 용서하지 않는다. 마음의 병은 나이가 들어도 고쳐지지 않는다. 오히려 시간이 지나면서 더 나빠지고 고집스러워질 뿐이다. 젊은 거짓말쟁이는 늙은 거짓말쟁이가 되고, 젊은 사기꾼은 나이가 들수록 더 교묘한 사기꾼이 될 뿐이다. 매우 드물지만 젊었을 때 품었던 나빴던 마음이 나이가 들어서 올바른 자각과 함께 진정으로 자신의 어리석음과 죄를 반성하며 개선되는 사례도 있다. 그러나 그런 변화는 살아남기 위해 선택한 것이고, 정치적인 것으로 여겨질 뿐, 결코 진실한 변화로 여겨지지 않는다.

하느님 앞에서 진심으로 바라건대, 네게 도덕적 미덕이 부족하지 않기를 바랄 뿐이다. 논리학자들이 말하는 '제1 현실actu primo'과 같이, 모든 도덕적 미덕을 '소유'하는 것만으로는 충분하지 않다. '제2 현실 actu secundo'의 요구대로, 그런 도덕적 미덕이 실제로 '발휘'되어야 한다.[51] 아니, 소유와 발휘도 충분하지 않다. 네가 '도덕적 미덕을 소유하고 있다'는 다른 사람들의 평판까지 얻어야 한다.

네가 앞으로 보여줄 삶의 자세와 성격은 견고한 도덕적 미덕의 기초 위에 세워져야 한다. 그렇지 않으면 곧 무너지게 될 것이다. 너의 삶의 자세와 성격을 형성하는 지금, 최대한 신중하고, 친절하게 행동하며, 매사에 철저해야 한다. 어떤 대화, 사례, 유행, 기발한 말, 허영심에 유혹당해 도덕적 위반을 인정하거나 변명하거나 타협하거나 웃음거리로 만들지 말아라. 혹여 도덕적 위반이 있다면 항상 혐오와 반대를 천명해 네가 원칙을 지킨다는 것을 공개적으로 보여주어야 한다.

아무리 젊다고 해도 도덕적 위반 앞에서는 단호하고 엄정해야 한다. 그러나 엄정하게 죄를 꾸짖는 동안에도 사람에게는 관대함을 보여주어라. 여기서 '도덕적 위반'이란 너도 쉽게 판단할 수 있듯이, 거짓말, 사기, 질투, 악의, 중상모략 등과 같은 마음의 악행에 관한 것이다. 나는 이런 잘못을 혈기 넘치는 젊은이가 잠시 빠질 수 있는 단순한 약점으로 보지 않는다. 네 나이에는 다른 사람의 잘못에 대해 심하게 비난하거나 훈계조로 따지는 것은 어울리지 않는다. 가능하면 그런 사람들과 어울리지 말고, 다른 사람에게 그 사람의 잘못에 대해서는 아무 말도 하지 말아라. 시간이 지나면 이성의 힘으로 잘못이 고쳐질 수도 있으니까.

첫 출발을 하게 될 네게, 비록 사소하지만, 여전히 큰 영향을 미칠 수 있는 것에 대해 접하려 한다. 경험이 부족한 젊은이들이 흔히 빠지기 쉬운 허영심을 조심해라. 특히 잘난 척하는 사람으로 만드는 그런 종류의 허영심을 조심해야 한다. 그런 성격을 한 번 갖게 되면, 그것은 사제 직책보다도 더 벗어나기 어렵다. 허영심을 갖게 되면 본래의 가치를 얼마나 다양하게 상실하는지, 상상조차 할 수 없다.

어떤 사람은 모든 주제에 대해 혼자서 아는 체하며 오히려 자신의 무지를 드러내고, 모든 것에 대해 말도 안 되는 억지를 부린다. 어떤 사람은 여성들 앞에서 늘 잘난 척하며 명망이 있는 사람과의 친분을 암시하면서 자기 자랑을 늘어놓는다. 그런 관계가 사실이라면 비열한 행동이고, 사실이 아니라면 악행에 가깝다. 사실을 떠나서 그런 행동은 그의 평판에 치명적인 해를 끼친다. 어떤 사람은 별것도 아닌 것을 자랑하고 허영심을 부풀리곤 한다. 사실은 아무 관계도 아닌데도 말이다.

예를 들어 어떤 사람들은 자신이 뛰어난 명망과 훌륭한 인격을 갖춘 인물의 후손이라든가, 유명 인사와 연관이 있거나, 친하다고 자랑한다. 하지만 사실 그들과 친밀한 관계가 아닐 때가 많다. 설령 사실이라고 해도, 도대체 그게 무슨 의미가 있겠니? 우연의 결과인 인연 때문에 그 사람이 더 많은 능력을 얻게 되는 것이 아니다. 오히려, 그들이 우연한 관계에 의존하는 것은 스스로 갖춘 본질적인 능력이 부족하기 때문이다. "부자는 절대로 빌리지 않는다"는 말을 기억해라.

다음 규칙을 항상 명심하고 결코 잊어서는 안 된다. 설령 네가 정말 자랑하고 싶은 것이 있다고 해도 먼저 나서서 말하지 말아라. 누군가의 칭찬을 듣고 싶거든 겸손이라는 미끼를 던지는 것이 최상의 방법이다. 용기 있는 척하면 실제 용기 있는 사람도 깡패처럼 보이게 만들고, 재치 있는 척하면, 진짜 지혜 있는 사람도 허풍쟁이로 보이게 만든다. 여기서 '겸손'이란 소심한 성격이나 어색한 수줍음을 의미하는 것이 아니다. 오히려 너의 내면이 확고하고 안정적이어야 하며, 자신의 가치를 알고 그 원칙에 따라 행동하는 것이 '겸손'이다. 그러나 사람들이 너 스스로가 자신의 가치를 알고 있다는 것을 눈치채지 못하도록 항상 주의해야 한다. 네가 가진 진정한 가치는 다른 사람들에 의해 발견되어야 한다. 다른 사람들에 의해서 너의 가치가 더 높이 평가되면 너의 약점은 자연히 사라지게 될 것이다.

그러니 파리라는 망망대해에 혼자 뛰어들기 전에 이 모든 것을 신중하게 생각해보길 바란다. 주변 사람을 직접 관찰한 결과를 조심스럽게 떠올려 보고, 나의 조언들과 비교하고, 그에 맞게 체계적이고 일관되게 행동해라. 하루하루를 그저 살아가는 것이 아니라, 항상 세밀한 계획을 세우고, 관찰을 통해 성장을 도모하도록 해라. 너를 절대로 잘못된 방향으로 인도하지 않는 사람의 조언을 경청해야겠지? 즉, 하트 선생과 나 말이다!

파리 시청 앞에 전시되어 있는 에티엔 마르셀의 기마상. 파리의 신흥 상공인 세력을 대표했던 마르셀은 국왕과 귀족의 권력 독점에 반발하다가 죽음을 맞이했다.

아들에게 "진실성과 정직성, 신실한 품행, 그리고 올바른 도덕적 기준을 확고히 세울 것"을 조언하고 있다. 도덕적 미덕을 '소유'하고 있을 뿐만 아니라 '발휘'해야 하고, 더 나아가 그런 도덕적 기준을 가진 사람이라는 것을 다른 사람이 알아야 한다고 강조한다. 허영심을 조심하고 다른 사람 앞에서 자기 자랑을 하지 말아야 한다.

한편 하트 씨는 아들 스탠호프와 함께했던 그랜드 투어 동행교사직을 1750년 초반에 끝낸 것으로 추정된다. 아버지 체스터필드의 소개를 받은 것으로 추정되는데, 1750년 4월 10일부로 영국의 왕실이 있는 윈저궁의 왕립 성당인 세인트조지예배당에서 참사회 회원으로 활동을 시작했다. 영국 왕실의 사위였던 체스터필드의 추천이 효력을 발휘했을 것이다.[52] 왕립 성당의 참사회에서 활동하면서 스웨덴 왕실 역사에 관한 책을 집필하며 연구에 몰두하던 그는 1774년에 임종했다.

제3장

프랑스로 보낸 편지

프랑스에서 배워야 할 처세술

120번째 편지
(1750년 11월 1일, 런던에서)

친애하는 벗이여,

이 편지는 몽펠리에로 보내지만, 네가 만약 이미 그곳을 떠나 파리로 갔다면, 이 편지가 부디 그곳으로 잘 전달되길 바란다. 만약 하트 선생이 네가 몽펠리에에서 지내는 기간을 연장하는 것이 낫다고 판단한다면, 당연히 그의 조언을 따르도록 해라.

네가 프랑스에 머무는 동안에는 전적으로 프랑스 역사 공부에 시간을 투자하길 바란다. 한 나라에 대한 역사는 그 나라에 있을 때 공부하는 것이 제일 효과적이다. 질문이 생기면, 역사책뿐만 아니라, 그 나라 사람들에게 직접 물어보며 바로 해결할 수 있기 때문이다. 나는 네가 고지식한 일부 고고학자처럼 오래되고 허구적인 옛 시대의 사소하고 중요하지 않은 부분을 파헤치며 시간을 낭비하는 것을 절대로 바라지 않는다. 어리석은 사람들이 쓴 것은 어리석은 사람들이 읽도록 내버려 둬라. 참고로 프랑스 역사에 대해서는 481년 프랑크족의 정복부터 15세기 루이 11세의 통치까지의 역사만 공부해도 충분하다.

각 나라의 역사를 공부할 때는 먼저 가장 짧은 분량의 일반 역사 서적을 찾아 읽고, 영토 정복 과정, 왕과 왕조의 변화, 정부 형태의 발전 등 핵심적인 시기를 간략하게 기록해두어라. 특별히 중요한 시기에 대해서는 전문 서적이나 논문 등을 찾아보는 것이 좋다. 역사 변동의 원인을 추적해보고, 그 결과를 분석해야 한다.

지금 네게 책, 역사, 지식에 대해서 항상 현명하게 말하라고 강조하는 것이 아니다. 너는 앞으로 다양한 모임에 참석해야 할 것이고, 어떤 모임에서 어떤 방식으로 말할지는 스스로 판단해야 한다. 사소한 일에는 사소하게 대하고, 진지한 일에는 진지하게 대해라. 피리를 부는 사람 앞에서는 춤을 추어야 하듯이, 그 장소에 맞는 말과 행동을 해야 한다. "왜 엄격한 카토가 극장에 오지?"란 질문은 흔히 노인에게 던져지는 질문이지만, 젊은 너의 나이 때에 훨씬 더 적합한 질문일 수 있다.[1]

토리노의 한 책방에서 청년이 책을 살펴보고 있다.

옷을 차려입고 외출하는 순간부터, 너는 주머니에 모든 지식과 시계를 넣어두고, 다른 사람이 극구 요청하지 않는 한 절대로 그것을 밖으로 꺼내지 않도록 해라. 시계를 괜히 꺼내는 건 자리가 지루하다는 표시이고, 지식을 괜히 꺼내는 건 남을 지루하게 만들기 때문이다. 사람들과 어울리는 대부분의 모임은 항상 자유를 사랑하는 공화국 사람들의 모임과 같다. 따라서 15분의 독재자도 허용하지 않는다. 물론 실제로 공화국이 그러하듯이, 지배자가 그 모임에도 존재하기는 한다. 그러나 그 안에도 은근히 주도권을 쥔 사람이 있는데, 그 힘은 드러내는 것이 아니라 은근히 양보하는 태도로 얻어진다. 그들은 품위와 재치, 그리고 '저는 그것이 무엇인지 잘 모릅니다만je ne sais quoi' 등의 방식과 무어라고 딱 부러지게 정의할 수 없는 표현들을 통해 권력을 잡는다. 이런 방식을 제대로 발휘하면 권력을 잡게 되고, 만약 다른 사람이 그것을 알아차리지 못하면, 그 권력을 더 오래 유지할 수 있다. 아들아, 이것이 네가 프랑스에서 배워야 할 첫 번째 목적이니, 반드시 배우도록 해라. 이것이 프랑스에서 달성해야 할 유일한 목표일 것이다.

나는 그곳에 있는 많은 영국 사람들이 프랑스인들의 자유롭고 활발한 성격을 '경솔함'과 '예의 없음'으로 간주한다는 것을 잘 알고 있다.[2] 너도 그렇게 생각하더라도, 절대 밖으로 표현하지 말기를 바란다. 물론 프랑스의 일부 경솔한 사람들이나 세상살이에 익숙하지 않은 젊은이들 사이에서 그런 현상이 나타날 것이다. 그러나 어느 정도의 지위에 올랐거나 연륜이 있는 프랑스인들은 분명히 다르다는 점을 나는 자신 있게 말할 수 있다. 너는 이처럼 성숙한 프랑스 사람들을 본보기로 삼아 자신을 잘 가꾸어 나가길 바란다.

우리는 프랑스인들의 확고한 자신감을 종종 무례함이라고 부른다. 왜 그럴까? 우리 영국인들이 겸손이라고 부르는 태도는 그저 '어색한 수줍음'과 '가짜 겸손'에 지나지 않기 때문이다. 나는 차분함과 흔들리지 않는 마음을 유지하며 자신을 분명하게 표현하는 것은 무례함이 아니라 오히려 유용하고 자신에게 도움이 되는 행동이라고 생각한다. 그렇지 않으면 자신을 잘 드러낼 수 없다고 나는 믿는다. 지나치게 결과를 의식하고 불안감 속에서 일을 소극적으로 진행한다면 반드시 망칠 것이다. 어떤 모임에서든지 절대적으로 편안하게 타인의 시선을 의식하지 않고 일을 처리할 수 있을 때 좋은 결과가 따르고, 또 그렇게 행동할 때 비로소 환영받게 된다. 겸손을 잃지 않으면서도 흔들림 없는 자신감을 드러내는 것은, 삶을 살아가는 데 분명히 유용한 자질이다.

노력하는 사람은 이 세상에서 상당한 재산과 명성을 얻을 수 있다. 그러나 지나친 겸손과 수줍음은 종종 '경건한' 아이네아스가 처했던 '비참하고 슬픈 상황'에 놓일 수 있다.3) 행운을 얻는 방법에 대하여 아래와 같은 구절이 전하는데, 여성을 만날 때도 같은 방식이 적용된다.

"행운은 태생적으로 통제되어야 하고, 진취적이고 용감한 사람에게 굴복한다."4)

겸손을 유지하면서도, 확고한 자신감Assurance과 거칠 것 없는 대담함Intrepidity을 보여주는 것이 시련에 굴복당하지 않고 자기 뜻을 펼쳐 나갈 수 있는 지름길이다. 반면에 격식이 없고 뻔뻔한 무례함은 요란하기만 하고 의미는 전혀 없는, 무례한 인간들이 일으키는 소음일 뿐이다.

아버지의 세상살이에 대한 조언이 영원히 끝나지 않을 것 같다며 걱정하고 있지는 않니? 미안하지만 그렇게 될 것 같구나. 그것들은 네게 너무나 중요한 문제이기 때문이고 너의 미래의 모습과 운명이 이제 전적으로 그것들에 달려 있기 때문이다. 이런 것을 갖추어야만 네가 이룬 결과가 더욱 빛나게 될 것이다. 네가 이런 것을 갖추어야만 영국에서 가장 뛰어난 인물이라는 평가를 받게 될 것이고, 또 그렇게 믿어질 것이다. 가장 뛰어난 교육을 받았고, 가장 친절하고 상냥한 인물이며, 가장 어울리고 싶은 인물이 되는 것이다. 나는 네가 그런 인물이 되기를 간절히 바라기 때문에, 더욱 열심히 노력할 것이다. 100퍼센트 완벽한 인간이 된다는 것은 불가능할 것이다. 그러나 재능을 갖춘 사람을 그 목표를 향해 끊임없이 노력해야 한다. 그러면 그 목표에 다가갈 수 있을 것이다. 노력하고, 힘쓰고, 인내하자. 잘 있거라, 아들아!

> 독일에서 학문을 배우고, 이탈리아에서 인생을 배웠다면, 프랑스에서는 처세를 배워야 한다. 어떻게 행동해야 하는가? 예의범절을 갖춘 사람의 덕목은 무엇인가? 프랑스 역사에서 배우고, 지금 그랜드 투어의 현장인 프랑스에서 주변 사람들의 행동을 통해 배워야 한다. 120번째 편지의 핵심 내용은 '프랑스에서 무엇을 배울 것인가?'이다. 당시 영국인들은 프랑스 사람들이 시끄럽고, 논쟁적이며, 지나치게 확고한 태도를 보인다고 비판해 왔다.5) 지금도 영국 사람들은 프랑스인들이 무례하다고 생각하는 경향이 남아 있다. 그러나 아버지는 아들에게 프랑스에서 처세를 배우라고 강조한다. 프랑스 사람의 '확고한 태도'는 자기 뜻을 관철하기 위한 좋은 방책이라고 평가한다. 프랑스에서 배울 점은 '자유의 정신'인데, 다른 사람이 독재자처럼 군림하는 것

을 용인하지 않는 태도이다. 이미 1789년 프랑스 혁명을 통해 전 세계에 표출된 프랑스의 정체성이다. 그러나 프랑스인들이 타인의 군림을 절대로 용납하지 않으면서도 "무어라고 딱 부러지게 정의할 수 없는 표현들"을 능숙하게 사용하면서 상황을 정치적으로 잘 풀어나가는 경향을 보인다. 이것이 바로 아버지가 아들에게 프랑스에서 배워야 할 그랜드 투어의 목적이었다. 이른바 '프랑스 외교술'이다.

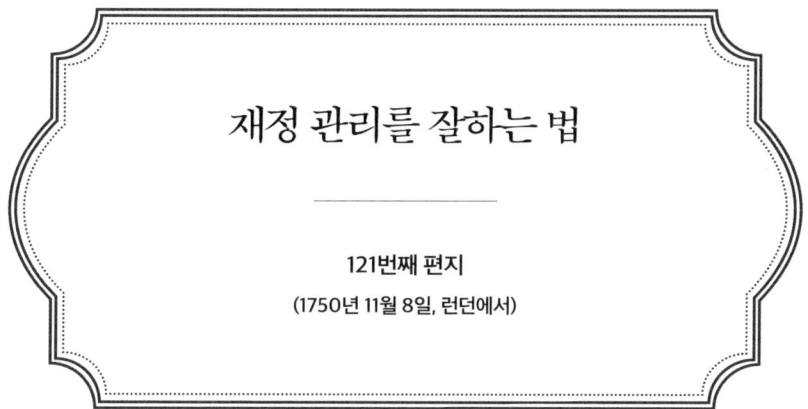

재정 관리를 잘하는 법

121번째 편지
(1750년 11월 8일, 런던에서)

친애하는 벗이여,

네가 파리에 도착하면 재량껏 생활하게 될 것이므로, 그 전에 우리가 아버지와 아들로서, 서로에 대해서 확실하게 해 둘 것이 있다. 이렇게 하는 편이 나중에 분쟁을 피할 수 있을 것이다. 돈 문제 때문에 부모와 자식 간에 분쟁이 일어나곤 한다. 부모는 자식에게 돈을 많이 준다고 생각하고, 반면에 자식은 부모로부터 충분히 받지 못한다고 생각하는 경향이 있다. 이는 양쪽이 모두 잘못 판단했기 때문이다. 우선 그동안 네게 꼭 필요했던 비용과 행복을 위한 비용을 내가 아끼거나, 아까워한 적이 없다는 것을 꼭 인정해주기를 바란다. 내가 젊은 시절 그랜드 투어에 들였던 비용보다, 너의 여행을 위해 훨씬 더 많은 금액을 기

파리의 뤽상부르궁전. 루이 13세의 어머니인 마리 드 메디시스가 거주했던 왕궁이다.

꺼이 지출했다. 하지만 하트 선생이 너의 재정을 관리하고 있을 동안 나는 한 번도 이 문제를 생각해 본 적이 없다. 왜냐하면 꼭 필요한 곳에 돈을 지출했다고 믿었기 때문이다.

그러나 이제 곧 상황이 달라질 것이다. 네가 직접 돈을 받고 또 자율적으로 관리하게 될 것이다. 우리 서로에게 약속하기로 하자. 그 돈의 액수에 대해서 절대로 왈가왈부하지 않는 것이다. 나는 기쁜 마음으로, 또 자발적으로 그 돈을 보내줄 것이다. 다만, 네가 그 돈을 어떻게 용도에 맞게 사용하는지에 대해 명확하게 밝혀두고 싶은 점이 있다. 내가 직접 그 돈의 규모와 사용처를 지정하지는 않을 것이다. 우선 너의 씀

씀이를 시험해볼 것인데, 이를 통해 네가 파리에서 어떻게 행동하는지 판단할 수 있을 것이다. 네가 만약 돈을 잘 관리하고 적절하게 사용한다면, 나는 송금을 중단하지 않고 계속 보내줄 것이다. 그러나 만약 네가 돈을 잘못 사용한다면, 나는 일주일 안에 이를 알아낼 수 있고, 네게 경고를 보낼 것이다. 만약 경고 후에도 개선되지 않으면, 나는 당연히 송금을 중단할 계획이다.

하트 선생이 너를 파리에 정착시키면서, 돈의 사용처를 적절하게 정해줄 것이다. 그는 너를 그곳 사교계에 어울리도록 갖추어줄 것이고, 나는 여기에 드는 비용을 계속 보내줄 계획이다. 너는 마차 시종, 하인, 그리고 안내인을 갖게 될 것이다. 이는 과거의 내가 파리에서 고용했던 하인보다 한 명 더 많은 것이다.

그곳 사교계 사람들과 잘 어울릴 수 있도록 멋지게 차려입기를 바란다. 다른 사람보다 더 화려하거나 덜 화려하게 차려입어 다른 사람 눈에 띄는 일이 없도록 해라. 젠틀맨은 화려하게 입는 것이 아니라 잘 차려입어야 한다. 멋지게 차려입고 극장을 자주 방문해라. 그 비용은 기꺼운 마음으로 지원하마. 여러 사람과 '작은 상업 게임'을 하는 것도 좋다.[6] 이 항목은 사소한 것이므로, 두말하지 않고 지원해주겠다. 파리에서 이런 용돈의 지출 규모는 영국의 경우처럼 그렇게 크지 않다. 저녁 식사를 하면서 팁을 주는 문화나 비싼 구독 강요는 아직 파리에 도입되지 않았다. 이렇게 지불 의사가 있는 젠틀맨의 비용을 알려주었으니, 이제 내가 절대로 인정할 수 없고, 지원하지도 않을 지출 항목을 일러두마.

첫째는 도박에 드는 비용이다. 네가 도박에 빠질 것이라는 의심은 하지 않는다. 그러나 만약 네가 도박 빚을 졌다면 나는 절대로 대신 갚아주지 않을 것을 밝혀둔다. 만약 너의 명예가 걸려 있다고 주장한다면, 나는 이렇게 냉정하게 대답할 것이다. "그 명예는 너의 것이지, 나의 것이 아니다"라고 품격이 낮은 사람들과 어울리면서 추구하는 저급한 즐거움은 항상 고귀하고 우아한 사람들과 어울리며 드는 비용보다 훨씬 많이 든다. 술집에서 벌어지는 추잡한 소란은 항상 과도한 비용과 불명예를 초래한다. 나는 술집에서 일어나는 소란이나 말다툼에 대해서는 전혀 상대하고 싶지 않다.

이제 또 다른 중요한 주제인 '이성 문제'로 넘어가겠다. 이 문제에 대

루이 롤랑 트랭퀘스, 〈실내에서의 숙녀와 하녀, 그리고 신사〉, 1776년, 워즈워스아테네움 미술관 소장. 그랜드 투어에 나선 젊은이들은 여러 유혹에 노출되었다.

해서 나는 신앙적인 입장이나 도덕주의자의 입장, 혹은 보모로서 말하지 않겠다. 네 나이를 고려해서, 솔직한 심정을 얘기하마. 나는 어떠한 경우에도 불미스러운 이성 관계와 관련된 비용은 부담하지 않을 것이다. 또, 어떤 사정이든 네가 난봉꾼들과 친분을 가지는 경우라면 금전적 지원을 하지 않을 것이다. 네가 그런 부류의 사람과 어울린다면 나를 포함한 모든 사람이 네게 실망할 것이다. 방종한 사람들과 어울리면서 건강과 재산을 날리는 것은 판단력이 모자란 사람이다. 덧붙여, 파리와 같은 곳은 그런 방종한 사람이 접근하는 것이 전문적이고 일상적인 일이라는 걸 명심해라.

네가 만약 이런 일을 겪게 된다면 나는 너의 가치를 낮추어 볼 것이다. 마지막으로 나는 쓸데없는 지출, 즉 장난감 가게 같은 곳에서 파는 싸구려 물품을 사는 일을 허용하지 않을 것이다. 멋진 담뱃갑(만약 담배를 피운다면)과 장식용 단검 하나면 충분하다. 예쁘다고 해서 쓸모없는 것을 사들이는 우매한 행동을 하지 말아라.

지금까지 언급한 내용을 통해, 내가 무엇을 당부하는 건지 쉽게 이해했을 것이다. 나는 젠틀맨의 품격과 건전한 즐거움을 위해 필요한 모든 것을 지원하겠지만, 방탕한 생활을 위한 과도한 소비는 지원하지 않겠다는 뜻이다. 이것은 노인의 엄격함이나 인색함을 의미하지 않는다는 것을 인정해주기 바란다.

나는 우리 사이에 맺어진 이 협약을 앞으로 네가 파리에서 수행할 업무에 대한 부수적인 조약으로 간주할 것이다. 나는 이 협약에 따라 어떤 일이 있더라도 일정에 맞춰서 돈을 보내주겠다고 약속하마. 영국이 치렀던 지난 전쟁에서, 모든 일정을 충실히 수행한 것처럼 말이다.[7]

다만 영국이 동맹국에게 요구한 것처럼 나는 네게도 철저한 협정의 실행을 요구할 것이고, 만약 그렇지 않으면 금전적인 지원은 당장 중단할 것이다. 지금까지 많은 얘기를 했지만, 이렇게까지 말할 필요가 없었기를 바란다. 금전적인 강제성보다 고귀한 정신의 실행을 요구하는 나의 가르침을 네가 깨달았으면 한다. 훗날 네가 "나는 그런 사실을 몰랐습니다"라고 변명하지 못하도록, 모든 것을 확실히 하고 싶었다.

'난봉꾼rake'이라는 단어를 언급했으니, 한두 마디 덧붙여야 할 것 같다. 젊은이들은 종종, 그리고 항상 치명적으로, 이 난봉꾼을 '행복을 즐기는 사람'과 혼동하는 경우가 많다. 그러나 난봉꾼과 행복을 즐기는 사람은 완전히 다른 종류다. 난봉꾼은 비열하고, 천하고, 수준이 낮고, 수치스러운 악덕의 집합체이다. 이런 악덕으로 인해 그의 인격은 파탄에 이르고, 결국 인생을 망치게 된다. 똑 음주와 방탕으로 건강을 잃게 된다. 덧붙여 말하자면, 가장 방황했던 청춘의 시절에도 나는 결코 난봉꾼이 아니었고, 오히려 그런 성격을 가진 사람을 싫어하고 경멸했다.

'행복을 즐기는 사람'은 언제나 신중하지는 않지만, 그래서 후회할 때도 있겠지만, 적어도 품위를 지켜가며 즐긴다. 그는 항상 품격을 지키고, 고상함을 유지하면서 삶을 즐기는 존재이다. 난봉꾼이 되기는 쉽지만, 행복을 즐기는 사람이 되기는 쉽지 않은 법이다. 네가 파리에서 어떻게 행동하고 말하는지에 대해서 내가 모두 알게 된다는 것을 잊지 말기 바란다.

세네카가 멋지게 표현한 것처럼, 사람들에게 알려져도 좋은 것만 신께 구하고, 신께 알려져도 좋은 것만 사람에게 구해야 한다.[8] 나는 네가 그렇게 할 것이라고 믿는다. 너는 판단력이 부족하지 않고, 학문적 수련도 부족하지 않으며, 매일 경험을 쌓아가고 있다. 이 모든 것이 너를 존경받고 사랑받는 인격의 완성체로 만들어 갈 것이다. 그런 존재가 된다면 나는 더 바랄 것이 없다. 그렇게만 된다면 너는 내 애정의 깊이와 진심을 확실하게 느끼게 될 것이다. 그러나 반대로 될 경우를 늘 두려워하고 염려하길 바란다. 잘 있거라!

> 프랑스에서 이제 곧 독립할 아들에게 밝힌 아버지의 재정지출 계획이다. 어른이 되기 위한 통과의례였던 그랜드 투어가 끝나면 재정적으로도 독립하는 것이 상례였다. 아버지는 아들에게 기꺼이 지불할 의사가 있는 항목과 절대로 지원하지 않을 항목을 밝힌다. 파리에서 젠틀맨으로 사회생활에 참여할 때 드는 경비는 지원하겠지만 도박, 매춘, 흡연, 약물, 싸움에 드는 경비를 절대로 내지 않겠다는 의사를 분명히 밝힌다. 지나친 재정 지원과 과도한 부의 상속이 자식을 망칠 수 있다는 사실을 누구보다 잘 알고 있는 아버지는 마치 계약서를 작성하듯 아들에게 향후 재정 지원 계획을 천명했다. 계약문화가 발달한 서구에서 통할 수 있는 접근방식이지만 당시의 상황과 눈치를 중시하는 아시아 문화권에서도 염두에 둘만 한 접근방식이다. 자식이 부모의 재산을 탐내 법정 소송으로 이어지는 일이 빈번하다면 아예 부모와 자식과의 재정적인 일도 계약의 방식으로 접근하는 것도 좋을 것이다.

중도를 지키며 유쾌하게 대화하라

125번째 편지
(1750년 12월 24일, 런던에서)

친애하는 벗이여,

드디어 네가 파리지앵이 되었으니, 이제 프랑스어로 너와 대화해야겠다. 물론 너도 프랑스어로 답신을 쓸 수 있겠지? 그러면 네가 유럽의 통용어가 된 프랑스어의 우아함과 섬세함, 그리고 맞춤법을 어느 정도 익혔는지 판단할 수 있을 것이다. 물론 너는 프랑스어로 소통하는 데 아무런 문제가 없겠지만, 그래도 '수준'이란 것이 있단다. 프랑스어를 완벽하게 구사한다 해도 파리지앵의 입장에서 들으면 미숙하게 들릴 수 있다. 패션의 도시인 파리는 마치 유행이 변하듯이 언어도 유행을 따라 쉽게 변한다.

현재 파리에서는 인위적이고, 지나치게 격식을 차리고, 생경한 단어가 등장하고, 새로운 패션이 지나치게 유행하고 있다. 그들의 다양한 스타일을 관찰하고 유행의 이유에 대해 파리지앵들과 대화를 나누어 보되, 너의 취향의 일관되게 유지하고, 그들을 무작정 모방하지 않도록 해라. 위트도 마찬가지다. 파리에서는 위트도 유행을 타고, 지혜의 여신조차 위트를 즐긴다. 모든 사람이 매력적인 위트를 하려고 노력하지만, 대개 미흡한 수준일 뿐이다. 많은 사람이 자신의 위트가 효과를 발휘할 것이라고 믿지만, 릭시온처럼 목적을 이루지 못하고 실패하고 만다.9) 실존하지 않는 감상, 거짓되고 부자연스러운 생각, 애매하고 억지로 맞춘 표현 등은 이해할 수 없고 추측하기도 어려워 이런 오류를 만들어 낸다.

위트는 예술의 산 파르나소스에서 새로 생산되는 지적 요리인데, 아테네의 소금은 사용이 금지되고 있다.10) 이처럼 새로운 요리를 먹어야 할 때가 가끔 있겠지만, 그렇다고 그것에 너무 심취해서 너의 취향을 잊어버리지 않도록 해라. 만약에 네가 다른 사람을 지적으로 대접해야 할 때가 있으면 루이 14세 시대의 옛 요리법을 따라 대접해라. 그 시대에는 피에르 코르네유, 니콜라 부알로, 장 라신, 장 드 라퐁텐과 같은 훌륭한 수석 주방장들이 있었다. 그들이 준비했던 지적인 음식은 단순했지만, 일맥상통했고, 또 견고한 논리의 기초를 갖추고 있었다. 단도직입적으로 말하자면, 부자연스러운 표현, 당대 유행하는 대구법antithesis 등의 허황된 찬란함이나 눈부심에 현혹되지 않도록 해라. 이런 일을 막기 위해서 너 자신의 판단력을 기르고, 또 뛰어난 옛 시대의 작가들로부터 지적인 도움을 받아야 한다.

그렇다고 해서 지적인 오류에 빠진 사람들을 비웃어도 된다는 뜻은 아니다. 너는 아직 남을 비평할 나이가 아니며, 또 그들의 오류를 고쳐 줄 수 있는 나이에 이르지도 않았기 때문이다. 너 자신이 지적으로 타락하지 않았다는 것에 만족하되, 다른 사람을 바꿀 생각은 하지 마라. 종교 문제와 마찬가지로 취향에서도 그들의 선택에 오류가 있다고 해도, 자신의 판단과 신념에 따라 그 오류를 즐길 수 있도록 내버려두어야 한다. 지난 1세기 반 동안 프랑스의 취향은 많은 변화를 겪어왔다. 루이 13세가 아니라 리슐리외 추기경 덕분에 프랑스는 좋은 지적 전통이 세워지기 시작했다.[11] 이후, 위대한 인물은 아니지만 훌륭한 통치자였던 루이 14세 덕분에 프랑스는 더욱 세련된 국가로 변모했다.

네가 파리에 체류하는 기간에 너의 행동을 지도할 사람을 따로 배정하지 않을 것이다.[12] 그러나 너에 대한 이런 믿음을 깨트리는 행동을 절대 하지 말기 바란다. 가톨릭교회의 신부처럼 행동하란 말이 아니다. 오히려, 그 반대로, 삶의 즐거움을 적극적으로 추구하길 바란다. 다만 진정한 젠틀맨의 즐거움을 찾아야 한다. 그것을 추구한다면 네 품위가 돋보이게 될 것이지만, 그렇지 않다면 너는 비천해 보이고, 저급한 인물로 전락하게 될 것이다. 파리에게 네가 하는 언행에 대해서 내가 정확한 보고를 받는다는 것이라는 것을 명심해라. 그 보고 내용에 따라서 너와의 관계가 더 깊어지거나, 멀어지거나, 완전히 없어질 수도 있다. 잘 지내거라.

> 프랑스어에 능통했던 아버지는 파리에 도착한 아들에게 프랑스어로 편지를 쓴다. 당시에도 파리는 유럽 패션의 유행을 선도하던 문화의 중심지였다. 유

럽의 공용어가 된 프랑스어 역시 파리의 유행에 따라 빨리 변하고 있었다. 아버지는 아들에게 파리에서 유행하는 억지스러운 위트를 무조건 따라 하는 것을 피해야 한다고 가르친다. 위트는 적절하게 사용되어야 하며 그것도 '아테네의 소금'과 함께 사용되어야 한다. 즉, 그리스 시대로 거슬러 올라가는 지적인 전통 속에서 사용되는 위트야말로 진정으로 지적인 대화법이다. 아버지는 아들에게 또 하나의 중요한 처세를 가르친다. 다른 사람의 지적인 오류나 행동의 잘못을 직접 지적하는 일을 삼가란 것이다. 진정으로 고쳐야 할 사람은 바로 자기 자신이다. 자신의 과오를 인식하고 이를 꾸준히 바로잡아 가는 일은, 품위를 지닌 이가 마땅히 따를 삶의 이치라 할 것이다.

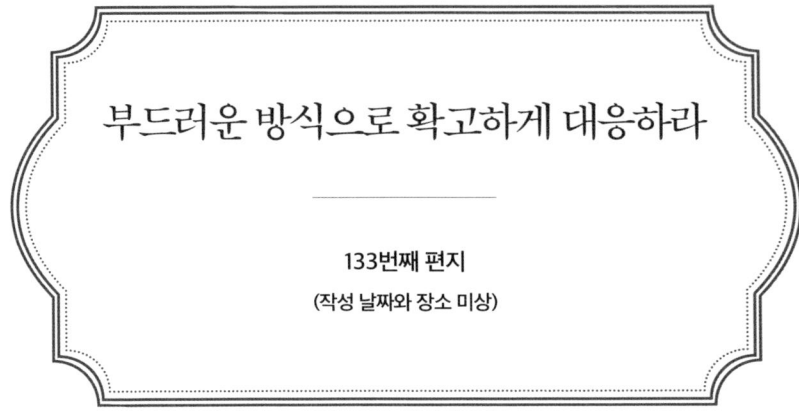

부드러운 방식으로 확고하게 대응하라

133번째 편지
(작성 날짜와 장소 미상)

친애하는 벗이여,

일전에 내가 너에게 이야기했던 라틴어 문장이 있다. 네가 행동할 때 꼭 기억하고 지켜야 할 내용을 담고 있는 문장이다. 그 말은 바로 '태도는 온화하게, 의지는 확고하게Suaviter in modo, fortiter in re'이다. 나는 이 문장보다 유용하고 꼭 필요한 인생의 지침은 없다고 생각한다. 그래서 나는 이 문장을 이번 편지의 주제로 삼고, 네게 가르침을 전하고자 한다. 규칙에 따라서, 또박또박, 가르쳐주마. 사랑하는 네게 이 문장의 '태도는 온화하게, 의지는 확고하게'의 의미 먼저 설명하고, 이 문장을 따라 살아갈 때 얻게 될 장점과 필요성에 대해 이야기해주려 한다. 그 후에, 전체적인 의미를 마지막으로 설명해주마.

태도는 온화하지만 확고한 의지를 갖추지 못했다면 너 자신을 깎아내리고, 소심하게 아부나 하고, 상대방에게 수동적인 자세를 보여주게 된다. 반대로 오직 확고한 의지만을 고집한다면, 너의 태도와 품성이 폭력적이고 잔인하게 보일 수 있다. 온화한 태도, 확고한 의지 중에 하나만 강조하는 것은 적절하지 않다.

기질이 급하고 성마른 사람은 부드러운 방식으로 풀어가는 걸 무시하고 확고한 의지로 문제를 해결하려 든다. 심약하고 소심한 사람에게는 가끔 이 방식이 통할 수도 있지만, 대부분은 사람들에게 충격을 주고, 미움을 초래하며, 실패할 확률이 높다. 반면에 교활하게 술수를 부리는 사람은 온화한 태도로 모든 목적을 달성할 수 있다고 믿는다. 이런 사람은 자신의 견해를 갖추지 못한 사람이고, 주위 사람들의 주장을 그대로 비굴하게 받아들일 뿐이다. 이런 행동은 어리석은 사람들의 존경을 받기는 하지만, 곧 문제가 발견되어 모든 사람의 경멸을 받게 된다. 오직 현명한 사람, 즉 교활하지도 않고 다혈질도 아닌 사람만이 온화한 태도로 확고한 의지를 결합할 수 있다. 이 교훈을 엄격히 준수할 때의 장점은 다음과 같다.

네게 그럴 만한 자격이 있고, 또 네가 명령을 내릴 만한 위치에 있다면, 부드러운 태도로 전달한 명령은 자발적이며 충심에서 우러난 복종을 유도할 것이다. 반면에 확고한 의지로만, 즉 거칠게 전달한 명령만으로는, 실행에 옮길 수 없고 오히려 방해를 받게 될 것이다. 예를 들어, 내가 하인을 거칠고 무례하게 대하며 포도주를 가져오라고 한다면, 그는 복종하는 척하면서 고의로 포도주를 내 옷에 쏟아버릴지도 모른다. 나는 그런 식으로 행동했기 때문에 그런 대접을 받아 마땅하다. 따라서 네가 명령할 수 있는 위치에 있다면, 흔들림 없는 태도로 네가 명령할 권리가 있음을 보여야 한다. 그러나 동시에 복종을 요구하는 방식은 온화해야 하고, 가능한 한 명령을 받는 사람이 굴욕적인 열등감을 느끼지 않도록 주의해라. 무엇인가를 부탁할 때라든지, 너의 권리를 주장할 때도 부드러운 방식을 사용해야 한다. 그렇지 않으면 이미 거절할 의도를 가진 사람에게 거절할 수 있는 구실을 제공하게 된다.

그러나 동시에 확고한 의지를 보여주기 위해서 꾸준한 인내과 불굴의 끈기를 가져야 한다. 올바른 동기가 사람의 행동을 유발하는 진정한 동기로 이어지는 것은 매우 드문 일이다. 특히 왕이나 장관, 고위직 사람들은 종종 두려움에 이끌려 행동한다. 따라서 인내와 더불어 가능하면 부드러운 방식으로 고위직에 있는 그들의 마음을 얻어야 한다. 동시에 최소한 불쾌한 감정을 드러내지 말고, 확고한 대응을 보여주는 방식으로 그들의 두려움을 자극해라. 고위직에 있는 사람들은 타인의 요구와 고통에 무감각하다. 수술을 집도하는 외과 의사들이 환자들의 신체적 고통에 무

고드프리 넬러, 〈조지 2세의 초상화〉, 1761년, 프린스턴대학교 소장. 체스터필드는 국왕과 같은 고위직 사람들의 마음을 얻는 법을 아들에게 상세히 설명한다.

감각한 것과 같은 이치다. 너무 많은 환자를 보아왔고, 또 그중에는 거짓 고통을 호소하는 사람도 많았기 때문에, 고위직에 있는 사람들은 환자의 상태에 무관심한 의사처럼 진짜와 가짜를 잘 구별하지 못한다. 따라서 그들에게는 단순한 정의의 실현이나 인간에 대한 동정을 넘어서는 다른 특별한 감정이 요구된다. 물론 온화한 태도를 통해 그들의 마음을 얻을 수 있다. 그러나 동시에 편안하게 넘어가려는 그들에게 지칠 줄 모르는 끈기를 보여주거나 절제된 냉정함을 유지한 채 단호하게 행동해, 그들의 공포심을 자극해라. 이것이 바로 진정으로 확고한 대응 방식이다. 이것이 내가 아는 한, 경멸받지 않고 사랑받으며 미움받지 않고 두려움받는 유일한 방법이다. 이것이 현명한 사람이 확립해야 할 품위 있는 성격을 만드는 방법이라고 나는 믿는다.

자, 이제 지금까지 말한 내용을 적용하여 마무리하겠다. 만약 네가 성격이 급해서 윗사람이나, 동료들, 또는 하급자에게 부주의하게 무례한 발언이나 거친 표현을 자주 사용한다면, 이런 상태를 주의 깊게 살펴보고 온화한 태도를 너의 방법으로 삼도록 해라. 그 방식은 이렇다. 첫째, 만약 네 감정이 격해졌다면 마음이 부드러워질 때까지 침묵을 유지해라. 격한 감정을 표정으로 드러내 다른 사람이 네 침묵을 눈치채지 못하도록 해라. 이는 비즈니스를 할 때도 매우 유익한 방법이다. 그러나 네가 먼저 상냥한 표정이나 감정을 부드럽게 하는 태도, 혹은 네가 먼저 상대방을 즐겁게 해주겠다는 소심한 태도를 상대방에게 보이지 말아야 한다. 또 상대방이 감언이설, 달램, 아첨 같은 것을 시도할지라도, 너는 이성과 신중함을 계속 유지하면서, 절대 물러서서는 안 된다. 반드시 너는 꾸준히, 인내하며, 계속 나아가야 한다. 그래야만 네가 원하는 것을 얻을 수 있다.

　나약하고 겁이 많은 온화함을 가진 사람은 불공정하고 냉정한 사람들에게 항상 악용되고 모욕당하기 마련이다. 하지만 온화한 태도를 보이면서도 확고한 의지를 가진 사람은 존경을 받을 수 있고, 또 많은 일을 성취해낼 수 있다. 친구와의 관계만이 아니라 적과의 적대적인 관계에서도 이 규칙은 그대로 적용된다. 친구를 사귈 때도 단호함과 활력을 유지하면서, 이를 통해 동등한 우정의 관계를 유지하고 너의 친구로 만들어라. 동시에, 네 친구의 적들을 너의 능력으로 제압하되, 그들이 너의 적이 되지 않도록 조심해라. 친절함과 부드러움을 유지하면서 너의 적들을 무장해제 하되, 동시에 너의 공정한 분노와 단호함을 뼈저리게 느낄 수 있도록 만들어라. 일방적인 적대감과 의연한 자기방어에는 큰 차이가 있다. 적대감은 늘 공격적이고 옹졸하기 마련이지만, 의연한 자기방어는 신중하고 정당한 조치이다.

　외국 대사와 협상할 때는 확고한 대응의 원칙을 늘 기억해라. 최종적으로 그렇게 할 수밖에 없는 상태에 이를 때까지, 어떤 것도 포기하면 안 된다. 막다른 궁지에 몰렸다 하더라도 하나씩 세밀하게 따지면서 네 주장을 차근차근 펼쳐가야 한다. 그러나 확고한 대응의 원칙을 지키면서도, 부드러운 방식이 외국 대사의 마음을 얻을 수 있다는 것을 기억해라. 먼저 그 사람의 마음을 얻으면 네가 원하는 뜻을 이해시킬 수 있고, 원하는 목적을 달성할 수 있다. 솔직하고 활기찬 언행을 보이면서도, 그에 대한 존경심을 잃지 않고 있다는 점을 각인시켜 주어라. 그 외국 대사가 맡겨진 책임을 성실히 수행하고 있는 것에 대해 존경심을 보여주고, 업무 때문이 아니라, 먼저 친구가 되고 싶다는 의사를 정중히 전달해라. 이런 식으로 행동한다면 너는 절대로 협상에서 밀리지 않고, 매사에 이익을 챙길 수 있을 것이다.

어떤 사람은 경쟁자나 적대자와 함께 있을 때 불안해하고 이상하게 행동하는 경향이 있다. 그들을 존경할 때도 같은 현상이 나타난다. 적대적인 사람들과 함께 있을 때 주저하고 거북함을 드러내는 사람은 자신의 감정을 드러냄으로써 결국 그들을 적으로 만든다. 사람을 상대할 때 이런 행동을 늘 경계해야 한다. 그러면 너만 손해다. 먼저 올바른 계획을 세우고, 이성적인 판단력을 사용할 때만 다른 사람과의 관계에서 성공을 거둘 수 있다. 내가 만약 그런 곤란한 상황에 놓였다면, 나는 이전보다 더욱 적극적으로 젠틀맨다움을 유지하고, 합리적인 동시에 편안하게 행동하고, 그 사람과 솔직한 대화를 시도할 것이다. 이런 태도를 흔히 '관대함generosity'과 '배포가 큼magnanimity'이라 표현한다. 이것은 정말 훌륭한 행동의 지침인 동시에 경쟁자나 적대자에 대한 적절한 대응 방식이다.

품행manner은 종종 본질matter만큼이나 중요하지만, 때로는 더 중요하게 작용하기도 한다. 차원이 다른 고상하고 특별한 품행을 보여주면, 호의를 베풀었는데 적이 생기기도 하고, 상처를 입혔는데 친구가 되기도 한다. 진지한 얼굴, 태도, 언행, 정확한 발음, 우아한 행동 등은 온화한 태도의 효과를 더하게 만들고, 확고한 의지에 더 큰 위엄을 부여한다. 따라서 너는 항상 이런 태도를 유지하도록 해라.

지금까지의 논의를 종합하면, 온화한 태도와 강인한 의지야말로 종교적, 도덕적 의무를 제외하고 인간의 완성을 가장 간결하면서도 완전하게 설명해주는 덕목이라 할 수 있다. 이 진리를 네 마음속 깊이 각인

시키고, 너의 언행에서 이것이 자연스럽게 드러날 수 있기를 진심으로, 또 간절히, 바란다. 아버지가.

정확한 발신 일자가 명시되어 있지 않지만 중요한 내용을 담고 있는 편지다. 고대 로마의 격언으로 널리 회자된 '부드러운 방식, 확고한 대응'의 겸비를 강조하고 있다. 너무 부드럽게 행동하면 상대방이 얕잡아 볼 수 있고, 너무 확고하게 대응하면 까다롭고 잔인한 성격으로 보일 수 있다. 이 두 가지 덕목은 겸비되어야만 확고한 효과를 기대할 수 있다. 특히 지위가 높은 사람을 상대할 때와 외교 관계를 맺을 때 '부드러운 방식, 확고한 대응'은 항상 겸비되어야 한다. 높은 위치에 있는 사람들은 상대방의 감정에 대해 무감각하지만, 단호한 대응으로 반격을 가하는 아랫사람에 대한 일종의 공포심을 가지고 있다. 지위가 낮은 사람은 단호한 태도에 일일이 반응하면 그와 같은 지위의 사람으로 평가받을 수 있다는 두려움을 가지고 있는 것이다. 따라서 이런 지위가 높은 사람을 상대할 때는 항상 부드러운 방식을 유지하되, 때로 확고한 대응을 보여 자신이 만만한 사람이 아니라는 것을 보여주어야 한다. 실제로 체스터필드는 1743년 국왕 조지 2세의 부당한 재산 압류에 맞서 법정에 국왕을 고소하겠다는 확고한 대응을 보여준 적이 있다. 체스터필드의 당당한 태도에 당황한 조지 2세는 이를 무마하기 위해 재산을 왕실과 양분하기로 결정하고, 그를 네덜란드 대사로 임명한 적이 있다. 아버지는 자신의 경험이 우러난 조언을 알려주며 확고한 대응이야말로 고위직으로부터 "사랑받으면서 동시에 경멸받지 않는 유일한 방식"이라고 강조한다.

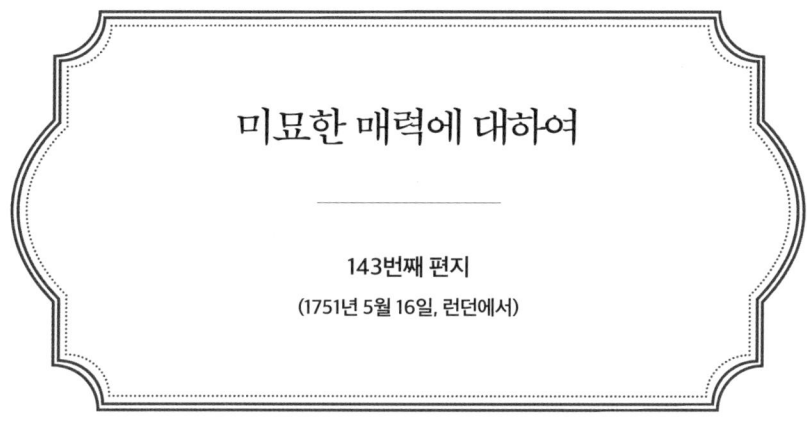

미묘한 매력에 대하여

143번째 편지
(1751년 5월 16일, 런던에서)

친애하는 벗이여,

오늘부터 3개월 정도 지나면 다시 널 만나게 될 것 같구나. 나는 마치 신부가 신랑을 맞이하는 첫날처럼 그날을 고대하고 있다.13) 가슴 벅찬 재회의 기쁨을 기대하면서도, 혹시 뭔가 잘못되지는 않을까 걱정도 된다. 상상하는 일에 대해서는 언제나 약간의 의심을 품는 것이 올바른 이성적 판단일 것이다. 그러나 나는 완전히 낙관적인 기대가 실망으로 끝나지 않을 것이라고 확신하고 있다. 중요한 부분에 대해서는 크게 걱정하지 않지만 다른 부분에서는 무언가 걱정되는 마음이 남아 있는 것이 사실이다. 꼭 집어 설명할 수 없지만, 무엇인가 부족하다는 느낌이 있다. 지금부터 이것을 설명해주마.

혹시 네가 사랑스럽고 붙임성을 가진, 즉 '설명할 수 없는 미묘한 매력je ne sais quoi'을 갖추지 못한 것은 아닌지 걱정이 된다. 철학자들이 '영혼'에 대해 이해하기 어려운 방식으로 설명한 것처럼, 설명할 수 없는 미묘한 매력은 모든 것인 동시에, 모든 것에 마땅히 존재해야 하는 오묘한 것이다. 너의 모든 언행에 이것이 스며들도록 해야 한다. 솔직히 나는 네가 그런 매력을 갖추지 못한 것이 아닌가 걱정이 된다. 왜 그런지는 알 수 없지만, 첫눈에 사람의 마음을 사로잡는 그런 느낌을 네가 갖추어야 하는데 말이다. 또 너의 발음이 정확하지 않거나 우아하지 않을까봐 걱정이다. 발음이 정확하지 않고 우아하게 말하지 못하면 좋은 결과를 얻을 수 없다. 마지막으로 혹여 전체적인 인상을 망치게 만드는 저속한 표현을 사용하지는 않을까 걱정이 된다.

한 가지 감사한 일은 내가 걱정하는 이런 현상이 아직 네게 남아 있다 해도 우리가 다시 만나게 될 때까지 그것을 고칠 수 있는 시간이 충분하다는 사실이다. 네가 반드시 개선하고 갖추어야 할 적극적이고 매력적인 기량은 모두 네가 하기 나름이며, 주의와 관찰을 통해 쉽게 획득할 수 있는 것들이다. 밭에서 일하던 농부가 군대에 입대하면 처음에는 느릿느릿한 걸음걸이, 구부정한 자세, 서툰 몸동작을 보이지만, 곧 군인다운 자세와 규칙적인 동작을 배우게 된다. 어떻게 그럴 수 있을까? 농부의 본성 자체가 변한 것은 아니다. 군대에 들어갔어도 그 사람은 여전히 그 사람이다. 농부가 그렇게 변할 수 있었던 이유는 군대에 있는 동료와 비슷하거나 같은 부류의 훌륭한 군인이 되어 칭찬을 받겠다는 야망에서 비롯된 것이거나, 그렇게 하지 않으면 처벌받게 될 것이라는 두려움 때문이다. 이런 동기가 고작 시골뜨기를 반년 만에 몰라볼 정도로 바꾼다면, 일생을 상류 사회와 더불어 살아갈 네게는 얼마나 강력한 힘을 발휘하겠느냐?

조금 전의 농부가 단순히 처벌의 두려움 때문이 아니라 진정으로 군인답게 살겠다는 결심으로 훈련에 임했던 것처럼 너도 마음을 다잡아야 할 것이다. 여기서 '훈련'이란 말은 고위층 인사들의 몸가짐, 태도, 우아함, 그리고 말씨를 의미한다. 널 만나고 온 네 친구의 편지 내용을 보니, 너에 대한 의례적인 칭찬을 좀 한 뒤에 이렇게 썼더구나.

"그가 사려 깊은 생각을 하고, 정직하고 세련된 취향을 가지고 있음에도 품위 없고 섬세하지 않은 행동을 하는 것을 보고 놀랐습니다. 특히 대화할 때 그의 단어 선택과 표현의 흐름이 부적절했습니다."

이 문제가 만약 영어 사용과 관련된 것이라면 나는 그리 놀라거나 걱정하지 않았을 것이다. 네가 지금까지 영어를 집중적으로 공부할 기회가 없었고, 네 영어 표현의 오류를 바로잡아줄 사람들과는 거의 대화할 기회가 없었기 때문이다. 그러나 만약 네가 능통하게 구사한다는 프랑스어와 독일어가 우아하고 섬세하지 못하다면 이것은 간과할 수 없는 심각한 문제다. 왜냐하면 이는 앞으로 외교관으로 살게 될 너의 인생이 걸린 문제이기 때문이다.

사고의 탄탄함과 섬세한 판단력은 타고나는 것이므로, 습득할 수 있는 것이 아니지만, 그래도 열심히 노력하면 조금은 개선할 수 있다. 그러나 표현의 우아함과 섬세함은 필요한 주의와 노력을 기울인다면 누구든지 습득할 수 있는 것이다. 우리가 다시 만났을 때 내가 너의 상태에 대해 실망하거나 수치스러워하게 된다면 너는 매우 섭섭하게 생각할 것이다. 내 분명히 말하지만, 만약 네가 이 세상을 살아가는 데 꼭 필요한 외적인 성취를 이루지 못했다는 것을 알게 된다면, 나는 분명히 네게 실망하고 너를 수치스럽게 여기게 될 것이다.

나는 네가 승마, 검술, 특히 춤 연습을 소홀히 하지 않기를 바란다. 이 모든 것이 너의 상태를 건강하게 하고, 네게 특별한 느낌을 줄 것이다. 말을 잘 타는 것은 젠틀맨에게 적절하고 우아한 기량일 뿐만 아니라, 나중에 말에서 떨어지거나 울타리에 걸려 사고를 당하는 것을 막아준다. 또 춤을 잘 추는 것은, 앉고 서고 걷는 데 필수적인 좋은 몸의 자세를 길러준다.

솔직히 말해서, 아들아, 네가 때때로 학문에 집중하기 위해 운동을 소홀히 하거나 빼먹는 것은 아닌지 걱정하고 있단다. 공부에 집중하는 것은 맞지만, '지금은 그럴 때가 아니다non est his locus'. 모든 것에는 정해진 시간이 있으며, 지금은 이 훈련의 때다.[14] 아들아, 잘 있거라! '부드러움과 우아함la douceur et les graces'을 늘 기억하길!

막바지에 접어든 아버지의 간절한 편지는 아들에게 "설명할 수 없는 미묘한 매력"을 갖춘 인물이 되라고 당부한다. 약 3개월 후에 두 사람이 재회할 계획이었기 때문에, 아버지는 아들에게 마지막 3개월 동안 집중적으로 훈련해야 할 덕목을 가르친 것이다. 행동이 굼뜬 농부가 군대에 들어가면 훌륭한 군인으로 성장하듯이, 아버지는 아들에게 출중한 인물이 되겠다는 '야망'과 그렇게 되지 못하면 자신이 실망하게 될 것이라는 '처벌' 가운데 하나를 선택하라고 강조한다. 아버지가 이 편지에서 강조한 것은 "표현의 우아함과 섬세함"이었다. 프랑스의 궁정에서 외교관으로 활동하게 될 아들에게 부드러움과 우아함을 가르친 것이다. 우리 속담에 "말 한마디가 천 냥 빚을 갚는다"라는 것이 있다. 중국 원나라 말기에 편찬된 《명심보감》에서는 "구시화지문 설시참신도 口是禍之門 舌是斬身刀'라 하여, "입은 화를 일으키는 문이고, 혀는 몸을 자르는 칼"이라고 했다. 동양에서 말은 절제되어야 하지만, 서양에서는 부드럽고 우아하게 사용되어야 한다는 점이 강조되었다.

자연스럽고 품격 있는 예의에 대하여

147번째 편지
(1751년 6월 13일, 그리니치에서)

친애하는 벗이여,

'예의Les bienseances'란 단어는 적절함, 고매한 행동, 정당함이라는 뜻을 갖고 있다. 예의가 품고 있는 이 세 가지 함의는 세상의 모든 지식 체계에서 가장 필요한 부분을 구성하고 있다. 이것들은 사람, 사물, 시간, 장소와의 관계 속에서 이루어지는데, 훌륭한 사람은 이를 보여주고, 훌륭한 모임은 이를 완성해주며, 훌륭한 제도는 이를 권장한다.

네가 만약 왕과 대화한다면, 시종 드는 신하를 대하듯이 편안하고 부담 없이 대화해야 하지만 모든 시선과 말, 그리고 행동은 최대한의 존경심을 드러내야 한다. 너보다 높은 위치에 있는 사람들에게는 적절하고 품위 있는 행동으로 보일지라도, 왕과 같은 최고의 지위에 있는 사람에게는 무례하게 느껴지는 행동이 있다. 너는 왕이 말을 시킬 때까지 기다려야 하고, 왕이 선택하지 않는 주제를 네가 먼저 꺼내면 안 된다. 이런 대화는 너를 '적절함'에서 멀어지게 만드니, 부디 조심해라. 왕이 훌륭하다고 생각하는 사람이나 다른 사람들이 모두 칭찬하는 사람을 네가 칭찬하면, 이는 왕을 위해 간접적으로 아첨을 하는 것이다. 왕 앞에서 이렇게 행동하는 것도 간접적인 아첨의 기술이다.

장관이나 장군을 대할 때도 마찬가지로 조심해야 한다. 이들은 일반적으로 자신의 상관인 왕처럼 다른 사람들로부터 존경을 받고 싶어 하고, 실제로 그럴 자격을 갖추고 있을 때가 많다. 그러나 왕을 대할 때와는 약간의 차이가 있는 것도 사실이다. 즉, 우연한 상황이라면, 네가 먼저 새로운 대화의 주제를 꺼내도 된다. 다만 그들이 듣고 말하기에 부적절한 주제는 피해야 한다.

왕과 장관을 대할 때, 또 조심해야 할 점은 너무 편안하게 행동하는 것이다. 그런 행동은 부적절할 뿐만 아니라, 결과적으로 불순한 인물로 비춰질 수 있다. 예를 들어 팔짱을 끼거나, 담배 케이스를 만지작거리거나, 발로 땅을 차거나, 머리를 긁는 등의 행동은 그들의 눈에 무례하게 보일 것이다. 사실 이런 행동은 다른 장소에서도 하지 말아야 한다. 왕이나 장관 앞에서 예의를 지키는 것은, 주의를 기울이고 습관을 들여 개선시켜 나갈 수 있지만, 내면의 편안함과 외적인 존경심은 동시에 유지하는 일은 무척 어렵다.

직급이 비슷한 사람으로 구성된 모임에서는 더 큰 자유와 편안함이 허용된다. 그러나 여기서도 서로 '예의'의 범주는 지켜져야 한다. 네가 먼저 대화의 주제를 꺼낼 수 있겠지만, 항상 주제 선택에 신경을 쓰고,

파리 보주광장의 중정 저택으로 들어가고 있는 청년의 모습. 이 중정 저택에는 리슐리외 추기경, 빅토르 위고, 알퐁스 도데 등이 살았다.

겸손하게 대화해라. 특히 '교수형을 받았던 사람의 집에서 밧줄 얘기는 절대 꺼내지 않도록 특별히 주의해야 한다de ne jamais parler de cordes dans la maison d'un pendu.' 너의 말, 제스처, 태도는 어느 정도 자유로울 수 있겠지만 자유가 무제한으로 허용되는 것은 아니다. 네가 원한다면 주머니에 손을 넣거나, 담배를 피우거나, 앉고 서거나, 가끔 서 있는 위치를 바꾸는 것은 가능하다. 그러나 휘파람을 불거나, 실내에서 모자를 쓰고 있거나, 양말을 내리거나, 허리띠의 버클을 풀거나, 소파에 눕거나, 침대에 누워 있는 것, 그리고 큰 안락의자에 푹 퍼져 있는 것은 적절한 예의가 아니다. 이러한 행동들은 혼자 있을 때만 할 수 있는 것이다. 이러한 행동은 상사와의 관계에 해를 끼치고, 동등한 직급의 사람들에게는 충격과 불쾌한 감정을 유발하고, 하급자에게는 야만적으로 보이고 모욕적으로 느껴지게 만든다. 행동을 편안하게 한다는 것은 매우 매력적이긴 하지만 부주의하거나 태만한 것과는 큰 차이가 있으며, 마음대로 행동해도 좋다는 의미가 아니다. 훌륭한 사람들과 어울려 본 적이 없는 사람은 경직되거나, 어쩔 줄 모른 채 당황하거나, 부끄러워하는 태도를 보이기 쉽다. '행동을 편안하게 한다'는 것은 '예의'를 철저히 지키고, 세심하게 다른 사람의 예의 바른 행동을 관찰한다는 것을 의미한다. 해도 되는 행동은 편안하게 하고, 해서 안 되는 행동은 전혀 해서는 안 된다.

다양한 신분과 성별을 가진 모임에서도 구성원의 나이와 성별에 따라 다르게 응대해야 한다. 일정한 나이와 직책과 위엄을 갖춘 사람들 앞에서는 네 개인적인 이야기는 하지 않는 것이 좋다. 그들은 젊은이들로부터 일정 수준의 존경심과 예의 바른 태도를 기대하기 때문이다. 너는 그들 앞에서도 편안하게 행동하되, 태도를 정중하게 하고, 무엇보다 더 많은 존경심을 보여주어야 한다. 그들로부터 배울 점이 있다는 것을 암시하는 일도 잊지 말아라. 이를 통해 나이 때문에 젊음을 공유하지 못하는 그들에게 위로와 격려를 보낼 수 있게 된다.

이성 앞에서 네 속마음은 중요하지 않다. 이성에게는 반드시 존경과 주의를 기울여야 한다. 이는 젠틀맨이 지켜야 할 '예의범절'의 의무이기도 하다. 네가 만약 재치가 있다면, 이성에 대한 존경심과 재치를 적절하게 섞으면 더욱 좋다. 그러나 그런 친근한 재치와 농담은 직접적이든 간접적이든 이성에 대한 칭찬으로 이어져야 하며, 이성이 기분 나쁘게 해석할 여지를 조금이라도 남기지 말아야 한다. 물론 이성을 대할 때도 나이, 지위, 상황에 따라 세심한 주의를 기울여야 한다. 높은 지위에 있는 50대를 10대 대하듯 대해서는 안 된다. 전자에게는 존경을 보여주고 진지한 재치를 사용해야 하지만, 후자에게는 단순한 장난과 약간의 즐거움이 용인될 수 있을 것이다.

'예의'에 대해 설명할 때 가끔 간과되는 부분이 있다. 즉, 자신의 현재 기분과 성향을 무차별적으로 남에게 강요하는 것이 아니라, 네가 현재 처해 있는 상황을 잘 관찰하고 주변 분위기에 맞추며 적용해야 한다는 것이다. 예를 들어, 네가 지금 기분이 좋고 활력이 넘친다고 해도 교황의 특사나 대주교, 혹은 기분이 우울한 사람이나 슬픔에 빠진 사람 앞에서는 발라드를 부르거나 농담을 하지 말아야 한다. 반대의 경우도 마찬가지다. 현재 기분과 성향을 조절할 수 없다면, 현재 너의 기분 상태와 가장 가까운 사람들을 찾아 시간을 보내는 것이 좋다.

큰 소리로 웃는 것은 '예의'와 전혀 어울리지 않는 행동이다. 큰 소리로 웃는 것은 매우 어리석은 행동에 대한 군중의 저속하고 요란한 동의이자 즐거움의 표현에 불과하다. 젠틀맨은 자주 미소를 짓지만, 웃음소리를 거의 내지 않는다. 그러나 '예의'에 가장 반하는 것 중 하나는 상대방을 때리는 장난이나 어떤 형태의 손장난일 것이다. 이러한 행동은 종종 심각하거나 때로는 치명적인 결과를 초래할 수 있다. 뛰어다니고, 서로의 머리에 물건을 던지며, 몸싸움을 하는 것은 군중의 익숙한 장난일 수 있지만, 젠틀맨의 품격을 해치는 행동이다. 이탈리아어 속담 가운데 "손을 대는 장난은 무례한 자의 장난이다 giuoco di mano, giuoco di villano"라는 것이 있는데, 매우 적절한 설명이다.

젊은이의 지나친 단호함과 결단력은 어긋한 예의를 초래하는 경우가 많다. 따라서, 너무 단호하게 말하지 말고, 항상 부드럽고 절제된 표현을 사용하는 것이 좋다. 예를 들어, "저에게 말씀드릴 수 있는 기회를 주시면 감히 말씀드리고 싶습니다s'il m'est permis de le dire, je croirais plutot, si j'ose m'expliquer"와 같은 표현이다. 이런 표현은 태도를 부드럽게 하면서도 너의 주장 자체를 포기하게 만들거나 약화하지 않는다. 나이가 많고 경험이 풍부한 사람들은 그러한 정도의 존중을 기대하고 또 바랄 권리가 있다.

가장 낮은 계층의 사람들 앞에서도 지켜야 할 예의가 있다. 젠틀맨은 자신의 하인을 대할 때도, 심지어 거리의 거지에게도 예의를 지킨다. 젠틀맨은 그들을 모욕의 대상이 아니라 동정의 대상으로 여기며, 누구에게도 '거친 어조'로 말하지 않는다. 그들에게 잘못이 있다면 평정심을 유지하면서 말하고, 거절할 때도 인간성을 잃지 않아야 한다.

요컨대 예의는 다른 말로 '품행'를 의미하며, 이것은 삶의 모든 부분에 걸쳐 적용된다.15) 이것이 네가 지켜야 하는 삶의 규범이다. 이를 이루기 위해서는 '우아함'을 갖추어야 한다. 우아함은 '예의'가 요구하는 모든 것을 품위 있고 즐겁게 수행할 수 있도록 만들어 준다. 예의는 모든 사람에게 의무이지만, 우아함은 특정 사람에게 무한한 이점을 제공하고, 그 사람을 아름답게 한다. 네가 이 두 가지를 모두 갖추기를 간절히 바란다!

비록 네가 춤을 잘 추더라도, 충분히 잘 춘다고 생각하지 말고, 더 잘 추기 위해 노력해야 한다. 같은 이치로, 네가 고상하다는 말을 듣더라도, 더욱 세련된 사람이 되기 위해 계속 노력해야 한다. 절대로 만족하지 말아라. 계속 노력해라. 너의 삶이 계속되는 한 우아함을 갖추기 위해 늘 노력해라. 그렇게 한다면 장차 궁정에서 좋은 친구를 만날 수 있을 것이고, 그들은 왕자와 신하들, 그리고 연인들에게 너에 대해 좋은 말을 해줄 것이다.

이제 노년을 맞이하고 있는 나는 지난날의 격렬한 감정과 자극적인 충동에서 서서히 벗어나고 있다. 삶의 괴로운 걱정에서 해방되고 있으며, 나를 흔들어 대던 소란스러운 즐거움이 사라지는 나이를 맞고 있다. 이제 내가 누리는 가장 큰 기쁨은 네 장래에 놓여 있는 밝은 미래를 생각하는 것이고, 네가 그것을 마음껏 누릴 것이라고 믿고 희망하는 일이다.

너는 네 또래 청년들이 들어본 적도 없는 세상을 이미 마주하고 있다. 지금까지 너의 인격은 타락하지 않았고, 저급하거나 젠틀맨답지 못한 악습으로 얼룩지지 않았다. 앞으로도 그렇게 계속되기를 바란다. 네가 갖춘 지식은 건전하고 광범위하며 자명하다. 특히 너의 목표와 관련된 지식이 그러하다. 네가 이런 자질로 출발하니, 무엇이 부족하겠니? 너의 경험을 통해 충분히 알 수 있듯이, 행운의 여신도 너와 함께해왔다. 너의 자질과 노력을 돕는 데 충분한 행운이 함께한 것이다. 내가 도운 것이 있다면 네가 게으름을 피울 수 있는 행운을 갖지 못하게 한 것이다.

또한, 너는 '건강한 몸에 건강한 정신'을 지닌 가장 큰 축복을 누리고 있다. 따라서 네가 원하는 것은 모두 가질 수 있다. 네가 추구해야 하는 것은 품행을 갖춘 우아함과 모든 사람에게 공손한 태도를 유지하며 세상의 지식을 배우는 일이다. 그리고 훌륭한 사람들과 계속 교류하고 다양한 장소와 인물을 경험함으로써 얻게 되는 우아함을 추구해야 한다. 네가 외국에서 한 경험은 너를 위대한 미래로 인도할 것이다. 네가 장차 의회에서 얻게 될 기회는 너의 성장을 도와줄 것이다.16) 그러므로 네게 주어질 즐거운 미래를 심사숙고하길 바란다. 내가 네 앞길을 믿듯 너도 네 앞날을 고대하고, 내가 너를 도우려는 것만큼 스스로 힘쓰거라. 네가 끝까지 해낼 수 있도록 해야 할 조언에 최선을 다하마. "지혜롭고 신중한 판단력이 있으면 신의 도움이 필요없다Nullum numen abest, si sit prudentia."

잘 있거라, 사랑하는 나의 아들아! 기쁨으로 다시 널 만날 날을 손꼽아 기다린다. 다시 만날 날을 고대하자니, 한 시간이, 1분이, 정말로 천천히, 천천히 흘러가는 것 같구나!

이제 그랜드 투어를 마치고 프랑스의 궁정에서 활약을 시작하고자 하는 아들에게 보내는 아버지의 마지막 편지다. 자식이 잘되기를 바라는 마음을 듬뿍 담았지만, 왕과 고위직 관리, 그리고 신분이 비슷한 동료들 사이에서 어떻게 행동해야 하는지를 가르치는 아버지의 마음은 면도날처럼 정교하게 표현되어 있다. 공직에 나가는 사람, 아니 세상을 향해 나아갈 사람이 갖추어야 할 덕목은 '예의'이다. 예의를 지켜 바른 인간으로 살아간다는 것은 적절함, 고매한 행동, 정당함의 요소를 모두 갖추는 것이다. 이러한 예의는 상대하는 사람, 즉 왕이나 고위직 관료, 혹은 동료나 자신보다 신분이 낮은 사람에 따라 이 세 가지 요소가 상황별로 다르게 적용된다. 키케로가 항상 강조했던 '적절함'의 덕목이다. 이 편지에서 중요한 아버지의 가르침은 "네가 해야 할 일은 쉽게, 그리고 무심하게 해야 한다"는 것이다. 이런 젠틀맨의 태도를 이탈리아에서는 스프레차투라Sprezzatura라 부른다. 행동을 무심하게 한다는 것은 '힘들이지 않고 자연스럽게 한다'는 뜻으로 예의를 갖추는 것이 어려운 일임에도 우아함이 속으로부터 우러나서 그 고귀한 품행이 자연스럽게 표출되어야 한다는 뜻이다. 이것이 아버지가 아들에게 주는 마지막 그랜드 투어의 교훈이자 지향점이었다.

나가는 글
열 가지 인생 조언

그랜드 투어를 마친 아들은 프랑스 파리에서 본격적으로 대사 업무를 수행한다. 1746년 10월 9일부터 시작된 편지는 1751년 12월 19일에 마지막으로 발송되었고, 5년 남짓한 기간 동안 총 153통의 편지가 그랜드 투어 중이던 아들에게 배송되었다. 독일의 대학 도시 하이델베르크에서 시작된 부자간의 편지 교환은 독일, 이탈리아, 프랑스를 거치며 끝난다.

동시대 사람들은 체스터필드를 예의범절과 품행의 중요성을 가르치기에 최적의 지성으로 여겼다. 하지만 이 편지들의 내용은 오직 아들에게만 전수한 사적인 비밀이었다. 체스터필드는 그랜드 투어를 통해 이루어야 할 최적화인 인간 상태를 '보몽드Beau monde'라고 규정하고, 이를 최적화하는 방법을 아들에게 알려준 것이다. 체스터필드에 의

하면 '보몽드'란 자기 인생의 주도권을 쥐고 행복한 삶을 구가하며, 한 시대의 유행을 선도하는 상류층을 말한다.[1] 아들의 성공과 행복한 삶을 바라는 이 세상 모든 아버지의 바람이 153통의 편지에 녹아 있었으니, 그 내용은 어떻게 하면 "자기 인생의 주도권을 쥐고 행복한 삶을 살면서 한 시대의 유행을 선도할 수 있는가?"에 대한 답변이었다. 그랜드 투어는 이 방법을 찾기 위한 노력이었다.

그랜드 투어의 목적은 외국 여행이라는 호사를 누리는 단순한 귀족 취향이 아니었다. 그랜드 투어가 재미를 위한 것인가, 아니면 교육적 효용성 때문인가에 대한 논쟁은 이미 16세기에 완결되었고, 특히 체스터필드의 시대였던 18세기에는 '귀족 청소년 교육'을 위한 필수 코스가 되었다. 16세기부터 주목을 받기 시작한 그랜드 투어의 효용성은 18세기로 접어들면서 '고귀한 취향Noble taste'을 가진 인격적 존재를 만들기 위한 교육 프로그램으로 작동했다. 특히 고전에 대한 해박한 지식과 예술에 대한 심미안을 가진 점이 영국과 북유럽 귀족의 특징으로 받아들여지면서 이탈리아 로마를 최종 목적지로 삼는 그랜드 투어의 유행이 절정에 달한 것이다.[2] 괴테의 유명한 표현처럼 로마는 "거대한 학교"였던 셈이다.[3]

그렇다면 우리는 153통의 편지를 쓰면서 아들에게 보몽드가 되는 법과 고귀한 취향을 가진 인간이 되라고 가르쳤던 아버지의 마음을 읽어야 할 것이다. 고귀한 취향을 가진 보몽드는 성공을 위한 처세의 방법이 아니라 삶의 지향점을 의미했다. 성공한 삶의 결과가 아니라 행복한 삶을 위해 설정된 목표였다. 자식의 행복한 삶을 바랐던 아버지의 마음이 간절했기에 153통의 편지는 때로 같은 내용이 반복되고 수

요한 티슈바인, 〈캄파냐의 괴테〉, 1787년, 슈테델미술관 소장.

시로 조급함이 드러났다. 이 세상 어느 아버지가 잔소리를 '반복'하지 않고, '조급함'을 숨길 수 있을까?

이제 이 책의 결론으로, 아버지의 반복과 조급함을 153통의 편지에서 걷어내고 진짜 아들에게 해주고 싶었던 '열 가지 인생 조언'을 정리해보고자 한다. 다시 강조하거니와 이것은 아버지가 아들에게 제시했던 '행복한 삶을 위해 설정된 목표'였다. 어떻게 하면 우리 자식들이 고귀한 취향을 가진 보몽드가 될 수 있는지 궁금한 이 세상 모든 부모가 공감할 수 있는 내용일 것이다.

1. 매사에 적극성을 보여라

체스터필드는 아들에게 쓴 첫 번째 편지부터 '매사에 주의를 기울이는 태도'를 성공의 첫 번째 덕목으로 제시했다. 지금 주변에서 일어나고 있는 일에 대해 호기심을 보이고 적극적으로 대응하라는 의미이다. 무기력한 표정과 태도, 무관심, 딴전을 부리는 행동은 금물이다. 상대방의 장점을 칭찬하는 것도 주의를 기울이는 태도에 포함된다(17번째 편지). 상대방의 장점과 약점을 정확하게 먼저 파악하고, 이를 간접적으로 칭찬하는 것이 큰 효과를 발휘한다.

체스터필드는 아들에게 중요한 인생의 교훈을 남겼다. 이는 "일반적인 삶의 과정에서 모든 것은 전적으로 '태도'에 달려 있다"라는 것이다(45번째 편지). 이는 젠틀맨의 품성과 연결된다. 체스터필드는 아들이 '젠틀맨'이 되기를 바라면서 젠틀맨의 품성을 구체적으로 제시했다. 그것은 매사에 적극적으로 대처하고, 의도를 노골적으로 드러내지 않고 진중한 언행을 구사하고, 밝은 태도를 지니는 것이다. 여기에 특출한 친절함과 설득력을 갖춘 대화의 태도까지 겸비해야 한다고 가르친 것이다(68번째 편지). 어떤 모임에서든, 공통된 대화에 관심을 기울이지 않고 무관심한 태도를 보이는 것만큼 주변 사람들을 불편하게 만드는 일도 없다. 그것은 다른 사람을 경멸한다는 뜻이기 때문이다(82번째 편지).

2. 친절한 태도와 고매한 행동을 유지하라

탁월한 지식 체계를 갖추었고, 명문 대학을 졸업했어도 의미 없는 인생, 공헌하지 못하는 인생, 자기뿐인 인생을 산 사람이 많다. 행복한 삶, 성공한 삶의 기준은 '무엇을 했나'가 아니라, '어떻게 했나'가 더 중요하며 친절한 태도가 이를 결정한다. 아무리 뛰어난 업적을 이루었다고 해도 그 사람이 친절하지 않다면, 우리는 그를 존경하지 않는다. 고매한 행동은 'Good-breeding'의 번역인데, 체스터필드가 아들에게 줄기차게 강조했던 성공적인 사회생활의 비결이었다. 다양한 의미를 가진 이 개념은 '절제된 행동'과 '우아한 태도', 그리고 '사회적 위치에 걸맞은 정중한 언어의 구사'의 맥락을 아우르고 있다. 이런 고매한 행동의 자질을 갖춘 사람을 '세련된 사람'이라 부를 수 있을 것이다. 이런 고매한 행동은 "상황에 어울리는 우아함, 점잖은 예법, 대화하는 방식, 예의를 갖춘 복장, 상대방을 편안하게 해주는 태도", 그리고 상대하는 사람에 맞게 적용해야 하는 예의범절을 모두 포함한다(65번째 편지와 88번째 편지). 체스터필드는 아들에게 이 젠틀맨의 자질을 깨닫는데 무려 35년이 걸렸다고 고백하고 있다(17번째 편지).

3. 우아하게 말하고, 명확하게 발음하고, 천천히 설명하라

'말'은 그 사람의 얼굴이다. 아무리 많은 것을 알고 있어도 그것을 효과적으로 설명할 수 없다면 모든 것이 무용지물이 된다. 말은 말하는 사람의 지적 수준을 드러내는데, 내용과 더불어 형식도 중요하다. 사용하는 단어의 고상함, 적절한 말의 속도, 명확한 발음 등이 전달되는 말의 형식을 결정한다. 체스터필드는 아들의 중얼거리며 말하는 습관에 대해 여러 차례 지적하며 개선을 촉구했다. 1748년 4월 1일에 쓴 35번째 편지에서 "상대방의 감동을 불러일으킬 수 있는 말하는 능력"을 강조했고, 무엇보다 "뚜렷한 말투"를 사용하라고 조언했다. 이어 6월 21일에 쓴 편지에서는 너무 빠른 속도로 말하면서 의사 전달을 명확하기 하지 못하는 아들을 나무라면서 천천히 또박또박 말하는 습관을 기르라고 호소했다. 체스터필드는 말의 태도와 습관 뿐만 아니라 말할 때의 표정까지도 관리하라고 가르쳤다. 54번째 편지에는 말을 할 때 초조한 표정을 짓거나 냉소적인 얼굴로 말하지 말라고 조언했고, 동시에 당황한 표정이나 어리석고 어색한 미소를 짓지 말라고 요구했다. 무엇보다 침울한 표정은 절대 금물이다(45번째 편지). 체스터필드는 우아하게 말하는 기술은 모방에서 나온다고 보았다. 그래서 1749년 9월 27일에 쓴 83번째 편지에서 "자신이 속해 있는 훌륭한 모임의 말하는 어조 le ton de la bonne compagnie"를 따라하라고 가르쳤다. 1749년 5월 22일에 쓴 71번째 편지에서는 항상 "마음의 분노를 다스리고 마음의 평정을 유지하며 표정의 우아함을 유지하는 법"을 배우라고 강조했다.

4. 힘의 역학 관계를 주도하고 있는 사람과 어울리고, 그들이 추구하는 힘의 원리를 관찰하라

체스터필드는 그리스와 로마 고전, 르네상스 시대의 예술에 대해 정통한 사람이었다. 그는 아들에게 이런 고전적 지식의 가치를 부정하지는 않는다. 그래서 수시로 그리스 시대의 데모스테네스와 로마 시대의 율리우스 카이사르, 카토, 키케로, 세네카 등을 언급했다. 특히 아들에게 '고상한 취향'를 심어주기 위해 르네상스 시대의 예술가들에 대한 간략한 소개도 빠뜨리지 않고 있다. 그러나 체스터필드의 교육은 '힘의 역학 관계'에 대한 관심에 집중되었다. 베네치아에서 가장 먼저 볼 것은 티치아노를 비롯한 르네상스 시대의 예술이 아니라 베네치아의 정부 회의와 행정 구조를 먼저 파악하라고 요구할 정도였다(65번째 편지).

그랜드 투어의 최종 종착지로 간주했던 로마에서 아들이 배워야 할 것은 로마 시대의 고전적 영웅의 행적이나 미켈란젤로의 예술이 아니라 로마 교황청의 정치적 구조와 의사 결정의 원칙이었다(29번째 편지). 또한 체스터필드는 18세기 당시 유럽 정치의 막후 실세였던 교황청에 대한 관심을 촉구하는 편지를 반복적으로 보냈다(85번째 편지 등). 특히 예수회 Society of Jesus에 대한 관심은 지나칠 정도인데, 1749년 10월 9일에 쓴 85번째 편지에서 아래 내용을 확인할 수 있다.

"내가 세계에서 가장 유능하고 가장 잘 관리되고 있는 집단이라고 생각하는 예수회에 대해 잘 알아두거라. 로마에 상주하고 있는 예수회 총장과도 가능하다면 친해지도록 해라. 그들은 아무런 세속적인 힘을 소유하지 않은 것처럼 보이지만, 사실은 어떤 권력자보다 더 큰 영향력을 세상에 미치고 있다."

당시 예수회는 유럽 각국의 왕실과 밀접한 관계를 맺으면서 정치와 외교를 주도하던 권력 집단이었다. 체스터필드는 아들에게 이런 집단을 이끄는 사람들과 교류하고, 그들의 힘이 생산되는 과정을 이해하는 것이 그랜드 투어의 핵심 과제라고 여러 차례 밝혔다. 가장 강력한 힘을 발휘하고 있는 집단의 구성원들과 교제하고, 그들의 권력 역학 관계를 이해하는 것이 고전의 가르침보다 중요한 것이라고 가르쳤다. 사실 따지고 보면 고전적 영웅의 삶과 사상을 통해 배울 수 있는 것이 바로 그런 것이기도 하다. 체스터필드는 심지어 로마에 도착한 아들에게 카피톨리노 언덕, 바티칸, 판테온 등에 1분을 투자했다면 가톨릭 세계의 "통치 형태, 권력 부침의 역사, 궁정 정치학, 추기경들의 음모, 콘클라베의 절차와 수법, 즉 거대한 종교 정치 제도의 은밀한 내부 구조"를 이해하기 위해 열흘을 투자하라고 요구했다(85번째 편지).

5. 인생을 에피쿠로스적으로 충분히 즐기되, 범위와 한계를 설정하라

체스터필드는 아들에게 금욕주의자의 삶을 강요하지 않았다. 출세를 위해 죽도록 공부만 하고, 무작정 욕망을 억제하는 것을 바라지 않는다고 거듭 강조한 바 있다. 오전에는 공부에 전념하고, 오후에는 운동으로 건강을 다지며, 저녁에는 좋은 친구들과 교류하며 친목을 도모하라고 충고했다. 도박과 매춘과 관련된 부당한 지출이 아니라면 인생을 즐기기 위한 비용을 기꺼이 지원하겠다는 약속도 했다. 에피쿠로스적으로 인생을 즐기는 행동을 인정했지만 그렇다고 무조건적인 방종을 허용하지는 않았다. 항상 '지나침'이 문제다. 범위와 한계를 설정하고 인생을 충분히 즐겨야 한다(7번째 편지).

체스터필드는 아들에게 "삶의 기쁨을 위해 드는 정당한 비용을 즐거운 마음으로 부담"하겠지만, '지나친 행동'으로 인한 결과에 대해서는 엄중하게 대응하겠다는 경고의 편지를 보냈다(84번째 편지). 인생을 즐기는 것은 좋은 일이다. 인생을 즐길 수 있다는 것은 축복이다. 그러나 삶의 기쁨을 위해 절제하는 것은 미래에 더 큰 행복감을 선물한다. 처음부터 너무 큰 행복감을 추구하면 나중에 찾아오는 작고 소중한 행복감에 대한 만족감이 떨어진다. 절제하면서 작은 행복을 즐기는 것이 나중에 큰 행복으로 즐기는 지름길이다. 그래야만 더 많은 삶의 기쁨을 누릴 수 있다.

6. 때로 외모와 겉모양새가 더 중요할 수 있다. 옷차림은 언제나 적절하게!

체스터필드는 그랜드 투어를 떠나는 아들에게 보낸 첫 번째 편지에서부터 멋지게 차려입을 것을 강조했다. 1747년 7월 30일에 쓴 12번째 편지에서 "일반적으로 사람은 입고 있는 옷으로 평가받게 된다"고 하면서 개인의 진정한 가치를 드러내는 옷차림에 유의할 것을 당부했다. 체스터필드의 이런 조언은 현대의 외모지상주의와는 결이 다른 주장이었다. 당시는 신분제가 고착되어 있었고, 프랑스 혁명이 발발하기 전이었다. 따라서 체스터필드가 강조한 핵심은 복장의 '적절함'이다. 1748년 12월 30일에 쓴 61번째 편지에서 특정 장소에 어울리는 복장의 중요성을 역설한다. 공식 회의와 사교 파티에서 입어야 할 복장이 다른 것처럼, 그는 상황에 맞는 옷차림을 예의의 한 요소로 보았다. 또한, 상대방을 배려하는 패션도 강조했다. 환자를 문병할 때 지나치게 화려한 복장을 한다거나 결혼식에 참석하며 지나친 노출을 한다면 그것은 '적절함'의 덕목에서 벗어난 것이다. 여기에 신분에 맞는 옷차림이 더해질 때 비로소 품격 있는 단정함이 완성된다고 보았다..

동시대 인물 새뮤얼 존슨은 체스터필드의 이 주장에 강력한 반론을 제기했다. 인격의 완성과 내면의 성숙을 강조하던 새뮤얼 존슨은 체스터필드가 아들에게 시각적인 고상함만을 가르쳤다고 비난했다. 그러나 서문에서 이미 밝혔듯이 새뮤얼 존슨의 사전 편찬을 적극적으로 후원해주지 않았던 체스터필드와의 개인적인 감정이 반영된 것이다. 1748년 7월 20일에 쓴 45번째 편지를 보면 "자신이 속한 집단의 분위기를 생각하지 않고 오직 옷 자체의 유행에만 신경을 쓰는 사람들"을 비난한 체스터필드는 이런 사람들을 "진정한 아름다움과 멋을 생각하지 않고 그저 장식에만 관심을 기울이는 사람들"이라고 혹평한 바 있다.

7. 양극단을 피하고, 카멜레온처럼 행동하라

체스터필드는 '지나침'과 '부족함' 사이에서 균형점을 잡는 것이 중요하다고 여러 차례 강조했다. 돈의 적절한 사용을 통해 '사치'와 '인색'의 양극단을 피하라는 조언을 담고 있는 62번째 편지에서 이 점이 강조되어 있다. 적절한 옷차림을 강조한 61번째 편지에서도 양극단의 위험을 피하라고 강조한다. 지나치게 차려입지도 말고 유행과는 담을 쌓은 독단적인 옷차림도 경계했다. 지식을 자랑하지도 말고, 그렇다고 해서 상대방에게 호감을 얻기 위해 무식한 행동을 하는 것도 삼가라고 가르쳤다.

지나치게 관대한 것도, 지나치게 까탈스러운 것도 둘 다 문제다. 언제나 양극단을 피하고, 상황에 맞게 적절하게 행동해야 한다. 체스터필드는 아들에게 상황에 맞게 즉각적으로 대처하는 '카멜레온'이 되라고 가르쳤다. 일방적으로 대화의 주제를 선택하는 사람이 되지 말고, 동시에 대화에서 완전히 빠져서 고립된 채 침묵을 지키는 사람이 되지 말아야 한다. 1748년 10월 19일에 쓴 54번째 편지의 내용이다.

"크고 넓은 세상에서 활동하는 사람은 카멜레온처럼 대화해야 한다. 타인과 대화할 때는 마치 카멜레온처럼 네 대화의 색깔을 상대방과 적절하게 맞추어야 한다."

8. 편견을 버리고 자기 자신의 이성적 사고에 의존하라

사람들은 대개 평소의 습관과 잘못된 교육 때문에 편견을 판단 근거로 사용한다. 다른 사람을 따라 하는 것이 매번 스스로 선택해야 하는 수고로움에서 벗어나는 길이라 믿는다. 주류에서 벗어나면 왕따가 될지도 모른다는 두려움 때문에 대중의 편견을 따라한다. 한국인의 강력한 습성 중의 하나는 대중의 유행에 민감하다는 것인데, 이는 편리함을 추구하고 두려움을 피하려는 노력의 반영이다. 체스터필드는 아들에게 대중의 편견에서 벗어날 것을 여러 차례 촉구했다. 고전을 지혜를 무조건 숭배하는 태도, 다른 종교에 대한 부정적인 시각, 정치 제도가 인간의 발전에 결정적인 영향을 미친다는 견해 등에 대해 신랄하게 비판했다(64번째 편지). 체스터필드가 아들에게 제안했던 대안은 이성적 판단과 탐구 정신이다. 그것도 다른 사람의 이성적 판단과 탐구 정신이 아닌 본인의 노력이다. 자신만이 모든 판단의 근거가 되어야 하는데, 반드시 이성적 판단과 탐구 정신을 통해서만 그 판단을 내려야 한다.

9. 모범이 되는 사람을 관찰하고, 모방하고, 항상 배우는 자세를 견지해라

체스터필드는 아들에게, 목소리를 높이고 거칠게 행동한다고 해서 사람들을 이끌 수 있는 것은 아니며, 그런 식의 독불장군형 인물은 주변의 존경은커녕 자발적인 협력조차 얻지 못한다고 강조했다. 그는 어떤 형태의 성공이든 결코 혼자 이루어지는 법은 없으며, 성공의 크기와 무관하게 반드시 타인과의 협력 속에서 이루어진다는 사실을 아들에게 가르치고자 했다.

그렇기에 진정한 성공을 원한다면, 상대에게 먼저 베풀고, 신뢰와 호감을 얻는 태도가 필수적이라 보았다. 체스터필드는 이를 단순한 친절이 아닌, 배려와 세련된 처신에서 비롯되는 사회적 미덕으로 여겼다. 이러한 태도를 기르기 위한 실질적인 방법으로 그는 '자신보다 나은 사람'을 찾아가 배우는 것을 권했다. 훌륭한 인격과 품위를 지닌 이가 있다면, 천 리 길이라도 마다하지 말고 가서 그를 관찰하고 모방하라는 것이 그의 가르침이었다. 그는 바로 이런 이유에서 '그랜드 투어'의 진정한 목적이 유럽의 유적을 감상하는 데 있는 것이 아니라, 고매한 인물들을 찾아가 그들의 말투, 옷차림, 행동, 심지어 방 안에 들어오는 자세까지 세심히 관찰하고 체화하는 데 있다고 보았다. 그래서 1749년 11월 14일에 쓴 89번째 편지를 통해 체스터필드는 품격 있는 인물을 관찰하고 모방하는 태도야말로 젊은 시절 반드시 익혀야 할 덕목이라고 못박았다. 그는 덧붙여, 이러한 모범을 꾸준히 좇으며 배우는 사람은 결국 주위에서 꼭 필요한 존재가 되며, 함께하고 싶은 사람이 되고, 그의 이름은 대화 속에서 회자되며, 그가 자리를 뜰 때 사람들은 아쉬움을 느끼게 될 것이라고 말했다. 그것이 바로 품격 있는 성공의 모습이며, 사람의 진정한 가치가 드러나는 지점이라는 것이 체스터필드의 확고한 신념이었다.

10. 지식과 신념을 넘어, 온화함이 결국 승리한다

체스터필드는 아들에게 보내는 편지에서 참된 성공이 단지 위대한 덕목들의 집합으로 이루어지지 않는다는 점을 반복하여 강조했다. "지식에 오만함이, 용기에 잔혹함이, 미덕에 융통성 없는 엄격함만 동반된다면, 그 사람은 결코 사랑받지 못한다." 98번째 쓴 편지의 내용으로, 아들이 로마에 도착했을 시기, 즉 그랜드 투어가 마지막을 향하던 때의 글이다.

그는 지식이 오만과 결합될 때 교만으로 기울기 쉬우며, 용기가 잔혹함과 섞일 경우 잔인성으로 타락한다고 보았다. 또한, 미덕이 지나친 엄격함과 융합될 때, 그것은 더 이상 사람을 감동하게 만들지 못하고, 오히려 거리감을 조장한다고 경고했다. 그러므로 체스터필드는 아들에게, 사랑받는 인간이 되기 위해서는 탁월한 지성만이 아니라, 부드러운 성정 또한 함께 갖추어야 한다고 일렀다. 그는 흔히 '위대한 미덕'으로 불리는 것들, 즉 확고한 신념, 날카로운 지성, 흔들림 없는 의지 등은 사람을 성공으로 이끈다고들 하지만, 그것만으로는 부족하다고 보았던 것이다.

그는 덧붙여야 할 또 다른 부류의 미덕들을 일컬어 '온화함의 미덕들leniores virtutes'이라 불렀으며, 그것들은 겉보기에 사소해 보이나 실제로는 인간관계의 핵심이라 하였다. 정중한 태도, 유쾌한 대화법, 절제된 언변, 그리고 느긋하고도 품위 있는 친절함이 그것이다. 1751년 5월 16일에 쓴 143번째 편지에서는 이를 "사랑스럽고 붙임성을 가진, 즉 "설명할 수 없는 미묘한 매력"이라고 부연 설명했다. 이런 것들이야말로 타인의 마음을 얻는 열쇠이며, 세상에서 진정으로 성공하기 위한 가장 실천적인 기술이라 여겼다. 체스터필드는 아들에게 거듭 강조했다. 아무리 탁월한 재능을 갖추었다고 해도 다른 사람들의 마음을 사로잡지 못한다면, 그 재능은 단지 차가운 조각상에 불과하다고, 결국 '온화함의 미덕'이 지식과 신념을 능가할 것이라고.

주석

들어가며

1) 아일랜드 국립대학의 무어 연구소(Moore Institute)에서 운영하는 웹사이트 아트 오브 트레블(Art of Travel)(artoftravel.universityofgalway.ie)에서 1500~1850년 동안의 그랜드 투어 관련 책자를 모두 모아 놓고 있다.

2) 설혜심, 《그랜드 투어》(휴머니스트, 2020), p.235.

3) Clare Hornsby, "Introduction, Or Why Travel?", Clare Hornsby, ed., 《The Impact of Italy: The Grand Tour and Beyond》(London: The British School at Rome, 2000), p.1.

4) Thomas Nugent, 《The Grand Tour》, vol.3(Italy, 1756). Reprinted by Ganesha Publishing(2004), p.42.

5) Linda Levy Peck, "Hobbes on the Grand Tour: Paris, Venice, or London?", 《Journal of the History of Ideas》 vol.57 no.1(Jan., 1996), pp.177~183.

6) Christopher Hibbert, 《The Grand Tour》(London: Methuen London, 1987), p.20. 1차(1730~1733), 2차(1737~1738, 이탈리아 제외한 유럽 대륙), 3차(1739~1741).

7) 설혜심, 《그랜드 투어》, pp.253~254.

8) 설혜심, "아버지의 이름으로?: 그랜드 투어의 동행교사", 《영국연구》(2008, no.20), p.163.

9) 체스터필드는 배우자 외에도 특출한 미모의 소유자였던 패니 셜리(Fanny Shirley, 1702~1778)와 우호적인 관계를 지속했다.

10) 물품세는 일종의 간접세로, 구매 시 내는 세금(Sale Tax)과는 달리 공산품 등이 만들어졌을 때 부과하는 세금이었다. 체스터필드는 이 세금이 부과되면 물품 생산자가 세금 부담 때문에 공산품의 가격을 미리 올릴 것이고, 결국 피해는 소비자에게 돌아온다는 논리로 반대했다. 나아가 세금을 내지 않은 제품을 수색할 수 있는 권리를 세무 당국에 부여해 임의로 가택 수색을 할 수 있도록 함으로써 인권 침해의 가능성이 있었다는 점에서 이를 강력하게 반대했다.

11) 이 연설은 〈일반 상식(Common Sense)〉(1737.6.4.)이라는 팸플릿으로 출간되었다

12) 1728년에 건축된 이 건물은 1900년경 다이아몬드 재벌인 율리우스 베르너(Julius Wernher)가 구매하여 지금은 미술관(The Wernher Collection)으로 사용하고 있

다. 중세, 르네상스, 근대 초기의 예술 작품이 소장되어 있다.

13) 율리우스력이 1582년 10월 그레고리력으로 대체되면서 1582년 10월 4일(목요일) 다음 날이 10월 15일(금요일)로 바뀌어 그 사이의 열흘이 사라졌다. 뒤늦게 그레고리력을 채택한 영국에서는 체스터필드 주도로 1752년 9월에 10일을 생략하는 법령을 발표했다.

14) "Philip Chesterfield", 《Dictionary of National Biography》, 1885~1900(Oxford University Press Online).

15) 기니는 1663년부터 1814년까지 영국에서 주조된 금화로 1기니에 1파운드의 가격이 책정되었다. 그러나 금값이 상승하면서 기니는 파운드보다 더 높은 구매력을 가지게 되었다.

16) Ann Dean, "Authorship, Print and Public in Chesterfield's Letter to His Son," 《SEL Studies in English Literature 1500-1900》, vol.45, No.3(Summer, 2005), pp.691~706.

17) Oliver Leigh, 《Letters to His Son》(New York: Tudor Publishing Co., 1939). 이 책에는 체스터필드가 아들이 5살 때부터 14살이 될 때까지 쓴 편지 112통과 이후 쓴 320통을 합쳐 총 432통을 편집해 실었다.

제1장 독일로 보낸 편지

1) 원문은 "Dear Boy"이다.

2) "마차"의 원문은 "Berline"로 '베를린 마차'라는 뜻이다. 바퀴 4개와 지붕을 설치하고 좌석을 마주 보게 설계했다. 브란덴부르크 선제후국의 프리드리히 빌헬름 선제후가 베를린에서 파리까지 타고 여행했기 때문에 이러한 이름이 붙었다.

3) 아들을 바람에 날리는 연에 비유했다. 편지의 가르침이 연을 연결하고 있는 연줄처럼 아들을 잘 지켜주었으면 한다는 아버지의 간절한 소원을 담은 은유적 표현이다.

4) 에피쿠로스는 스토아학파와 달리 인간의 감정을 존중했고, 쾌락을 추구하되 그것을 관조하는 삶을 강조했다.

5) 원문에서는 "Game"으로 표기되어 있다. 당시 상류층의 일상적인 여흥으로 법적인 테두리 안에서 하는 도박은 'Game'으로, 불법적인 도박은 'Gamble'이라고 표현했다.

6) 독일의 법학자이자 사회사상가였던 사무엘 폰 푸펜도르프는 토머스 홉스의 이론을 법이론에 적용시켰고 미국 건국에도 영향을 준 인물이다.

7) 영국이 내전으로 국력이 쇠잔했을 때 프랑스는 절대왕정의 전성기를 구가하고 있었다. 이 시기 프랑스 파리의 의회 의원이었던 루이 푸코의 아내 헬레너 페랑드(Hélène Ferrand, Marquise de Saint Germain)가 바로 마담 생 제르맹이다. 젊은 나이에 세상을 떠났지만 프랑스의 귀족 패션을 선도했었던 그녀의 아름다운 초상화가 남아 있다.

8) 도미니크 부우르는 17세기 후반에 활동한 프랑스 예수회 신학자였다. 교수와 왕실 교사를 지냈고, 영국에서 도피한 가톨릭 신도를 돕기도 했다. 1687년 집필한 《마음의 일을 잘하는 법(La Manière de bien penser sur les ouvrages d'esprit)》은 1705년 영국 런던에서 《비판의 방법(The Art of Criticism)》으로 번역 출간되었다.

9) 1750년 1월 8일 런던에서 보낸 편지에 나오는 구절이다.

10) 성 미카엘 축일(Feast of St. Michael and All Angels)은 매년 9월 29일에 열린다.

11) 후고 그로티우스는 네덜란드 출신의 신학자, 법학자, 인문학자였다. 정치적 음모에 연루되어 프랑스로 망명해 그곳에서 다수의 명저를 남겼다. 《전쟁과 평화의 법(De iure belli ac pacis)》(1598)으로 '국제법의 창시자'라는 명성을 얻었다. 《유스티아누스의 법학제요》는 동로마제국 황제 유스티아누스가 반포한 기원후 6세기 로마법을 해설한 책이다. 《로마제국의 공법》은 개인 간의 관계를 다룬 민법(Ius privatum)이 아닌 국가와 시민의 관계를 다루는 공공의 법(Ius publicum)을 다룬다.

12) 벨레이우스 파테르쿨루스는 로마 공화정 말기의 역사가다. 그가 쓴 《로마사》는 트로이전쟁부터 로마제국 창립 직전까지의 역사를 다루고 있지만 스키피오, 율리우스 카이사르, 아우구스투스 시대에 대해 자세한 기록을 남겼다.

13) 아인지델른은 취리히와 루체른 사이에 있는 스위스의 작은 마을이다. 10세기에 설립된 베네딕토수도회 수도원이 있으며, 이곳은 '검은 성모의 기적'이 일어나는 곳으로 알려져 있다.

14) 콘라트 주교(Konrad von Konstanz)가 수도원 성당을 축성했을 때, 지붕이 열리고 하늘에서 예수와 성모가 나타나 이미 축성된 곳이라고 선포했다고 한다. 964년 교황청은 이를 하느님의 계시라고 확정했다.

15) 보몽드는 '아름다운 세상'을 뜻하는 프랑스어로 '부유하고 유행을 선도하는 상류계급'이라는 의미도 가지고 있다.

16) 조지프 애디슨은 영국의 문학가이며 사회 명사였다. 1711년에 창간한 〈스펙테이터〉는 아메리카 식민지 청년들에게 큰 자극을 주었으며 벤저민 프랭클린이 〈스펙테이터〉의 글을 읽고 문장력을 키웠다. 알렉산더 포프는 18세기 영국을 대표

하는 시인으로 호메로스 작품을 영어로 번역하기도 했다.

17) 아르구스(Argus), 혹은 아르구스 파놉테스(Argus Panoptes)는 그리스 신화에 나오는 온몸에 100개의 눈을 가진 거인이다. 헤라의 종으로 제우스가 이오(Io)와 사랑을 나누는 것을 감시하는 역할을 맡았다. 잠을 잘 때에도 100개의 눈을 번갈아 뜨며 사방을 감시할 수 있었다.

18) 본문에는 라티스본(Ratisbon)으로 표기되어 있다. 라티스본은 독일 바이에른주의 도시 레겐스부르크(Regensburg)의 영어식 표현이다.

19) 1683년에 출간된 《뛰어난 왕국과 국가들의 역사에 대한 개요Einleitung zur Historie der vornehmsten Reiche und Staaten》 중 작센주에 대한 소개를 말한다.

20) 고전 인문학(Literae humaniores)은 일반적으로 클래식(Clssics)로 표현되며 학부 과정에서 고대 그리스와 로마, 라틴어와 그리스어, 그리고 고대 철학을 가르치는 교과목이다.

21) 라이프치히대학은 독일에서 두 번째로 설립되었으며, 인문학, 신학, 법학, 의학이 강세였다. David de la Croix & Robert Stelter. "Scholars and Literati at the University of Leipzig(1409~1800)", Repertorium Eruditorum Totius Europae (2022), 8:33~42.

22) 원문에는 "포트 로얄의 프랑스"로 나오는데 정확한 의미를 알 수 없다. 프랑스어에서 중역된 그리스어의 어근 사전(Etymology Dictionary)을 의미하는 것으로 추정되는데, 어근(語根) 즉 그리스의 "뿌리"를 잘 요리하라는 유머를 담고 있다.

23) 해시계와 함께 게시되는 유명한 라틴어 문구는 Festina lente(천천히 서둘러라), Carpe diem(이 순간을 소중하게), Per aspera ad astra(고난을 넘어, 별을 향하여), Sic Parvis Magna(위대함은 작은 것에서부터) 등이다.

24) 클로아키나(Cloacina)는 로마의 대 하수구(Cloaca Maxima)를 관장하는 여신이다. 대 하수구는 로마의 왕 타르퀴니우스 프리스쿠스가 착공하여 마지막 왕 타르퀴니우스 수페르부스에 의해 완성되었다. 로마의 라틴족과 인근 사비네족의 화해를 기념해서 만든 하수구이다. 여기서는 책을 낱권으로 나누어 가지고 읽었고, 그 후에 하수구에 버렸다는 의미이다.

25) 베르길리우스의 《아이네이스》는 로마의 탄생 과정을 기록한 서사시로 장엄한 문체로 정평이 나 있다. 호메로스의 《일리아스》와 《오디세이아》의 서사시 전통을 이어받고 있기에, 처음부터 끝까지 한 호흡으로 집중해서 읽어야 한다고 강조하고 있다.

26) 피에르 베일리(Pierre Bayle)의 《역사와 비판적 관점 사전(Dictionnaire Historique et

Critique, 1697)》과 루이 모레리(Louis Moreri)의 《역사대사전(Le Grand Dictionnaire historique, 1674)》을 말한다.

27) 1748년은 체스터필드 인생의 전환점이었다. 그는 아일랜드 총독 재임(1745~1746) 이후 국왕 조지 2세를 보좌하는 외무장관으로 재직(1746~1748)했다. 이 편지를 쓰고 있는 체스터필드는 외무장관직에서 막 물러났다.

28) 위엄을 갖춘 휴식(Otium com dignitate)은 로마 공화정 말기에 키케로가 취한 삶의 형태를 의미한다. 공무에서 물러나 책을 읽으며 휴식을 취하는 상태이다. 휴식을 뜻하는 오티움(Otium)의 반대말은 넥오티움(Negotium)이다. '휴식이 없는 상태'인데, 여기서 'Negotiation(협상)'이라는 단어가 파생되었다.

29) 바스에서 온천이 발견된 것은 기원전 863년이었고 로마 주둔군이 이곳에 온천욕 시설을 만들어 이름까지 바스가 되었다. 영국에서는 킹스, 헤트링, 크로스 세 곳에서 온천이 발견되었는데, 이중 킹스 온천은 미네랄이 풍부해서 치료를 위한 음료로 사용되었다. 17세기부터 영국의 귀족사회에서는 킹스 온천의 미네랄 워터를 마실 수 있도록 만든 '펌프 룸(Pump Room)'에서 오후의 티 타임을 가지는 것이 유행했다. 마그네슘, 칼슘, 소디움이 풍부한 바스의 약수는 뼈를 튼튼히 하고 혈압을 낮추며 신진대사를 촉진하는 효험이 있다고 믿어졌다.

30) 호라티우스의 《풍자시》 2권 6절에서 인용한 문장이다. 기원전 35년경 아우구스투스 황제 시대 활동했던 호라티우스가 최초로 발간한 책이다.

31) 엘제비르는 17세기부터 1712년까지 운영되었던 네덜란드의 유명 출판사였다. 이 출판사에서 출간한 인문 고전이 당시 유럽의 지식인들 사이에서 널리 읽혔다.

32) 고대 스파르타의 왕 레오니다스는 기원전 480년 테르모필레에서 용사 300명과 함께 페르시아의 공격에 맞서다가 장렬히 전사했다. 마르쿠스 쿠르티우스는 로마의 영웅이었다. 기원전 362년 로마에 지진이 일어나 포로 로마노의 땅이 갈라지자, 로마에서 가장 소중한 것을 희생제물로 바쳐야만 갈라진 땅이 합쳐질 것이라는 예언이 내려졌다. 이에 청년 쿠르티우스는 '로마인의 용기'가 가장 소중하다는 것을 보여주기 위해 스스로 말을 몰아 갈라진 땅 아래로 뛰어내리는 희생을 감수했다. 말이 아니라 행동으로 나라를 구한 사람이 진정한 영웅이란 의미이다.

33) 기원전 390년 로마는 갈리아(Gallia)족의 침공을 받았고, 적의 공격에 밀려 캄피돌리오 언덕 위에서 마지막 저항을 하고 있었다. 갈리아족이 야음을 틈타 몰래 캄피돌리오 언덕 위로 올라왔을 때, 신전을 지키던 거위들이 요란하게 울어 잠자던 로마 군인들을 깨웠고 방어에 성공할 수 있었다. 체스터필드는 고대의 사례를 잘못 해석하거나 억지로 갖다 붙이는 현대의 연설가들을 비판하고 있다.

34) 《아이네이스》의 작가 베르길리우스의 본명은 푸블리우스 베르길리우스 마로(Publius Vergilius Maro)였다.

35) 《변신이야기》의 작가 오비디우스의 본명은 푸블리우스 오비디우스 나소(Publius Ovidius Naso)였다.

36) '시간을 알리는 하인(watchman)'은 야간에 거리를 돌아다니면서 방울을 흔들어 시간을 알려주는 경비원을 말한다.

37) 비토리오 시리(Vittorio Siri, 1608~1685)는 이탈리아 베네딕토회 소속 신부로 프랑스 리슐리외 추기경의 후원을 받고 《머큐리, 현대의 역사(Il Mercurio overo historia de' correnti tempi)》(총 15권)를 출간했다.

38) 윌리엄 셰익스피어는 천재성을 타고났지만, 초등 문법학교 수준의 교육만 받았고, 대학 교육을 받지 못했다.

39) 오비디우스, 《변신이야기》 2권 5절.

40) 호라티우스, 《피소 삼부자에게 보낸 편지, 일명 시학(Q. Horatii Flacci epistola ad Pisones, de arte poetica)》, 309행.

41) 찰스 윌리엄스 경에 대한 명확한 정보는 없다. 라이프치히에서 아들을 가르친 현지 선생으로 추정된다. 편지 내용으로 보아 드레스덴 왕실 방문 때 아들과 동행했을 것이다.

42) 키케로는 기원전 46년 《연설가》란 책을 썼다. 연설에 대한 3권 연작의 마지막 책으로 브루투스와 대화 형식으로 전개된다. 키케로는 '좋은 연설'이란 목적의 설정(Inventio), 연설 주제의 배열(Dispositio), 연설의 기술(Elocutio), 적절한 고전의 인용(Memoria), 그리고 서사시의 암기(Pronuntiatio)의 연속 작업이라고 주장했다. 퀸틸리아누스(c. 35~100)는 베스파니아누스 황제 시대에 집정관이자 연설 이론가였다. 정계에서 은퇴한 후 95년경 12권 분량의 《연설의 법칙(Institutio Oratoria)》을 썼고, 이 책은 르네상스 시대에 재조명되었다.

43) 로스키우스는 노예 출신 배우로 당대 최고의 인기를 누렸으며, 연설을 대표하는 키케로와 연기를 대표하는 로스키우스가 경쟁할 정도였다. 로마 공화정 말기에 연기는 정교한 감정을 표현하는 그리스식 연기에서 거칠고 행동을 중시하는 로마식으로 유행이 바뀌었지만, 로스키우스는 정교한 연기로 인간 감정을 효과적으로 전달해서 고대를 대표하는 연기자가 되었다.

44) 데모스테네스는 기원전 4세기의 그리스의 정치지도자이자 연설가였다. 키케로가 로마 시대를 대변하는 연설가라면 데모스테네스는 그리스 시대를 대표하는 연설가였다.

45) 베르길리우스의 《아이네이스》 제6장 95절에서 나온 말로 "너는 악에게 굴복하지 말고, 더 용감하게 맞서 나가야 한다(tu ne cede malis, sed contra audentior ito)"라는 구절의 뒷부분이다.

46) 당시 오스트리아 왕위 계승 전쟁에 영국과 독일을 포함한 전 유럽이 개입하여 국제전 양상이 펼쳐졌다.

47) 3대 기사단 가운데 '성전 기사단'이 대화 주제 추천에서 제외되어 있는 것이 인상적이다.

48) 유럽의 사교계에서는 "당신이 존경하는 인물은 알렉산드로스인가요, 카이사르인가요?"라는 질문이 유행했다. 선호하는 인물에 따라서 상대방의 정치적 입장이나 성격을 판단할 수 있었기 때문이다.

49) 그리스 아테네 지역의 합창단 단장(Coryphceus)을 가리킨다.

50) 그리스 시대 이래 서구에서 강조한 기본적인 덕목은 절제(temperance), 정의(justice), 지혜(prudence), 용기(fortitude)이다.

51) 에드먼드 월러(Edmund Waller, 1606~1687)는 시인이자 영국 하원의원으로 활동했다.

52) 마키아벨리의 《군주론》에서 강조한 내용이다.

53) 체스터필드는 이 부분에 대문자를 쓰면서 강조했다. 대화할 때 중얼거리고 발음이 부정확한 습관을 아들을 걱정하는 부분이다.

54) 호라티우스의 《송가(Odes)》 1권 30절, '비너스 찬가'의 마지막 구절이다.

55) 《자연의 경이(Le Spectacle de la nature)》는 프랑스 랭스대학교 교수였던 노엘-앙트완 플루치(Noël-Antoine Pluche, 1688~1761)가 18세기 쓴 베스트셀러였다. 1732~1750년 동안 집필했으며 볼테르나 루소의 책보다 더 많은 독자를 만난 책이다.

56) 베르나르 퐁텐넬(Monsieur Fontenelle, 1657~1757)은 루앙에서 예수회 교육을 받은 극작가 겸 천문학자였다. 《세계의 다양성(Entretiens sur la pluralité des mondes)》은 1686년 쓴 편지 형식의 책으로, 데카르트의 철학과 코페르니쿠스의 천문학을 소개했다.

57) 이 라틴어 구절은 고전에서 인용한 것이 아니라 르네상스 시대 이후부터 관용적으로 사용한 표현이다. 주로 새해 인사에 쓰였다.

58) 호라티우스의 《풍자시》 1권 1장 106~107절의 일부이다. 전체 문장은 "모든 사물에는 '중간'이라는 것이 있다. 모든 것에는 '범위'가 있는데, 도덕적 청렴성은 양쪽으로 분리되어 존재하지 않는다(Est modus in rebus, sunt certi denique fines, quos ultra citraque nequit consistere rectum)"이다.

59) 이하 아들이 만나보아야 할 베를린의 주요 인물에 대한 간략한 소개가 있지만 생

략한다.

60) '쏟아진 소금(spilling salt)'은 불길함의 상징이며 구체적으로는 우정에 대한 배신을 의미한다. 귀한 식재료였던 소금은 잘 변치 않는 속성 때문에 '우정'의 상징으로 여겨졌다.

61) 키케로의 《투스쿨룸 대화》 제1권 16장 39절에 나오는 내용이다.

62) 존 드라이든(John Dryden, 1631~1700)은 첫 번째 영국의 계관시인(Poet laureate)으로, 시인 겸 극작가였다. 그는 존 밀턴의 《실락원》을 각색한 《정직한 상태》(1677)를 썼다.

63) '젠틀맨이 되기 위한 악덕(vices for the sake of being a gentleman)'이란 젠틀맨처럼 보이기 위해 취하는 위선적이거나 과도한 태도를 말한다. 여기에는 거짓된 교양, 허영, 허세, 무례한 독설, 속물적 세련됨 등이 포함되어 있다.

64) 이후 약 10행에 걸쳐 편견에 사로잡혀 정확한 판단을 내리지 못하는 지역 사례가 소개된다. 영국 개신교의 배타적인 신앙적 태도 등을 열거한다.

65) 이는 프랑스의 사상가 볼테르의 주장이었다. 1773년에 출간한 《영국인들에 관한 편지》에서 볼테르는 영국 사회의 진보성을 찬양했다. 이는 프랑스 혁명에 중요한 영향을 미쳤다.

제2장 이탈리아로 보낸 편지

1) 여기서 언급한 책은 《베네치아 정부의 역사(Histoire du gouvernement de Venise)》 인데 1676년에 파리에서 처음 출간했고, 1677년에 런던에서 영어로 번역해 출간했다.

2) Thomas Nugent, The Grand Tour, vol. 3. Italy(1756). Reprinted by Ganesha Publishing (2004), p.43.

3) 당시 토리노에는 대학교와 더불어 승마, 댄스, 펜싱을 연마할 수 있는 다양한 시설이 갖추어져 있었다. Thomas Nugent, The Grand Tour, vol. 3. Italy (1756). Reprinted by Ganesha Publishing (2004), p.172.

4) 영국 상류층의 예술에 대한 배타적인 관점을 드러내는 부분이다. 이 편지가 쓰일 당시 프로이센의 프리드리히 2세(1740~1786년 재위)는 플루트 곡을 작곡하고 직접 연주를 하면서 계몽군주의 면모를 과시했다.

5) 프랑스 왕 루이 11세가 남긴 어록에 나오는 말이다.

6) 프랜시스 베이컨의 에세이 "Of Simulation and Dissimulation"에서 나오는 논리이다. "은폐하는 것(Dissimulation)"은 한마디로 사실을 "드러내지 않는 것(Closeness)"인데 이것은 거짓은 아니라는 논리다. 속이는 것(Simulation)은 자신의 가짜 모습을 드러내는 것이기 때문에 잘못이지만, 은폐하는 것(Dissimulation)은 자신의 본심을 드러내지 않는 것뿐이기 때문에 거짓이라고 할 수 없다.

7) 아래 본문에 나오는 내용이다. "Simulation is a stiletto, not only an offensive, but an unlawful weapon: and the use of it may be rarely, very rarely, excused, but never justified." Henry St. John Bolingbroke, The Idea of a Patriot King (1738).

8) 베네치아에서 '사자'는 복음서 저자인 마르코(마가)를, '왕'은 도제(Doge)를 가리키는 말로 여겨진다. 공화국 전통을 이어갔던 베네치아에 왕이 있다고 해석하는 영국인 방문객의 부실한 이해를 비판하는 문장이다.

9) 파올로 베로네세가 그린 《레위의 집 만찬》(1573)을 《최후의 만찬》으로 착각했다. 베네치아의 성 요한과 바울 성당을 위해 그렸으나 현재는 아카데미아 미술관에 소장되어 있다.

10) 베네치아의 귀족 여성이었던 카테리나 코르나로(Caterina Cornaro, 1454~1510)는 키프로스와 예루살렘의 왕 제임스 2세와 결혼해서 여왕이 되었다. 그녀의 유명한 초상화는 티치아노가 그렸다.

11) 루도비코 아리오스토(Ludovico Ariosto, 1474~1533)는 《광란의 오를란도(Orlando Furioso, 1516)》의 저자로 중세 기사문학의 최고봉이었다. 타소(Torquato Tasso, 1544~1595)는 《해방된 예루살렘(Gerusalemme liberata, 1591)》의 저자다. 계관시인의 명예를 수여받기 직전 병으로 죽었으나, 이탈리아 최고의 시인으로 추앙받고 있다.

12) 셰익스피어의 《로미오와 줄리엣》 코러스 부분. "Two households, both alike in dignity, In fair Verona, where we lay our scene…"

13) 마페이 후작은 베로나 출신의 귀족인 스키피오네 마페이(Scipione Maffei, 1675~1755)다. 학자, 극작가, 고고학자, 그리고 계몽주의 인문주의자로 18세기 유럽 지성계에서 중요한 인물이었다.

14) 베네치아와 비첸차 등에서 활동한 건축가 안드레아 팔라디오는 《건축 사서(I quattro libri dell'architettura)》(1570)를 통해 고대 건축물의 재탄생, 즉 르네상스 시대의 건축 이론을 제시했다.

15) 이 문장의 뒷부분은 훼손되어 해독이 불가능하다. 그러나 이어지는 키케로의 《의무론》에 대한 언급을 보면 시의적절한 도덕적 태도를 강조하고 있음을 알 수 있다.

16) 키케로의 《의무론》에서 강조되었던 시의적절함에 대한 설명이다. 인간의 본성적으로 선하기 때문에 사회적 행동에서 선하게 행동하는 것이 적절하다는 견해이다. 키케로의 《의무론》 1권 27절 항목 93~97 참조.

17) 체스터필드 부인은 아들의 생모가 아니다. 아버지 체스터필드는 1733년에 영국 왕실의 여성 페트로닐라(Petronilla Melusina von der Schulenberg, 1693~1778)와 정식 결혼했다.

18) 찰스 윌리엄 경은 웨일스 출신의 정치가, 작가, 외교관이었다. 1734년부터 의회에서 활동했으며 1747년부터 1750년까지 드레스덴에서 외교관으로 활동했다. 이때 아들을 만나 크게 칭찬했다.

19) 플레퍼(Flapper)는 전통을 무시하고 버릇없이 구는 젊은이를 말한다.

20) 로마 교황청은 25년마다 희년(Jubilee)을 선포한다. 이 편지는 1749년에 작성되었는데, 1750년 로마 희년을 염두에 두고 한 말이다.

21) 괴테, 《이탈리아 여행기》, 1786년 11월 7일 기록.

22) 중세 시대에 왼손잡이는 마녀사냥의 대상이 되었다. 그러나 르네상스 시대 이후 왼손잡이에 대한 미신적인 경계가 사라졌으나, 모든 기구가 오른손잡이의 편의성을 고려해 제작되었으므로, 여전히 불편하고, 비정상적인 습관으로 간주했다. 레오나르도 다빈치는 유명한 왼손잡이였다.

23) 정확하게 에드워드 기번이 《로마제국 쇠망사》를 집필한 의도를 반영하고 있다.

24) 당시 베네치아는 베네치아공국의 수도였다. 베네치아는 나폴레옹의 점령 이후 이탈리아에 편입되었다.

25) Thomas Nugent, The Grand Tour, vol.3. Italy(1756). Reprinted by Ganesha Publishing(2004), p.186, p.303.

26) 18세기 당시 베네치아는 이탈리아 그랜드 투어의 분기점이었다. 베네치아에서 로마로 가는 길은 내륙 도시 경유와 해안선 경유 방식이 있었다. 로마에 도착한 후 나폴리와 피렌체를 다녀오는 노선을 선호했다.

27) 스페인 왕위 계승 전쟁 이후 오스트리아의 합스부르크 왕조와 스페인의 부르봉 왕조가 이탈리아를 차지하기 위해 대결하고 있었다.

28) 파올로 사르피(Paolo Sarpi, 1522~1623) 신부는 갈릴레오의 친구였으며 베네치아 정부를 위해 일했다. 그가 쓴 《교회의 혜택에 관한 역사(De Beneficiis)》는 교황청의 역사를 다루고 있다.

29) 교육과 선교를 장악하고 있던 예수회는 18세기 중엽부터 각국 정부의 견제를 받

기 시작했다. 1759년, 포르투갈을 시작으로 1764년에는 프랑스에서, 1767년에는 스페인 제국으로부터 축출당했다. 결국 1773년 교황 클레멘트 14세가 예수회를 해산했으나, 교황청은 1814년에 예수회를 공식적으로 복원시켰다.

30) 당시 로마에서 예수회의 영향력은 절대적이었다. 특히 대학 교육과 신학 교육을 장악한 예수회 소속 로마대학(Collegio Romano)은 로마 가톨릭교회와 이탈리아의 정치권에 엘리트를 배출하는 것으로 유명했다. Thomas Nugent, The Grand Tour, vol.3. Italy(1756). Reprinted by Ganesha Publishing(2004), 268.

31) 앙드레 펠리비앵(André Félibien, 1619~1695)은 프랑스 루이 14세의 궁정에서 활약했던 역사가로 1666년에 발간한 《논의(Entretiens)》를 통해 화가들의 생애와 역사를 기록했다.

32) 샤프츠베리 경(Anthony Ashley Cooper, 3rd Earl of Shaftesbury)은 당대 영국 최고의 철학자로 합리적 판단에 의한 도덕성 고양과 이성적 판단에 따른 종교 이해를 주장했다.

33) 아리스티데스는 아테네군을 이끌고 페르시아 해군과 싸웠던 마라톤 전투의 장수였다. 이후 해군의 확장을 주장했던 테미스토클레스와 경쟁하며 아테네를 이끌었다. 정직함으로 명성이 자자했기 때문에 이 편지에서 본받아야 할 모델로 제시되었다.

34) '보랏빛으로 태어나고 양육된 사람(Prophyrogenets)'이란 콘스탄티노플에 있는 동로마제국의 수도 왕궁에서 왕자나 공주가 태어났던 방(Porphyra)에서 유래한 용어이다. 이 방 안에는 이집트에서 출토되는 보라색 화성암(Purple-red porphyry)으로 장식되어 있었다. 이집트, 그리스, 로마시대동안 이 화성암은 왕실이 독점적으로 사용했다.

35) 베네치아의 대회의장에 전시된 도제의 초상화를 연상시키는 구절이다. 기대에 미치지 못한 도제의 초상화는 검은 베일을 그려 넣어, 지도자에 대한 국민적 실망감을 표시했다.

36) 볼링브로크 경(Lord Bolingbroke, 1678~1751)은 체스터필드와 정치적 노선을 같이 했고, 월폴 내각의 사퇴를 함께 주장하기도 했다.

37) "very short, disproportioned, thick, and clumsily made; had a broad, rough-featured, ugly face, with black teeth, and a head big enough for a Polyphemus." Leslie, "The Elusive Earl of Chesterfield", The Quarterly Review(-May, 2024), 재인용.

38) 블레즈 파스칼, 안혜련 역, 《시골 친구에게 보내는 편지》(나남, 2011).

39) 예수회는 교황에 대한 절대적인 충성을 보여 유럽 각국의 정부로부터 견제를 당

했다. 또한 지동설과 근대 철학을 포함한 현대적 사유 방식에 반대하는 세력으로 알려졌다. 이런 가능성에도 불구하고 유럽 정치에 막대한 영향력을 미치고 있었기 때문에 아들에게 예수회와 접촉할 것을 추천한 것이다.

40) 실제로 체스터필드는 수상 로버트 월폴과 우호적인 관계에서 출발했다가 정치적 노선이 달라지면서 그를 신랄하게 공격했다. 월폴이 과도한 세금을 부과하는 등 초심을 잃었다는 이유 때문이었다.

41) 쥘 마자랭(Jules Mazarin) 추기경은 이탈리아 출신으로 루이 13세와 루이 14세 시대의 성직자이자 재상이었다. 어린 루이 14세의 교육을 책임졌으며, 재상으로 30년 전쟁을 승리로 이끈 주역이었다. 왕권에 대한 프랑스 귀족(프롱드)의 반란 때, 국왕 편에 섰고, 영국 및 스페인과의 협력 관계를 이끌었다. 이탈리아 예술의 수입을 주도했고, 현재 루브르박물관 소장되어 있는 많은 작품을 수집한 인물이지만, 이 책에서는 사욕을 밝혔다는 부정적인 평가를 받고 있다.

42) 리슐리외 추기경은 마자랭 추기경 이전에 프랑스의 실세로 군림했다. 프랑스를 절대 왕조로 변화시켰으며 귀족의 세력을 통제했던 그는 프랑스 아카데미(Académie Française) 창설의 주역이기도 했다.

43) 로마 공화정 말기의 난폭했던 독재자 율리우스 카이사르와 그보다 5살 어렸지만 온화하고 스토아 철학을 실천했던 카토(Marcus Porcius Cato)를 비교하고 있다. 카토는 반란을 일으킨 카이사르의 군대에 대항했던 우티카 전투(BC 49)에서 패배한 후 자결로 생애를 마쳤다.

44) 조지프 애디슨(Joseph Addison, 1672~1719)의 희극 《카토, 하나의 비극(Cato, a Tragedy, 1712년 초연)》에 나오는 대사다.

45) 스웨덴 국왕 찰스 12세(1682~1718)는 러시아, 덴마크, 노르웨이 등의 연합군과 평생 전쟁을 치른 인물이었다. 영웅적인 삶을 살았으나 러시아에 패배하면서 스웨덴 왕국의 붕괴를 초래했다.

46) 프랑스의 왕 앙리 4세(1553~1610)는 나바레 왕을 거쳐 프랑스의 왕으로 통치했다. 프랑스 부르봉 왕가의 창시자이며, 위그노(개신교)와 가톨릭의 화해를 추진했고, 낭트 칙령(1598)을 발표해 종교간의 화해와 정국 안정을 이루었다. 볼테르는 그를 '대왕'으로 칭하며 공적을 치하했다.

47) 니베르네 공작(Louis Jules Barbon Mancini Mazarini)은 프랑스 정치의 실세였던 마자랭 추기경의 조카였다. 로마 대사를 역임했으며 이후 베를린과 런던에서 외교관으로 활동했다. 프랑스 아카데미 소속 학자이기도 했다.

48) 데모스테네스는 그리스의 연설가였지만 말을 더듬는 신체적 결함을 가지고 있었다. 그는 연설가가 되기 위해 자갈을 입에 물고 해변을 달리면서 정확하게 발음하는 방법을 익혔다.

49) 로마에서 보아야 할 그림과 조각에 대한 목록은 Thomas Nugent, The Grand Tour, vol.3. Italy(1756). Reprinted by Ganesha Publishing (2004), pp.259~168.

50) 포지니 수도원장(Pier Francesco Foggini, 1713~1783)은 피렌체 출신으로 피사대학에서 신학 박사 학위를 취득하고 바티칸 도서관에서 활동했다. 예수회 해산을 주도했던 인물 중의 하나다.

51) 스콜라 철학에서 '현실(Actus)'을 논의하는 방식이었다. 현실은 첫째로 사물 자체 또는 사물 자체인 바의 것이다(actus primus, 제1현실). 현실은 둘째로 그 사물에 의하여 수행된 어떤 개별적 작용이다(actus secundus, 제2현실). 예를 들면, '제1현실'을 눈을 통해 사물을 볼 수 있는 기능을 가진 것이고, '제2현실'은 실제로 그 눈으로 사물을 보는 것이다.

52) "Walter Harte" Dictionary of National Biography, 1885~1900.

제3장 프랑스로 보낸 편지

1) 로마의 정치가 카토는 나이가 많고, 보수적이고 금욕적인 사람인데, 유흥을 즐기는 곳인 극장에 온다는 것은 누구라도 인간의 욕망을 즐길 수 있다는 것을 암시한다. 따라서 유흥을 즐기는 젊은이는 이를 대화 주제로 삼을 만하다는 뜻이다.

2) 토머스 누전트(Thomas Nugent)의 프랑스 소개에는 프랑스인들이 "난폭하고 참을성이 없으며 일관성이 없고 안절부절못하는 성격"을 가지고 있다고 평가했다. Thomas Nugent, The Grand Tour, vol. 4.France(1756). Reprinted by Ganesha Publishing (2004), 12.

3) '비참하고 슬픈 상황'으로 번역한 라틴어 원문은 "Obstupui, steteruntque comae, et vox faucibus haesit"이다. 베르길리우스의 《아이네이스》 2권 774절에서 아이네아스가 처한 곤경을 표현한 것이다.

4) 출처를 밝히지 않고 있으나 마키아벨리의 《군주론》 25장에서 강조된 내용이다. 마키아벨리 저, 최현주 역 《군주론》(페이지2북스, 2023), p.203.

5) Thomas Nugent, The Grand Tour, vol.4. France(1756). Reprinted by Ganesha Publishing(2004), p.13.

6) '작은 상업 게임(a des petits jeux de commerce)'은 단어 맞추기 게임과 같은 가족 오락을 말한다. 사업 투자의 기법을 배우기 위한 교육적 목적이 강한 게임으로, 다수의 가족이 모여서 게임을 진행하기도 한다. 미국에서 개발된 '모노폴리 게임'도 이런 종류에 속한다.

7) '지난 전쟁'이란 스페인 왕위 계승 전쟁을 말한다. 영국·프로이센·합스부르크 왕가 연합군과 스페인·프랑스 연합군 간의 전쟁이었다.

8) 세네카의 《도덕서한집》 10번째 편지에 나오는 "사람들과 더불어 살 때 신이 널 지켜보고 있는 것처럼 살고, 신과 대화할 때는 사람들이 그것을 듣고 있는 것처럼 말하라"라는 문장을 연상시키는 인용이다.

9) 릭시온(Lixion)은 그리스 신화에 등장하는 인물이다. 올림푸스산 연회에서 헤라 여신에게 반했는데, 제우스가 헤라를 구름처럼 만들어 릭시온을 시험하자 그는 구름이 헤라인 줄 알고 다가갔다가 지옥으로 떨어지고 만다. 릭시온과 구름 사이에서 켄타우로스가 탄생했다.

10) 파르나소스산은 예술의 신 아폴론이 9명의 뮤즈와 거주하는 곳이다. 파리가 예술의 도시란 점을 암시하지만, 논리적이지 못하다는 것을 풍자하고 있다. "아테네의 소금"은 소크라테스 등의 논리적 접근을 말한다.

11) 리슐리외 추기경은 1624년부터 1642년까지 프랑스의 루이 14세의 총리대신으로 왕권의 강화와 프랑스의 중앙집권제를 완성했다. 그는 문학과 예술에 대해서도 큰 후원자였다.

12) 1746년부터 아들의 그랜드 투어 동행 교사였던 하트 씨는 아들이 프랑스 파리에 도착한 1750년을 끝으로 영국으로 귀국했다. 하트 씨는 이후 정계의 실력자였던 체스터필드의 추천을 받아 왕실 성당 참사원으로 일했다.

13) 신부가 신랑을 고대하는 모습을 비유로 설명한 마태복음 25장의 내용이 응용된 표현이다.

14) 이후 뒤 팽 부인(Madame du Pin)에 대한 짧은 소개가 나오지만 생략했다.

15) 저자는 강조의 의미로 '품행(MANNER)'을 대문자로 쓰고 있다.

16) 영국 의회의 직책은 세습되기 때문에 이런 표현이 등장했다.

나가는 글

1) 16번째 편지에 언급되어 있다.

2) Edward Chaney, The Evolution of the Grand Tour(London: Frank Cass, 1998). 203~214.

3) 괴테, 《이탈리아 여행기》, 1786년 11월 7일 기록.

길 위에서 인생을 묻다

2025년 9월 29일 초판 1쇄 발행

지은이 김상근
펴낸이 이원주

책임편집 고정용, 이채은　**디자인** 정은예
기획개발실 강소라, 김유경, 강동욱, 박인애, 류지혜, 최연서
마케팅실 양근모, 권금숙, 양봉호　**온라인홍보팀** 신하은, 현나래, 최혜빈
디자인실 진미나, 윤민지　**디지털콘텐츠팀** 최은정　**해외기획팀** 우정민, 배혜림, 정혜인
경영지원실 강신우, 김현우, 이윤재　**제작실** 이진영
펴낸곳 (주)쌤앤파커스　**출판신고** 2006년 9월 25일 제406-2006-000210호
주소 서울시 마포구 월드컵북로 396 누리꿈스퀘어 비즈니스타워 18층
전화 02-6712-9800　**팩스** 02-6712-9810　**이메일** info@smpk.kr

ⓒ 김상근(저작권자와 맺은 특약에 따라 검인을 생략합니다)
ISBN 979-11-94755-74-6 (03840)

- 이 책은 저작권법에 따라 보호받는 저작물이므로 무단전재와 무단복제를 금지하며, 이 책 내용의 전부 또는 일부를 이용하려면 반드시 저작권자와 (주)쌤앤파커스의 서면동의를 받아야 합니다.
- 잘못된 책은 구입하신 서점에서 바꿔드립니다.
- 책값은 뒤표지에 있습니다.

쌤앤파커스(Sam&Parkers)는 독자 여러분의 책에 관한 아이디어와 원고 투고를 설레는 마음으로 기다리고 있습니다. 책으로 엮기를 원하는 아이디어가 있으신 분은 이메일 book@smpk.kr로 간단한 개요와 취지, 연락처 등을 보내주세요. 머뭇거리지 말고 문을 두드리세요. 길이 열립니다.